l'Atlas des ATLAS

LE MONDE VU D'AILLEURS EN 200 CARTES

87, quai Panhard-et-Levassor
75647 Paris Cedex 13

ISBN : 978-2-7003-0168-7

Courrier International

l'Atlas des ATLAS

LE MONDE VU D'AILLEURS EN 200 CARTES

ARTHAUD

Faire bouger les lignes

Amis lecteurs, ici vous ne trouverez pas les cartes habituelles, les repères convenus, ce monde bien rangé par continent ou par ensemble géopolitique. Non, ici, tout n'est que désordre, confusion et souvent guerres, à l'image – hélas – de notre actualité récente. Car cet atlas ne cherche pas à donner une vision cohérente, européo-centrée du globe. Il invite au contraire à décentrer le regard, en prenant d'autres points de fuite et d'autres angles. Le Nord devient le Sud, l'Ouest l'Est. Des territoires en puissance prennent réalité. Des frontières sont niées et des pays voisins ramenés à la plus simple expression...

Livrons tout de suite la clé de ce livre : il s'agit de regarder comment les autres se représentent le monde, que ces autres soient des États, des peuples ou des mouvements politiques. Depuis 1990, *Courrier international* ouvre chaque semaine ses colonnes aux journaux des cinq continents, avec pour mission d'offrir des récits différents, diverses façons d'appréhender la marche du monde. Il en va de même ici, où chaque carte renvoie à une autre, tissant ainsi un réseau de sens inédits.

Alors, bien sûr, la question principale demeure celle des frontières : quel est mon espace et quel est le tien ? On n'est plus au temps où les géographes traçaient avec plus ou moins de talent des côtes à peine entrevues par les navigateurs. On n'est même plus à cette fin de XIXe siècle où les puissances occidentales couraient en tous sens planter leurs drapeaux sur toutes les terres habitées. Nous voici arrivés à un autre âge, où l'Organisation des Nations unies a déjà fêté ses soixante ans et où en principe les choses semblent bien fixées. Mais, l'histoire nous l'enseigne aussi bien que la géographie, rien n'est jamais terminé. On l'a vu avec l'effondrement du bloc soviétique et la création de nouveaux équilibres et de nouveaux États. Et ce processus n'est pas achevé. Qui peut dire d'ailleurs combien la planète compte de pays, d'États et donc de frontières ? Là aussi, les réponses diffèrent en fonction de votre perception, de vos origines et de votre idéologie.

Le plus simple serait de partir de la liste des membres de l'ONU. Depuis l'admission du Monténégro en 2006, on en dénombre 192. Mais trois pays reconnus ne sont pas membres : le Vatican, Niue et les îles Cook. En revanche, d'autres sont membres, mais sont loin d'avoir une souveraineté complète, comme Andorre et Monaco... À ces 195, on ajoute habituellement Taïwan, qui est reconnue par 27 pays seulement, mais avec qui tout le monde fait des affaires. Ensuite, on entre dans une zone plus grise d'États non reconnus, territoires auto-administrés comme le Somaliland ou encore sous la protection de la communauté internationale, comme le Kosovo. Dans ce club disparate, on trouve la République turque de Chypre du Nord (reconnue par son seul parrain turc) et quelques républiques issues du bloc soviétique : Abkhazie, Haut-Karabakh, Transnistrie, Ossétie du Sud... Sans oublier d'autres territoires à la recherche d'un État – comme la Palestine – ou en lutte ouverte – comme l'Eelam Tamoul, qui veut se détacher du Sri Lanka. On pourrait ainsi continuer assez longtemps et vous découvrirez au fil des pages les rêves autonomistes de tel ou tel peuple, de telle ou telle ethnie, Kurdes, Tibétains, Italiens de la Padanie, Basques ou Bretons (en dresser la liste ne signifie pas les amalgamer). Le monde pourrait donc avoir bientôt 210 pays, voire 230. Autant de cartes potentielles, autant de débats nouveaux ou de conflits. Mais, avant tout, pour nous journalistes et pour vous lecteurs, autant de découvertes et d'imaginaires qui s'ouvrent !

Christine Chaumeau
Philippe Thureau-Dangin

SOMMAIRE

10/11 **VISIONS *du monde***

L'Australie, la Chine, le Japon et l'Afrique au centre du monde.

20/21 ***Frontières***

22 EUROPE

Padanie	*24*
Bretagne	*26*
Pays basque	*28*
Belgique	*30*
Grèce	*34*
Chypre	*36*
Macédoine	*38*
Kosovo	*40*
Europe Centrale	*42*
Russie	*44*
Géorgie	*48*
Tchétchénie	*50*
Moldavie	*52*
Arménie	*54*

57 AMÉRIQUE

E-U/Mexique	*58*
États-Unis	*60*
Cuba	*62*
Venezuela	*64*
Kayapos	*66*
Malouines	*71*
Chili/Pérou	*74*

146/147 HORS-*limites*

76 ASIE

Pakistan	*78*
Inde	*80*
Cachemire	*82*
Tibet	*86*
Mer de Chine	*90*
Chine/Taïwan	*94*
Corée	*96*
Mer de l'Est	*98*
Japon	*100*

104 MOYEN-ORIENT

Monde arabe	*106*
Kurdistan	*108*
Turquie	*110*
Israël-Palestine	*114*
Israël	*118*
Iran	*120*

122 AFRIQUE

Nigeria	*124*
Biafra	*126*
Bénin/Togo	*128*
Érythrée	*130*
Afrique du Sud	*132*
Sahara occidental	*134*

138 PÔLES

Cercle polaire	*140*
Océan Arctique	*142*
Antarctique	*144*

148 HISTOIRE

Aux origines	*148*
Les voies romaines	*150*
La géographie arabe	*152*
L'histoire des jaïns	*154*
Topographie des mandarins	*156*
Influence européenne	*158*

160 FUTUR

Le monde selon google earth	*160*
La population et l'urbanisation	*162*
L'eau et le climat	*164*
L'exploration spatiale d'ici à 2025	*166*
Les mers en 2010	*168*

170 IMAGINAIRE

Atlantropa	*170*
Cartographier le virtuel	*174*
Dresser la carte de son pays	*178*

186 ART

Vues d'artistes	*186*

190/191 *Annexes et bibliographie*

VISIO

du m

ONS

onde

AVEZ-VOUS DÉJÀ JAMAIS FAIT LE POIRIER ET REGARDÉ UN PAYSAGE À L'ENVERS ? LES CARTES OFFRENT CE MÊME PLAISIR DE VOIR LE CIEL EN BAS ET LA TERRE EN HAUT. AINSI, LES AUSTRALIENS PARFOIS S'IMAGINENT AU « NORD » DE L'IMAGE ET AU CENTRE, REJETANT L'EUROPE À LEURS PIEDS, À DROITE. EN FAIT CHAQUE VISION DU MONDE A UNE PERSPECTIVE, UN POINT DE FUITE À PARTIR DUQUEL TOUT S'ORGANISE. EN GÉNÉRAL, CE POINT EST LA MÈRE PATRIE.

*vu d'*AUSTRALIE

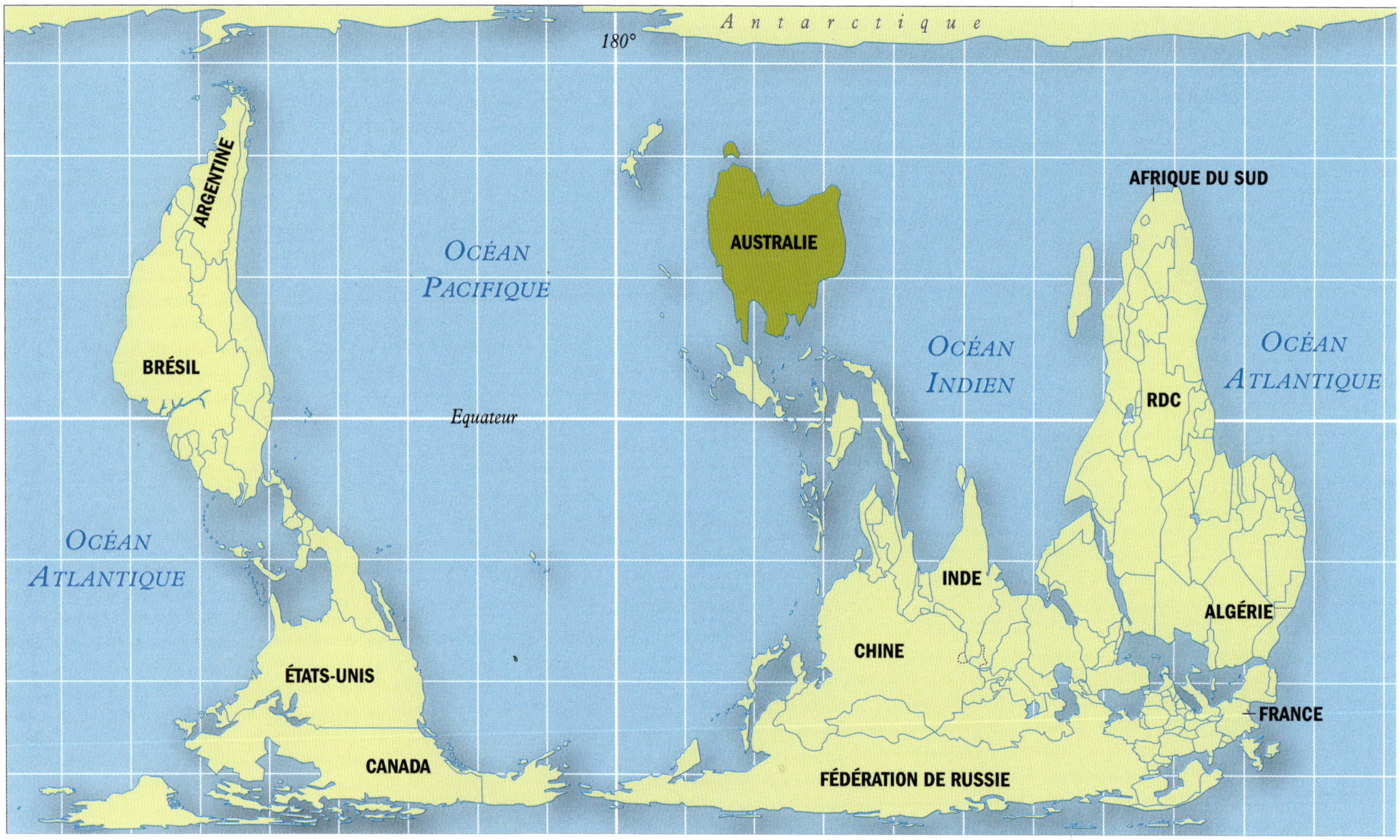

Ce planisphère renversé est assez répandu en Australie. Il est vrai que la convention de placer le nord en haut des cartes a été choisie par les navigateurs et les explorateurs de l'hémisphère Nord, qui se servaient de l'étoile Polaire et du compas pour s'orienter. À l'heure du GPS, il n'y a plus aucune raison que les terres du Sud se situent au-dessous de celles du Nord. Mais cette représentation n'est certes pas la norme, puisque la majorité des atlas du pays utilisent des cartes orientées vers le nord.

Au centre du monde

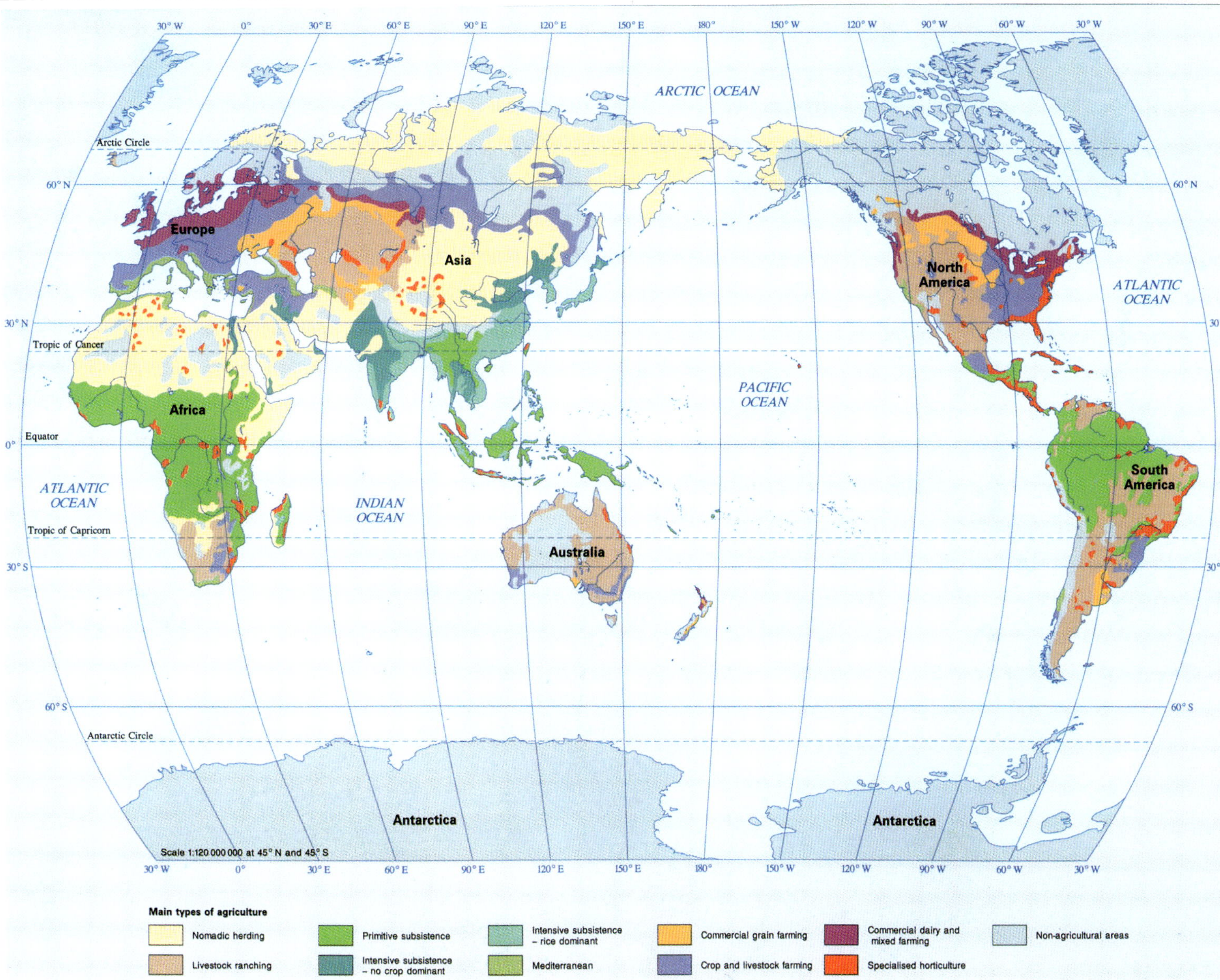

Sans compter que les cartographes australiens, pour éviter sans doute à leur pays d'être « écrasé » par le monde, ont trouvé le moyen de le recentrer en donnant plus d'importance au continent Antarctique, comme le montre la carte extraite de l'atlas Jacaranda qui a trait aux différents types de cultures dans le monde.

北冰洋
巴伦支海
喀拉海
拉普捷夫海
东西伯利亚海
白令海
鄂霍次克海
斯瓦尔巴群岛
白岛
法兰士约瑟夫地群岛
冰岛
雷克雅未克
法罗群岛
设得兰群岛
格陵兰海
挪威海
北海
芬兰
瑞典
赫尔辛基
奥斯陆
斯德哥尔摩
英国
爱尔兰
都柏林
伦敦
巴黎
法国
柏林
德国
波兰
华沙
明斯克
乌克兰
基辅
罗马尼亚
布加勒斯特
保加利亚
索非亚
意大利
罗马
西班牙
马德里
葡萄牙
里斯本
雅典
欧
洲
俄
罗
斯
莫斯科
叶卡捷琳堡
新西伯利亚
伊尔库茨克
赤塔
哈巴罗夫斯克
阿斯塔纳
哈萨克斯坦
阿拉木图
塔什干
乌兰巴托
蒙古
乌鲁木齐
中华人民共和国
北京
沈阳
哈尔滨
平壤
汉城
兰州
西安
武汉
上海
重庆
昆明
广州
香港
台湾岛
日本
东京
亚
洲
土耳其
安卡拉
地中海
黑海
里海
阿尔及尔
马耳他
的黎波里
突尼斯
开罗
埃及
利比亚
阿尔及利亚
摩洛哥
拉巴特
毛里塔尼亚
马里
尼日尔
乍得
苏丹
喀土穆
埃塞俄比亚
索马里
肯尼亚
坦桑尼亚
刚果民主共和国
安哥拉
赞比亚
纳米比亚
博茨瓦纳
南非
开普敦
马达加斯加
非
洲
伊朗
德黑兰
伊拉克
巴格达
沙特阿拉伯
利雅得
也门
阿曼
阿富汗
巴基斯坦
喀布尔
新德里
印度
尼泊尔
孟加拉湾
阿拉伯海
斯里兰卡
科伦坡
马尔代夫
缅甸
泰国
曼谷
越南
菲律宾
马尼拉
印度尼西亚
雅加达
新加坡
马来西亚
吉隆坡
印度洋
太平洋
大西洋
澳大利亚
珀斯
悉尼
堪培拉
墨尔本
塔斯马尼亚岛
新西兰
奥克兰
惠灵顿
巴布亚新几内亚
所罗门群岛
斐济群岛
萨摩亚
瓦努阿图
新喀里多尼亚
大洋洲
美国
阿拉斯加
阿留申群岛
南极洲
威尔克斯地
毛德皇后地
罗斯海
南极点
圣赫勒拿
阿森松岛
特里斯坦－达库尼亚群岛
克罗泽群岛
凯尔盖朗群岛
赫德岛
麦夸里岛
奥克兰群岛
南桑威奇群岛
国际日期变更线
西经0东经
东经180西经

Sur ce planisphère chinois, on prend toute la mesure de la taille de l'océan Pacifique, dont les Européens n'ont qu'une vision restreinte (sur nos cartes européocentrées, le Pacifique se situe sur les marges), alors qu'il est deux fois plus étendu que l'océan Atlantique. De la même façon, on visualise mieux le monde polynésien, toujours coupé en deux sur les cartes européennes. La Chine est au centre du monde et la couleur dense employée pour la représenter renforce l'impression de masse continentale. Depuis la fondation de la République populaire de Chine, les Chinois de l'extérieur utilisent le mot *continent*, un euphémisme physique, qui permet de parler du lieu sans parler du régime. La presse utilise également le mot *continent*. À noter que Chinois et Japonais désignent l'équateur par les termes *ligne rouge*.

vu du JAPON

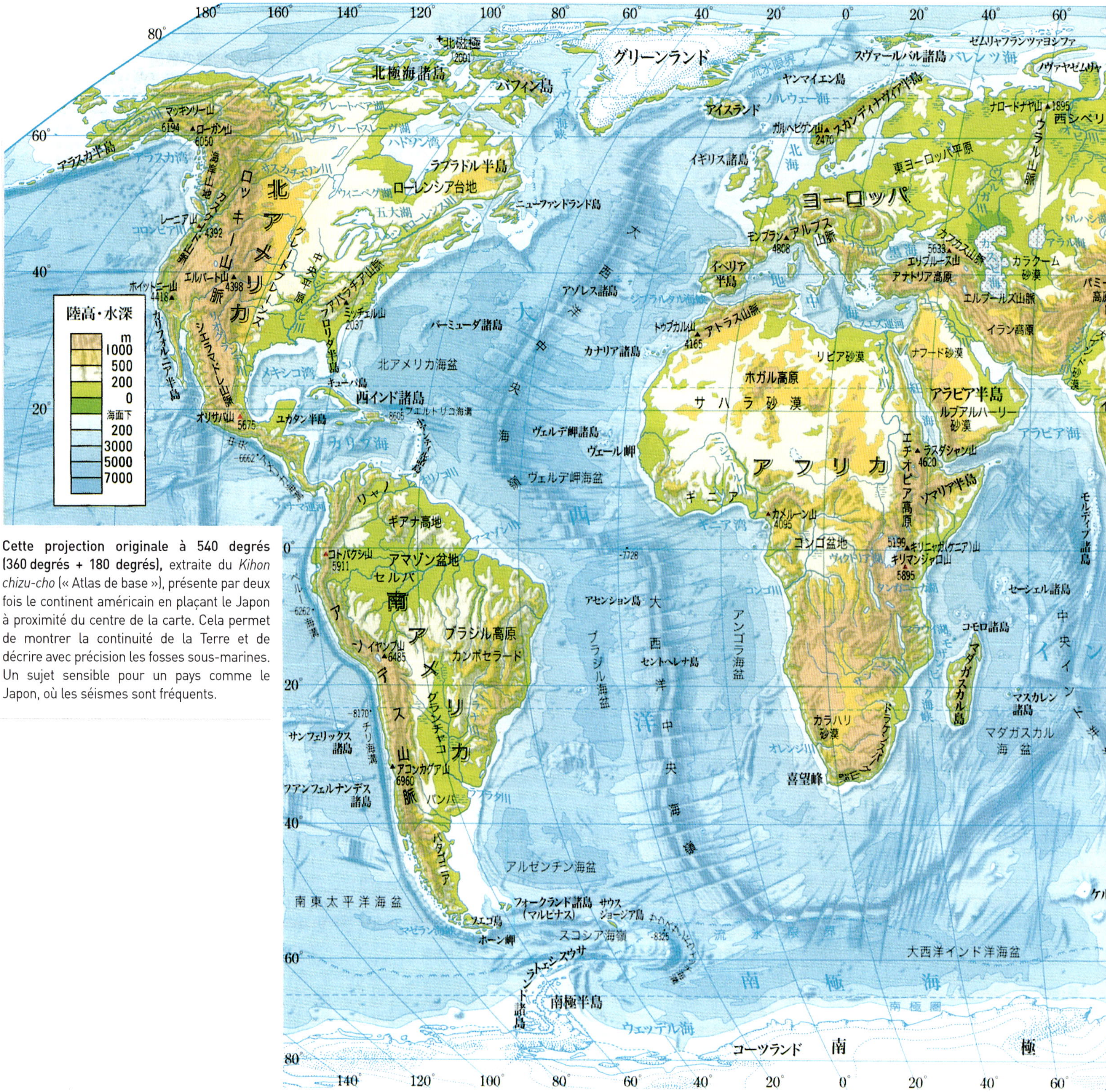

Cette projection originale à 540 degrés (360 degrés + 180 degrés), extraite du *Kihon chizu-cho* (« Atlas de base »), présente par deux fois le continent américain en plaçant le Japon à proximité du centre de la carte. Cela permet de montrer la continuité de la Terre et de décrire avec précision les fosses sous-marines. Un sujet sensible pour un pays comme le Japon, où les séismes sont fréquents.

①世界の地形
1：127 300 000
〔擬円筒図法〕
北極海
北磁極 (2001)
グリーンランド
北極海諸島
アイスランド
セーヴェルナヤゼムリャ
タイムイル半島
中央シベリア高原
ヴェルホヤンスク山脈
コルィマ丘陵
カムチャツカ半島
マッキンリー山 6194
ローガン山 6050
アラスカ半島
アラスカ湾
ベーリング海
アリューシャン列島
アリューシャン海溝
オホーツク海
樺太
千島・カムチャツカ海溝
スタノヴォイ山脈
ヤブロノーヴイ山脈
サヤン山脈
アルタイ山脈
モンゴル高原
ゴビ砂漠
アジア
タリム盆地
チベット高原
エヴェレスト山
ヒマラヤ山脈
朝鮮半島
日本海
日本列島
富士山 3776
日本海溝
伊豆・小笠原海溝
東シナ海
小笠原諸島
台湾
南シナ海
フィリピン海盆
フィリピン諸島
フィリピン海溝
マリアナ諸島
マリアナ海溝
チャレンジャー海淵
インドシナ半島
マレー半島
マレー諸島
カリマンタン島
スマトラ島
スラウェシ島
ジャヤ山 5030
ニューギニア島
ジャワ島
スンダ列島
セイロン島
アラフラ海
北西太平洋海山群
ミッドウェー諸島
南鳥島
北回帰線
ハワイ諸島
ハワイ島
マウナケア山 4205
太平洋
ミクロネシア
マーシャル諸島
カロリン諸島
中央太平洋海盆
ライン諸島
キリティマティ島
ギルバート諸島
フェニックス諸島
メラネシア
ビスマーク諸島
ソロモン諸島
エリス諸島
トケラウ諸島
サモア諸島
ポリネシア
マルキーズ諸島
ソシエテ諸島
タヒチ島
トゥアモトゥ諸島
トゥブアイ諸島
さんご海
ニューヘブリディーズ諸島
フィジー諸島
ニューカレドニア島
トンガ海溝
ケルマデック海溝
南回帰線
南太平洋海盆
オセアニア
グレートバリアリーフ
グレートディヴァイディング山脈
西オーストラリア海盆
グレートサンディー砂漠
ハマーズリー山地
グレートヴィクトリア砂漠
大鑽井盆地
コジウスコ山 2230
グレートオーストラリア湾
タスマニア島
北島
南島
ニュージーランド
アオラキ山 3754
チャタム諸島
アンティポディーズ諸島
オーストラリア南極海嶺
南インド洋海盆
南磁極 (1999)
南極海
ロス海
ヴィクトリアランド
南極大陸
ローレンシア台地
ニューファンドランド島
五大湖
北アメリカ
ロッキー山脈
カスケード山脈
コースト山脈
レーニア山 4392
コロンビア川
ホイットニー山 4418
エルバート山 4398
グレートプレーンズ
中央平原
アパラチア山脈
ミッチェル山 2037
カリフォルニア半島
シエラマドレ山脈
メキシコ湾
フロリダ半島
キューバ島
西インド諸島
ユカタン半島
カリブ海
オリサバ山 5675
レビヤヒヘド諸島
中央アメリカ海溝
東太平洋海盆
東太平洋海嶺
大西洋
北アメリカ海盆
ガラパゴス諸島
コトパクシ山 5911
アマゾン盆地
リャノ
南アメリカ
アンデス山脈
ペルー海溝
イヤンプ山 6485
チリ海溝
アコンカグア山 6960
パンパ
サンフェリックス諸島
イースター島
フアンフェルナンデス諸島
南東太平洋海盆
パタゴニア
フォークランド諸島(マルビナス)
マゼラン海峡
ホーン岬
スコシア海嶺
サウスサンドウィッチ海溝
サウスシェトランド諸島
南極半島
ウェッデル海
塩湖

L'AFRIQUE et le JAPON au centre du monde

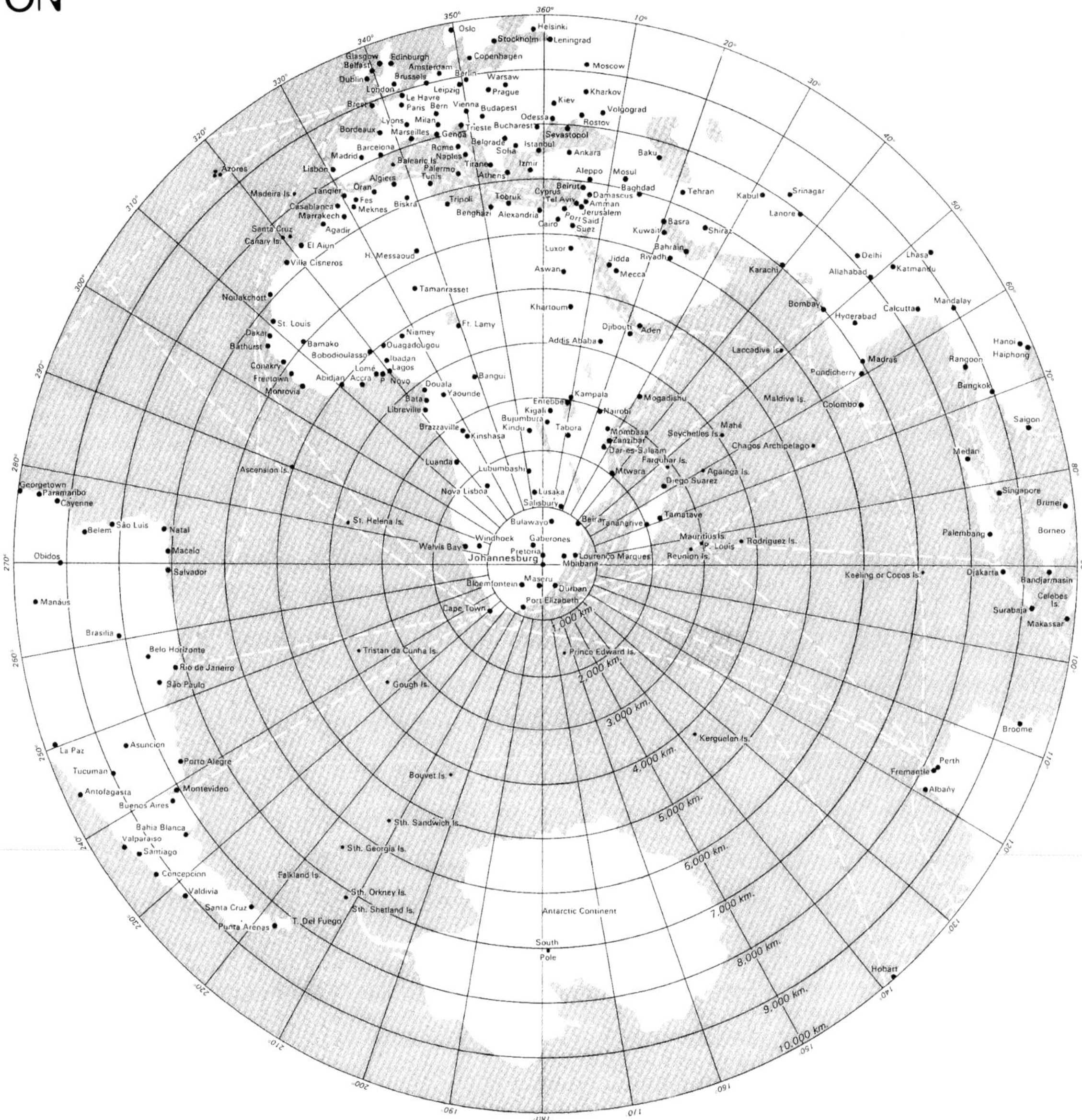

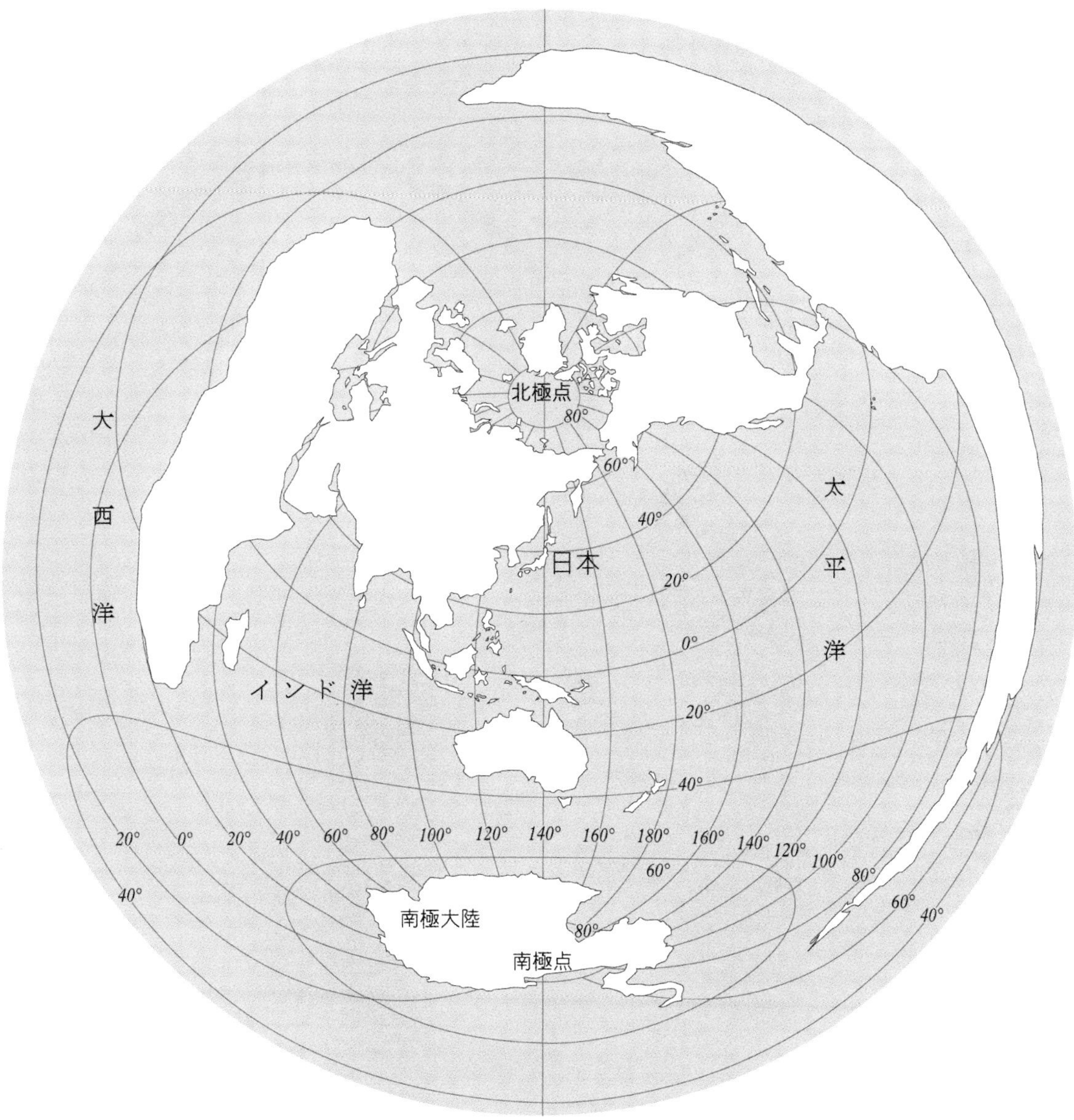

« Un pays au croisement des grandes lignes de communication mondiales », tel est le titre original de la carte sud-africaine. À la différence d'une projection traditionnelle, où l'Afrique du Sud est inévitablement rejetée au bas du monde, cette représentation azimutale place ce pays au centre et montre bien les rapports de distance : la côte antarctique et Abidjan sont à équidistance de Johannesburg (5 000 kilomètres), tout comme le Brésil et l'Inde (7 000 kilomètres), la France et la côte occidentale de l'Australie (8 000 kilomètres).

Il en va de même pour la carte de droite qui a été utilisée pour illustrer le thème de la diaspora japonaise et de son éloignement par rapport à la mère patrie, le Japon. Tous les points d'un cercle centré sur l'archipel nippon sont à la même distance de ce dernier : on constate ainsi que l'Alaska et l'Indonésie ont le même éloignement par rapport à Tokyo (environ 5 000 kilomètres), *idem* pour la France, l'Égypte et le Mexique (environ 10 000 kilomètres) ou encore le Brésil et le Pérou (15 000 kilomètres et plus), où vit une importante diaspora nippone.

Front

L'HISTOIRE EST FINIE, DISAIT-ON DANS LES ANNÉES 1992-1994. AVEC LA CHUTE DU BLOC SOVIÉTIQUE, LE MONDE ENTIER ALLAIT SE TOURNER VERS L'ÉCONOMIE DE MARCHÉ ET LE LIBÉRALISME, CROYAIT-ON... MAIS IL N'EN FUT RIEN. ET BIEN DES CONFLITS – CERTAINS SÉCULAIRES – SE POURSUIVENT. ON SE BAT, OU ON SE REGARDE EN CHIENS DE FAÏENCE, POUR UNE BANDE DE TERRE, POUR UNE SOUVERAINETÉ MARITIME, POUR UN DRAPEAU OU MÊME POUR UN NOM DE PAYS. ENTRONS DANS LE MONDE MERVEILLEUX ET INQUIÉTANT DES FRONTIÈRES.

ières

23 EUROPE

Padanie

LA PADANIE, UNE CONSTRUCTION

Jamais personne, pas plus en Italie qu'ailleurs, n'avait entendu parler de la Padanie avant que les populistes de la Ligue du Nord commencent à en réclamer l'indépendance, au milieu des années 1980. Cette macrorégion, qui recouvre l'essentiel de l'Italie du Nord, est en effet une construction idéologique artificielle très récente, comme l'a montré une étude publiée en 2003 (« L'Invention du territoire de Padanie », de Michel Huysseune, in *Chez nous, territoires et identités dans les mondes contemporains*, Alessia De Biase et Cristina Rossi, Paris, éditions de la Villette, 2006, pp. 250-264).

La Padanie, selon ses promoteurs, est délimitée au nord par les Alpes, au sud par les Apennins et la ligne de partage des eaux du Pô. Ces régions, expliquent-ils, n'auraient été incorporées à l'Italie unifiée que par le fait d'une colonisation interne, contre la volonté de leurs habitants. Des intellectuels proches de la Ligue du Nord se sont ensuite efforcés de mettre en évidence une homogénéité historico-culturelle au sein de ces populations (ce que la plupart des historiens et des sociologues récusent).

Ainsi, les Padans tireraient leur origine de six groupes ethnico-linguistiques : celtico-italique (Piémont, Ligurie, Lombardie, Émilie-Romagne), vénitien, allemand (Tyrol du Sud), frioulan, ladin et grisonnais, et occitan. Ils seraient d'origine celte, alors que les Italiens péninsulaires sont d'origine étrusco-grecque, et ils seraient porteurs d'une culture propre, tournée davantage vers l'Europe continentale que vers la Méditerranée. Génétiquement différents, grâce aux apports provenant des Germains et des Celtes, ils cultiveraient l'éthique du travail, de la réussite – à l'origine de leur prospérité économique – et des vertus civiques, une éthique à laquelle seraient étrangers les autres Italiens, plus enclins à la corruption, à la complainte et à l'assistanat.

[> DÉCRYPTAGE <]

Connaissez-vous les Padans ?

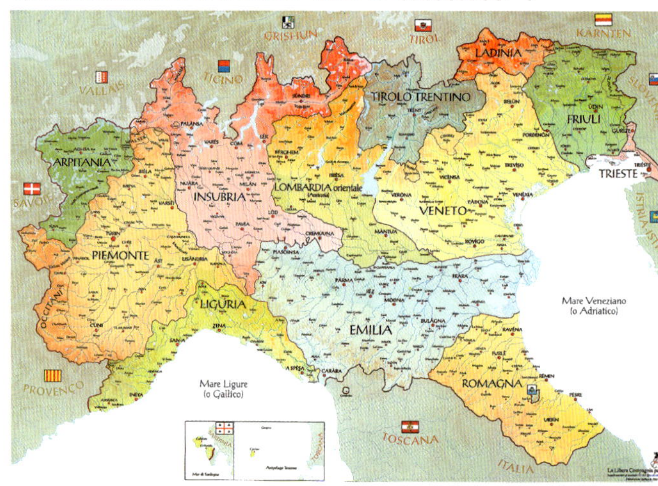

Cette carte a été élaborée par la Libera compagnia Padana, centre de réflexion autonomiste proche de la Ligue du Nord, et publiée par la revue *Quaderni Padani* en 2002. Elle trace les limites de la Padanie « historique ». Ses frontières ne coïncident toutefois pas avec la Padanie « politique », dont les limites, fixées lors de la « déclaration d'indépendance » de la Ligue du Nord en 1996, comprennent non seulement les régions de la Padanie « historique » (Val d'Aoste, Piémont, Ligurie, Lombardie, Vénétie, Frioul-Vénétie Julienne, Émilie-Romagne), mais aussi la Toscane, l'Ombrie et les Marches. Un découpage dicté par des motivations purement électorales.

À chaque peuple son pays

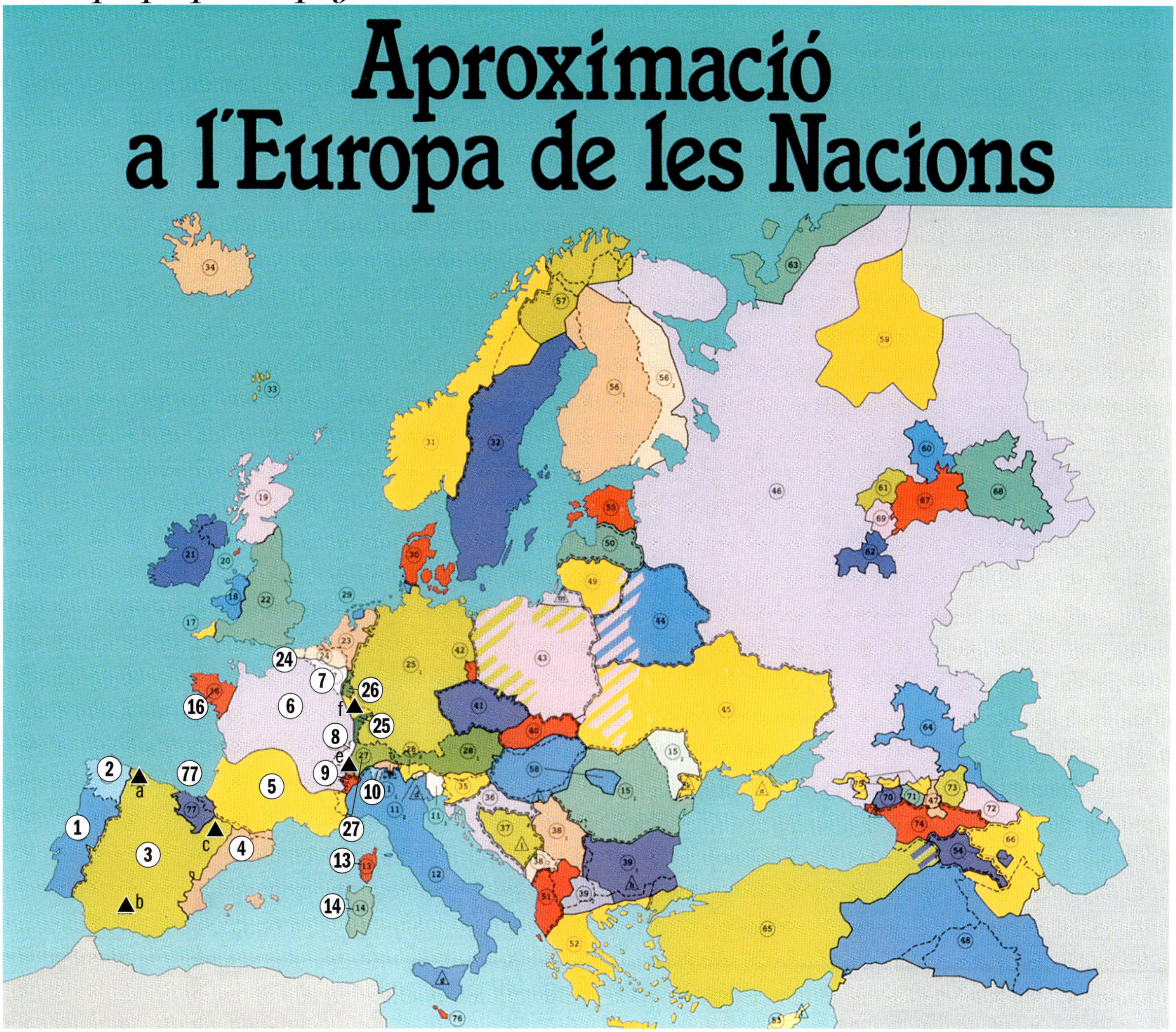

RÉGION, IDENTITÉ, NATION

Les mouvements régionalistes qui agitent certains pays européens recouvrent des réalités différentes. Revendication pour satisfaire des minorités culturelles et linguistiques souvent noyées dans un État-nation emprunt de jacobinisme, volonté des régions économiquement riches d'obtenir un pouvoir plus large ou repli identitaire face à la globalisation, les tiraillements se font de plus en plus sentir. Ces phénomènes se retrouvent dans les plates-formes électorales de plusieurs partis européens.

Produite par le Centre international Escarré pour les minorités ethniques et les nations (CIEMEN), la carte présente les différentes nationalités en Europe.

Quelques-unes des "nations" du vieux continent

1. Portugal
2. Galice
3. Espagne
4. Catalogne
5. Occitanie
6. France
7. Wallonie
8. Suisse romande
9. Val d'Aoste
10. Tessin
13. Corse
14. Sardaigne
16. Bretagne
24. Flandre
25. Alsace
26. Luxembourg
27. Suisse alémanique
77. Pays basque

▲ Nations émergentes ou "incertaines" :

a. Asturies,
b. Andalousie,
c. Aragon,
e. Savoie,
f. Lorraine

UNE RÉGION À GÉOMÉTRIE VARIABLE

Des touristes « cartophiles » de passage en Bretagne pourront s'étonner de tomber, selon les cas, sur des cartes montrant la région composée de 4 ou de 5 départements. Le lecteur breton est habitué à ce flottement et il en connaît pertinemment la cause : le découpage administratif décidé en 1941 par le gouvernement de Vichy et confirmé en 1944 par le général de Gaulle, qui a privé la Bretagne du département de Loire-Atlantique (Loire inférieure, à l'époque). Division jugée arbitraire et, selon de nombreux sondages, mal acceptée par une majorité de Bretons. Depuis, une certaine confusion règne : l'administration utilisera évidemment la Bretagne à quatre départements (Côtes-d'Armor, Finistère, Ille-et-Vilaine et Morbihan) tandis que le milieu culturel, lui, optera plutôt pour celle à cinq départements (augmentée de la Loire-Atlantique). Le journal *Ouest-France* juge au cas par cas. La vision avec les cinq divisions administratives s'impose en revanche dans les manuels d'histoire-géographie des écoles bretonnantes.

À la fin de 2007, les amateurs de cartes insolites ne sont sans doute pas restés indifférents à la campagne publicitaire financée par l'Union démocratique bretonne (UDB), un parti politique autonomiste de gauche, partisan du rattachement de la Loire-Atlantique à la Bretagne. De grandes affiches de 4 mètres x 3 mètres montraient un tracé de l'ensemble de l'Ouest français recomposé avec notamment la Bretagne à cinq départements, les Basse et Haute-Normandie réunifiées, un nouvel ensemble « Vendée-Poitou-Charentes », et une nouvelle région « Val de Loire », formée par les départements restants des Pays de la Loire associés à la région Centre. Un travail de réflexion mené avec des géographes pour répondre en particulier à ceux qui se demandent ce que pourraient bien devenir les départements des Pays de la Loire privés de la Loire-Atlantique… Cet activisme, d'après le mensuel bretonnant *Bremañ*, pousserait la région Pays de la Loire à communiquer assez activement pour rappeler à ses habitants qu'elle existe toujours bel et bien. Soixante-sept ans après la décision politique, la question reste sensible et le front cartographique agité !

[> DÉCRYPTAGE <]

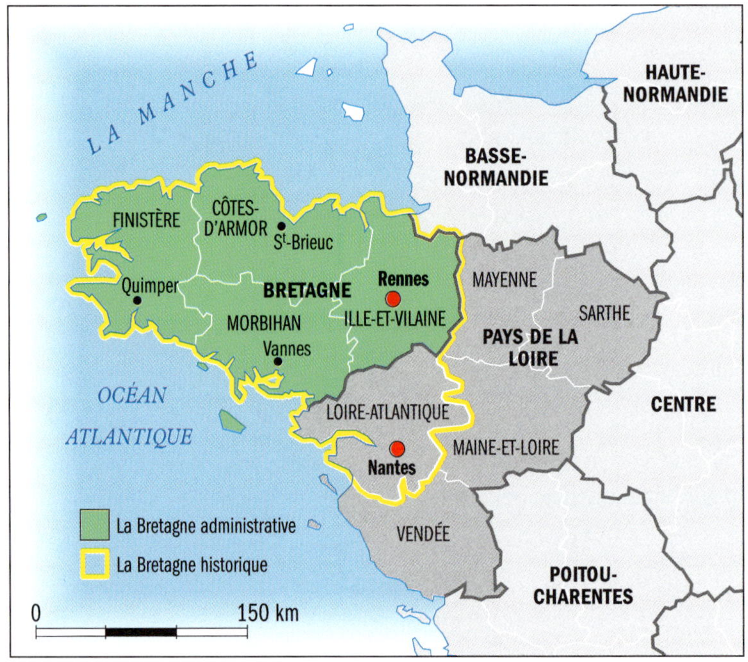

Campagne de l'UDB, en novembre 2007

Le parti revendique le retour de la Loire-Atlantique à la région Bretagne et a lancé une proposition de recomposition de tout le Grand Ouest sur la base du travail de deux géographes, Pierre Yves Le Rhun et Jean Ollivro.

Deux regards

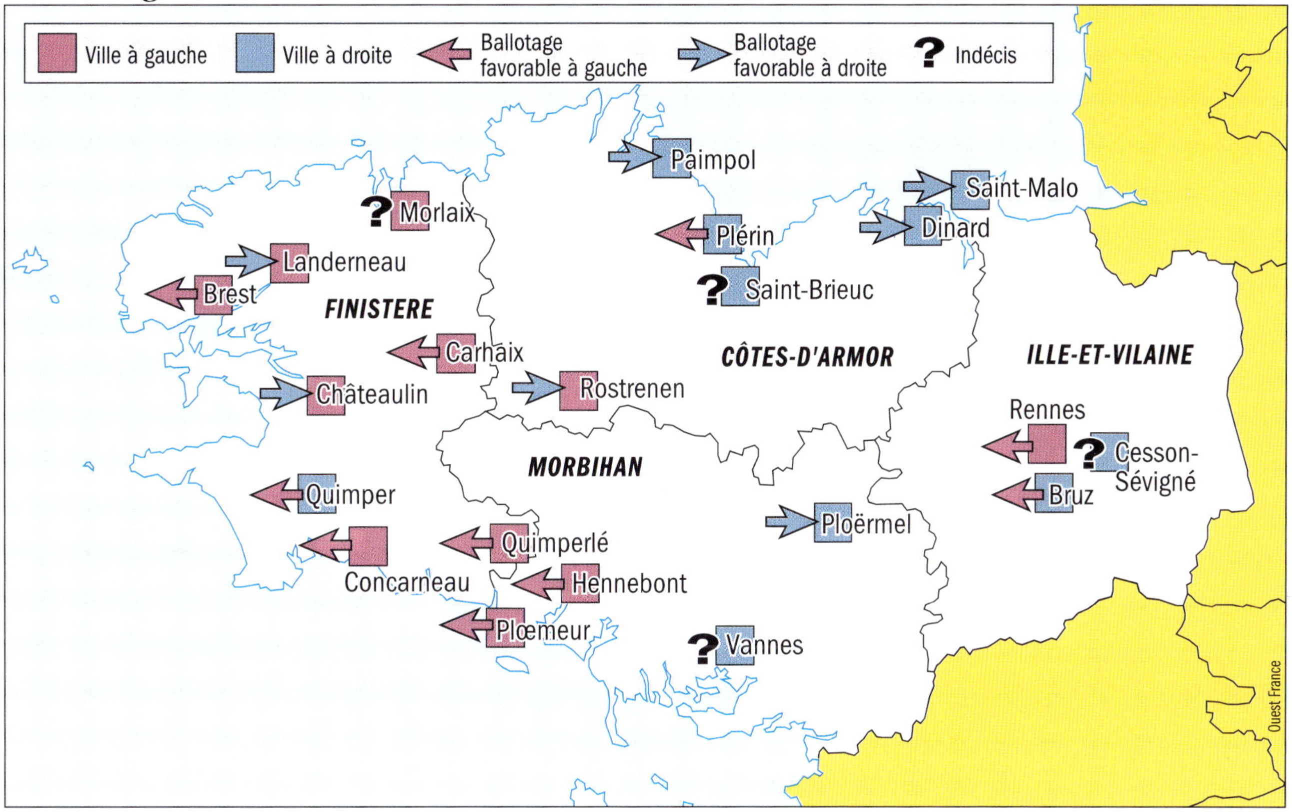

Reproduction d'une carte électorale de la région administrative de Bretagne (à 4 départements), publiée le 12/03/08 dans Ouest-France.

Dans toutes les écoles bretonnantes, l'enseignement insiste sur la sphère culturelle de la Bretagne et inclut donc naturellement Nantes (Naoned, en breton) et la Loire-Atlantique.

Carte extraite du manuel scolaire Istor Breizh *(édition TES)*

Pays basque

ZAZPIAK BAT, SEPT EN UN

D'un bout à l'autre de ce manuel, le Pays basque, appelé ici Euskal Herria (littéralement, « la terre où l'on parle le basque »), est représenté comme un ensemble constitué de sept provinces au statut identique – Bizkaia (Biscaye), Araba (Alava), Gipuzcoa (Guipúzcoa), Nafarroa (Navarre), Lapurdi (Labourd), Nafarroa Behera (Basse-Navarre) et Zuberoa (Soule) –, comme le veut la devise *Zazpiak Bat*, « Sept en un », chère aux nationalistes basques. À aucun moment ne sont évoquées les réalités administratives diverses de ces territoires : côté espagnol, Biscaye, Alava et Guipúzcoa sont réunies au sein de la Communauté autonome basque, tandis que la Navarre, n'ayant pas souhaité faire partie de cette entité, forme à elle seule une région appelée Communauté forale de Navarre ; côté français Labourd, Basse-Navarre et Soule ne sont qu'une partie du département des Pyrénées-Atlantiques, lui-même intégré à la région Aquitaine. Tout au plus le manuel précise-t-il que les Pyrénées séparent les provinces du Sud de celles du Nord et que le Pays basque est situé dans deux États. Dans une page de révisions, on demande aux élèves : « Sais-tu où est située Euskal Herria en Europe ? – Elle se trouve dans deux États, n'est-ce pas ? – Dans quel État est située Euskal Herria du Nord ? Et la partie Sud ? »

L'unité de ces sept provinces au sein d'une seule et même communauté nationale est une revendication du nationalisme basque depuis sa naissance, à la fin du XIXe siècle. Or, jamais dans l'histoire celles-ci n'ont formé une entité politique indépendante ou autonome. Elles ont été soit réunies au sein d'un royaume plus vaste, soit éclatées entre plusieurs royaumes, États et/ou régions. Si unité il y a, elle tient à la langue – le basque est parlé, dans une plus ou moins large mesure, sur les sept territoires – et à un particularisme institutionnel séculaire : ces provinces étaient administrées par des assemblées locales dont les monarques devaient respecter les droits ou *fueros* (parmi ceux-ci, l'exemption du service militaire et l'autonomie fiscale). Ces privilèges ont été abolis à la Révolution côté français et en 1876 côté espagnol.

[> DÉCRYPTAGE <]

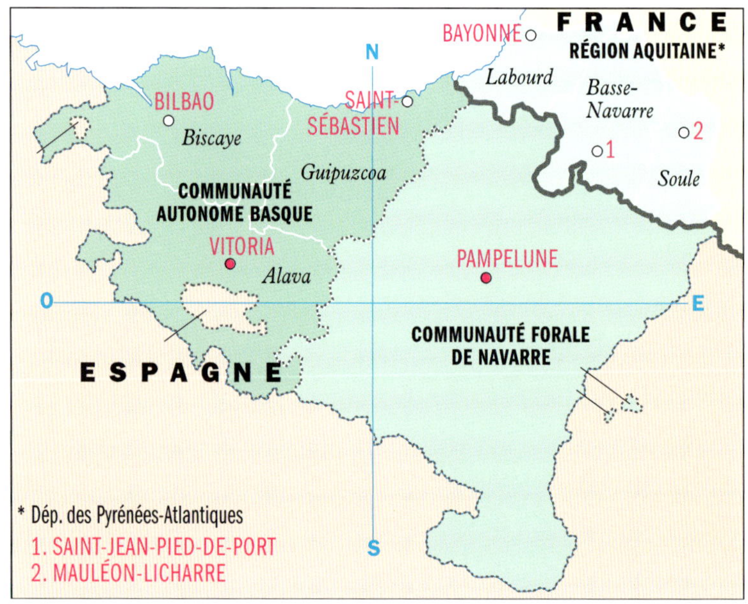

La vision nationaliste

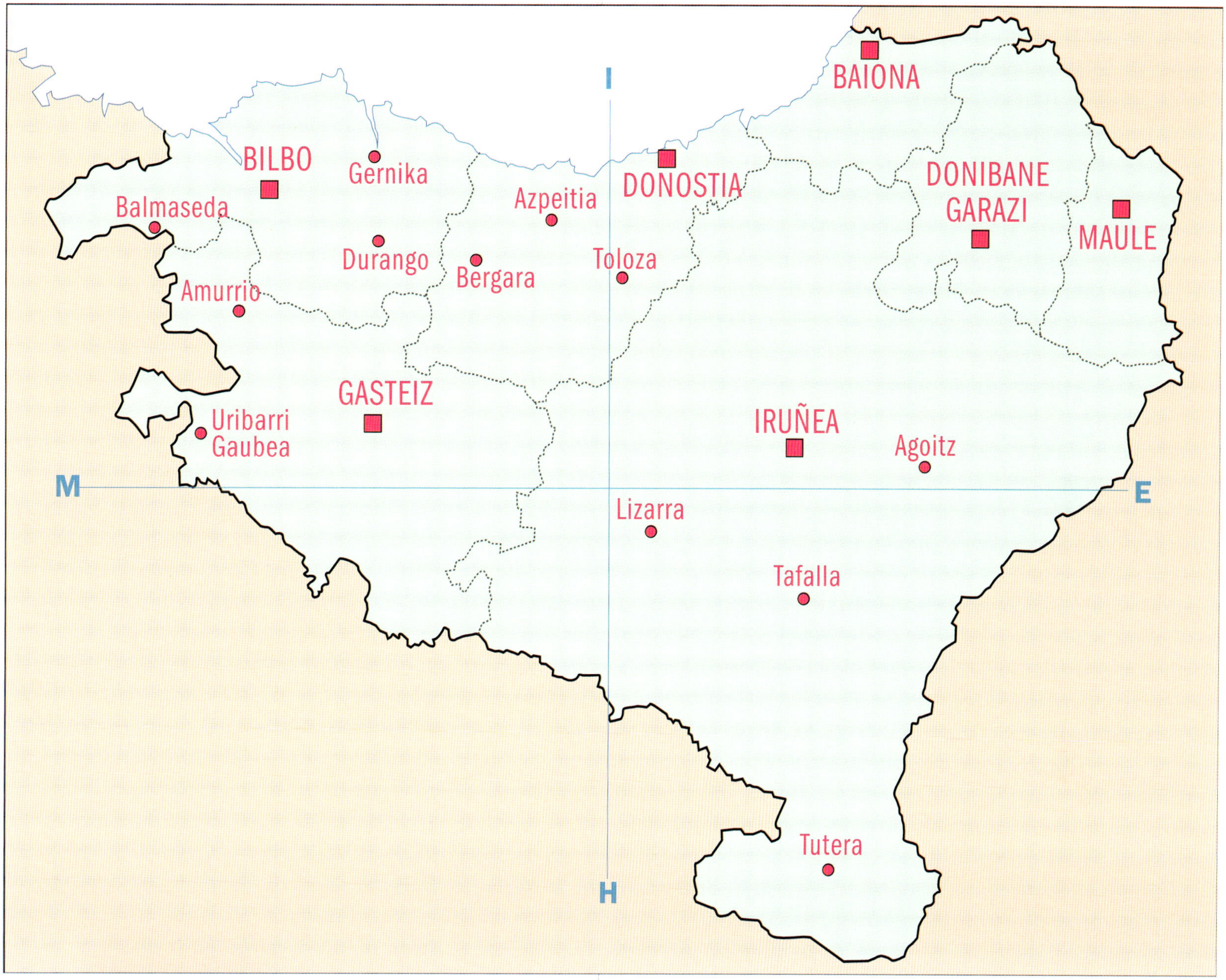

Cette carte (colorisée et réduite par nos soins) est tirée d'un manuel scolaire utilisé dans la Communauté autonome basque, en 5e année de primaire (l'équivalent du CM2). Il s'adresse à des enfants de 10-11 ans entièrement scolarisés en langue basque, ce qui est le cas d'un peu plus de 50 % des élèves. Le livre – dont on pourrait traduire le titre par *Le Monde environnant* – aborde la géographie, l'histoire et les traditions du Pays basque, ainsi que des notions de physique, chimie et sciences naturelles.

LA BAGARRE LINGUISTIQUE CONTINUE

Cent soixante-quinze ans après sa création, le royaume de Belgique n'a toujours pas surmonté son principal problème : l'opposition passionnelle entre Flamands et francophones. La question a même provoqué la plus longue crise politique de l'histoire du pays, en retardant pendant neuf mois la formation du gouvernement issu des élections de juin 2007. Le débat sur les frontières entre les territoires communautaires se cristallise autour d'une histoire d'arrondissement électoral et judiciaire.
Rappelons que la Belgique fédérale est découpée en quatre régions linguistiques : la Flandre néerlandophone, la Wallonie francophone, la région de Bruxelles-Capitale bilingue (qui est enclavée au sein de la région flamande et ne regroupe que dix-neuf municipalités) et la petite région germanophone (qui borde la frontière allemande, à l'est du pays). Mais les frontières linguistiques ne sont pas forcément très nettes. C'est pourquoi le législateur a prévu pour les zones à peuplement hétérogène un statut de « commune à facilités linguistiques » qui permet aux minoritaires d'utiliser leur langue (à l'école, dans les rapports avec les administrations, etc.).
Sur le plan électoral, les Belges votent pour des listes unilingues sauf dans l'« arrondissement électoral regroupé » de Bruxelles-Hal-Vilvorde (qui comprend la région bilingue de Bruxelles-Capitale, des communes à facilités linguistiques et d'autres sans facilités appartenant à la Flandre), où ils peuvent voter soit pour des candidats flamands, soit pour des candidats francophones. Les partis flamands réclament aujourd'hui la scission de cet arrondissement électoral afin d'en séparer les communes situées en Flandre (Hal et Vilvorde). Le 7 novembre 2007, tous les partis flamands se sont même associés pour voter en commission parlementaire en faveur de la scission de l'arrondissement bilingue. Les partis francophones ont riposté en conditionnant cette scission à l'élargissement de la région bilingue de Bruxelles à d'autres municipalités de l'arrondissement qui désirent rejoindre la capitale. Ils militent pour l'organisation de consultations populaires dans les municipalités concernées (voir carte « Une version XL pour Bruxelles ? »).
Au même moment, les résidents flamands de Bruxelles remettent en question la francisation de la capitale bruxelloise, en tentant de démontrer par des cartes que la présence flamande s'accentue au cœur de Bruxelles (voir cartes « Bruxelles se reflamandise »).
Avec la montée de l'extrême droite, qui risque de bloquer sérieusement la gestion régionale, c'est presque la panique politique à chaque échéance électorale et certains responsables politiques proposent de recréer une circonscription fédérale regroupant des élus ayant recueilli des suffrages de part et d'autre de la frontière linguistique.
En riposte aux velléités indépendantistes d'un nombre croissant de partis flamands, une petite minorité active de francophones (wallons et bruxellois) s'organise enfin pour demander ouvertement le rattachement à la France (voir carte « Les rattachistes »).

[> DÉCRYPTAGE <]

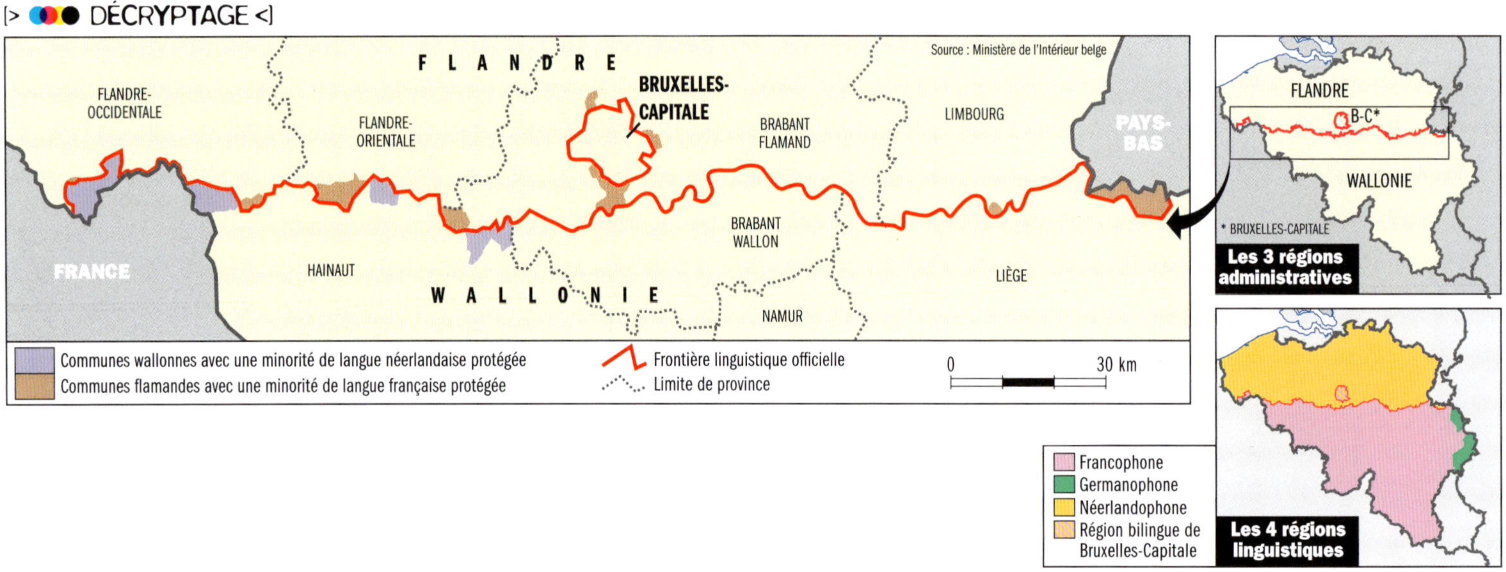

Une version XL pour Bruxelles ?

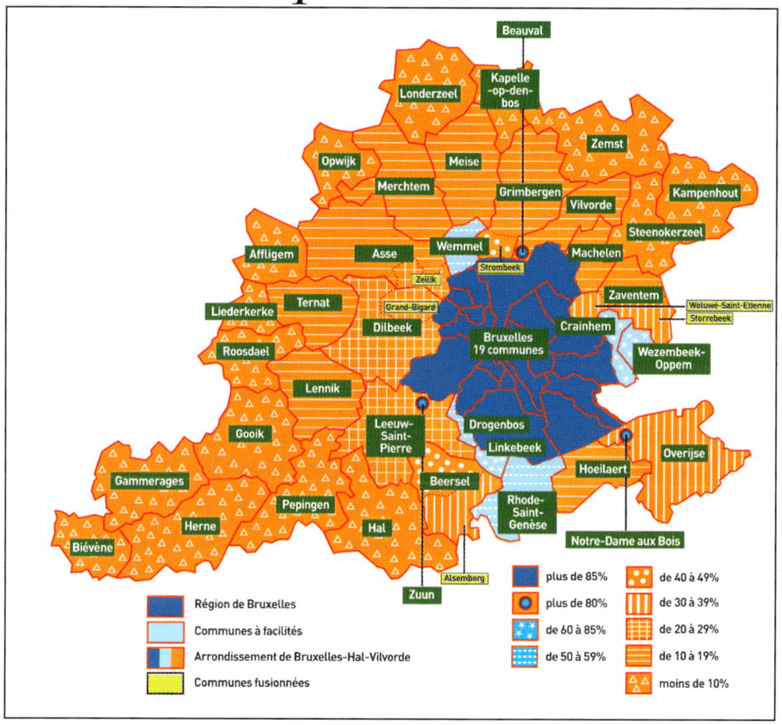

Cette carte, publiée par le Front démocratique des francophones (FDF, parti régionaliste de droite), représente l'arrondissement de Bruxelles-Hal-Vilvorde. En bleu foncé, on voit les limites actuelles et institutionnelles de la région bruxelloise. En bleu clair sont indiquées les communes à facilités linguistiques, municipalités intégrées à la région flamande, mais dans lesquelles les francophones ont le droit d'utiliser des documents administratifs rédigés en langue française. Les pourcentages expriment le poids des francophones dans chacune des communes. Les Flamands aimeraient supprimer la possibilité de voter pour des listes francophones en dehors des municipalités de la région bruxelloise (bleu foncé). Les francophones seraient d'accord avec cette proposition, à condition de pouvoir agrandir les limites de la région bruxelloise aux communes périphériques à forte concentration francophone.

Sources : FDF, La Libre Belgique

Bruxelles se reflamandise

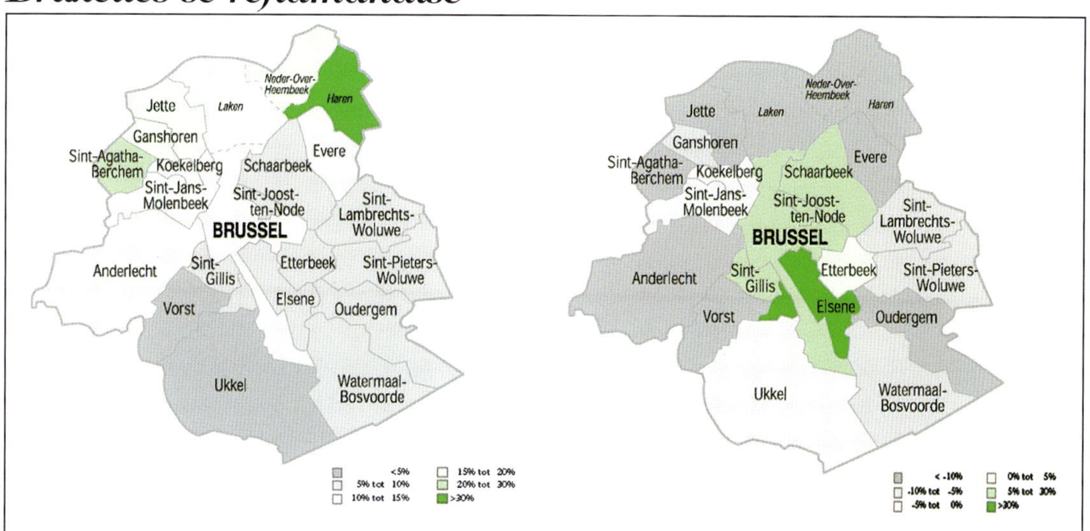

Sur ces deux cartes publiées à l'automne 2004, la revue bruxelloise flamande Gorik tente de démontrer que la population flamande augmente dans le cœur de Bruxelles, c'est-à-dire dans le « pentagone ». Épluchant la liste des électeurs pour la période de 1999 à 2004, *Gorik* constate une augmentation du nombre d'électeurs flamands dans les quartiers chics de Bruxelles (carte 1, à droite). D'après la revue, on assiste à la fin de la francisation (*verfransing*) accélérée au profit d'une reflamandisation (*vervlaamsing*) de Bruxelles. On voit sur la carte de gauche la situation actuelle du pourcentage d'électeurs néerlandophones à Bruxelles, qui montre une réalité plus contrastée. « Notre groupe linguistique se rétrécit chaque année de 1 % en moyenne », concède la revue flamande, tout en précisant que « l'usage du néerlandais s'accroît dans le pentagone bruxellois. Les habitants y sont plus jeunes et votent davantage rouge (socialiste) et vert (écologiste). »

Source : Gorik, *revue bruxelloise flamande (www.gorik.be)*

> École de jeunes filles en France, vers 1860.
Photographe : Florent Grau.

vu par LES RATTACHISTES

Le Mouvement wallon pour le retour à la France (MWRF) a publié cette carte – où la région wallonne est intégrée au territoire français – dans une brochure éditée à l'occasion de son premier congrès, en 1992. Ce mouvement aujourd'hui disparu a laissé la place à plusieurs autres petits partis politiques, comme le Rassemblement Wallonie-France (RWF) et le Rassemblement Bruxelles-France (RBF), qui prônent le rattachement de l'ensemble des régions francophones belges à la France. D'après leur manifeste politique, « le Mouvement wallon sera une nouvelle fois appelé à indiquer le chemin à suivre, comme il le fit en 1940, en 1945, en 1960 et dans les années 1970. Ce chemin, c'est celui d'une future union de la Wallonie avec la France, sous une forme à négocier. »

Source : Revue Wallonie-France

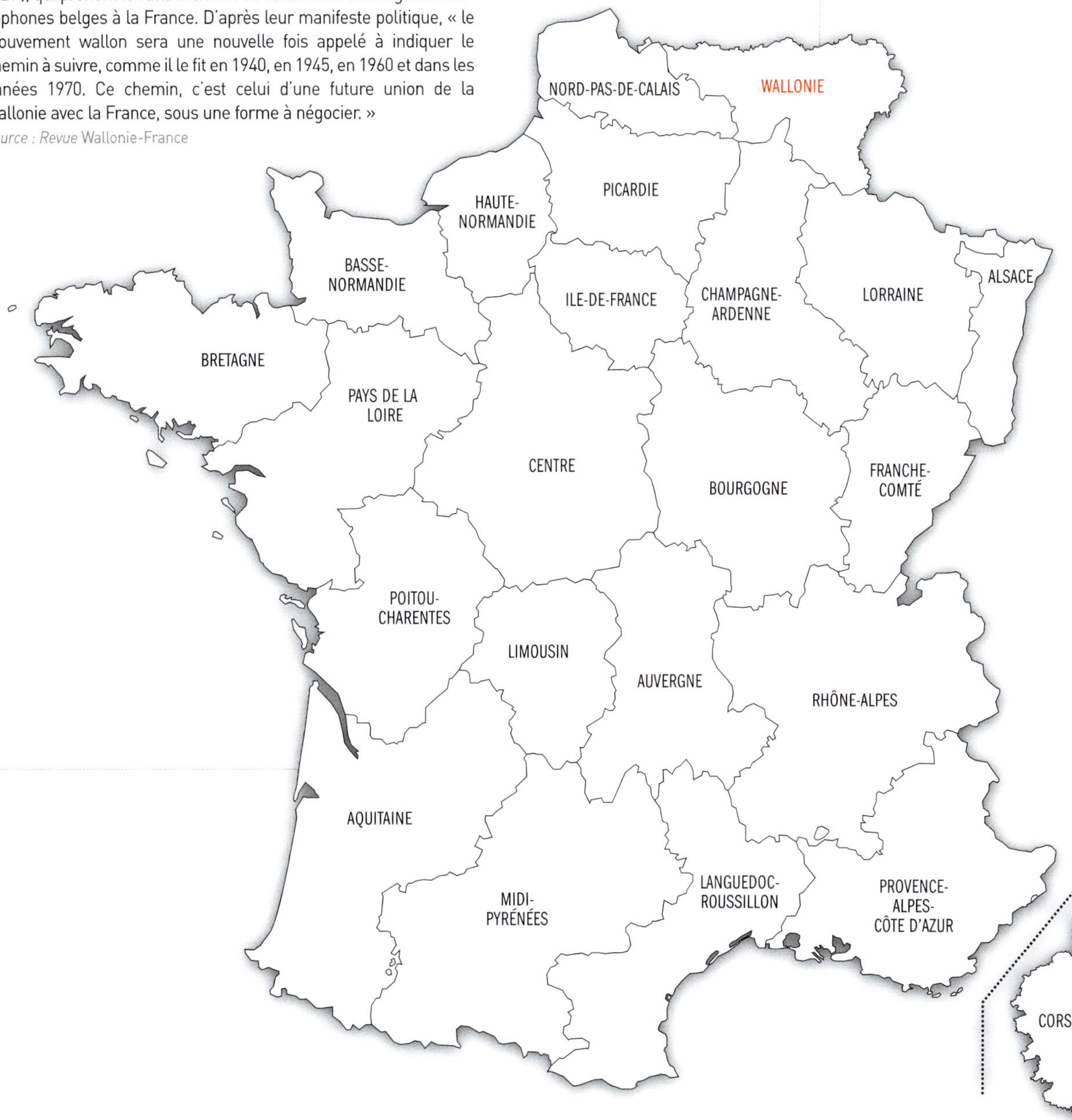

ÉCHEC DE LA *MAGALI IDEA*

Propontide, Pont-Euxin, Smyrne, Constantinople… Autant de noms mythiques qui nous renvoient à Byzance, voire à l'Antiquité, et qui restent très présents dans l'imaginaire hellénique. Et pour cause. Au début du XXe siècle, le pourtour de la mer Égée, l'Asie Mineure et les côtes de la mer Noire étaient encore massivement peuplés de Grecs. Et ces populations intégrées à l'Empire ottoman n'avaient qu'une idée en tête : rassembler tous ces territoires habités par des Grecs dans un vaste État-nation, avec Constantinople comme capitale. C'est ce qu'on appelait alors la *magali idea*, la « grande idée ».

Dans un premier temps, le rêve sembla prendre forme. En 1913, après la Thessalie et la Crète, la majeure partie de l'Épire et de la Macédoine, avec Thessalonique, furent rattachées au royaume de Grèce. À l'issue de la Première Guerre mondiale, les troupes grecques prirent le contrôle de la ville de Smyrne et de son arrière-pays. Elles arrivèrent même aux portes d'Istanbul.

Mais la grande idée se transforme en 1922 en grande catastrophe : l'armée de Kemal Atatürk repousse les troupes helléniques d'Anatolie et d'Asie Mineure. La population grecque est soit exterminée, soit expulsée… Environ 1,5 million de Grecs vont rejoindre leurs 4,5 millions de concitoyens en Grèce continentale. Dans le même temps, 500 000 Turcs quittent les Balkans en direction de la Turquie. L'« échange de populations » est consommé. Tout au long du XXe siècle, les Grecs de l'extérieur ne cesseront d'ailleurs d'affluer vers la mère patrie – pour fuir la Russie soviétique, l'Égypte de Nasser ou encore le pogrom d'Istanbul, en 1960. Ainsi, de la présence millénaire grecque, il ne reste plus que les noms.

[> DÉCRYPTAGE <]

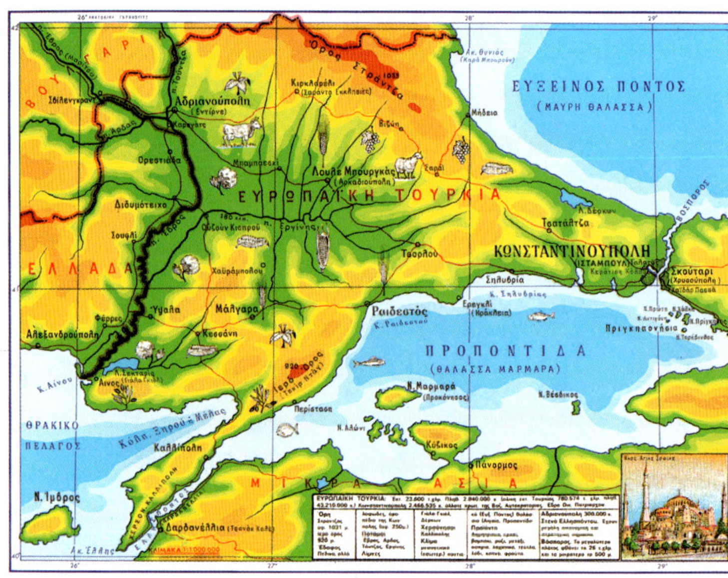

Garder les noms grecs

Sur cette carte extraite du *Skolikos Atlas* (« Atlas scolaire grec »), Istanbul est appelée Constantinople, le nom officiel de la ville avant 1923, et le toponyme turc est indiqué entre parenthèses. Les Dardanelles, la mer de Marmara et la mer Noire figurent, en premier lieu, sous leurs noms antiques : Hellespont, Propontide et Pont-Euxin. À noter également, la « Turquie européenne », face à l'« Asie Mineure ». Quant aux petites villes, elles apparaissent soit sous leur nom grec, soit dans les deux langues dans un ordre variable : c'est ainsi qu'Andrinople prime sur Edirne, mais Kirklareli sur Saranda Ekklisies…

ΑΓΓ. ΣΙΟΛΑΣ - Ε. ΑΛΕΞΙΟΥ
Νέος εικονογραφημένος
Σχολικός Άτλας
2 Η ΕΥΡΩΠΗ
ΕΚΔΟΣΕΙΣ Α.ΣΙΟΛΑ-Ε.ΑΛΕΞΙΟΥ
ΣΤΕΡΕΩΜΑ Α.Ε.
Ζ. ΠΗΓΗΣ 130 & ΚΟΜΝΗΝΩΝ 24, 114 72 ΑΘΗΝΑ
ΤΗΛ.: 210 64 26 393, FAX: 210 64 59 312
Βόρειο Ακρωτ.
ΑΤΛΑΝΤΙΚΟΣ ΩΚΕΑΝΟΣ
ΝΟΡΒΗΓΙΚΗ ΘΑΛΑΣΣΑ
Σκανδιναβική Χερσόνησος
Βοθνικός κόλπος
ΛΕΥΚΗ ΘΑΛΑΣΣΑ
Ανατ. Ντβίνα
Λ. Ονέγκα
Λ. Λατόγκα
ΟΣΛΟ
ΕΛΣΙΝΚΙ
ΒΟΡΕΙΑ ΘΑΛΑΣΣΑ
ΒΑΛΤΙΚΗ ΘΑΛΑΣΣΑ
Δυτ. Ντβίνα
ΜΟΣΧΑ
Νιέμεν
ΛΟΝΔΙΝΟ
ΒΕΡΟΛΙΝΟ
ΒΑΡΣΟΒΙΑ
Βιστούλας
Ντον
Ε Υ Ρ Ω Π Η
ΠΑΡΙΣΙ
ΒΙΕΝΝΗ
Καρπάθια
Άλπεις
ΑΖΟΦΙΚΗ ΘΑΛΑΣΣΑ
Καύκασος
Ιβηρική Χερσόνησος
ΜΑΔΡΙΤΗ
ΛΙΣΑΒΩΝΑ
ΕΥΞΕΙΝΟΣ ΠΟΝΤΟΣ
Βαλκανική Χερσόνησος
ΡΩΜΗ
ΜΕΣΟΓΕΙΟΣ ΘΑΛΑΣΣΑ
ΑΛΓΕΡΙ
ΤΥΝΙΔΑ
Ν. Σικελία
ΑΘΗΝΑ
Ν. Κρήτη
Ν. Κύπρος

Chypre

DIVISÉE JUSQU'À QUAND ?

La crise de Chypre s'inscrit dans le contexte de la fin de l'Empire ottoman. Lorsque se développe parmi les Grecs de l'île (80 % de la population) l'idée de l'Enosis, l'union avec la Grèce, Chypre est une colonie britannique. Une idée à laquelle la communauté turque répond par celle du Taksim, la partition. Cette opposition sert le pouvoir colonial, qui monte les uns contre les autres. Au lendemain de la proclamation de l'indépendance et de la création de la république de Chypre, en 1960, elle rend très difficile la coexistence entre les deux communautés. Lorsque les colonels grecs d'Athènes fomentent en 1974 un coup d'État en vue d'accomplir l'Enosis, l'armée turque riposte immédiatement en occupant la partie nord de l'île (soit 38 % du territoire). Une occupation qui se poursuit encore aujourd'hui. En 1983, la République turque de Chypre du Nord est (auto) proclamée. Elle n'est reconnue que par la seule Turquie. En 2004, la communauté grecque se prononce contre le plan de paix de l'ONU, qui visait à la réunification. Résultat : seule la partie sud de l'île rejoint l'Union européenne. Les dirigeants des deux communautés ont signé en juillet 2006 des accords qui prévoient un dialogue basé sur le projet d'une fédération bizone et bicommunautaire. L'élection en février 2008 par les Chypriotes grecs de Demetris Christofias à la présidence devrait donner une nouvelle impulsion aux politiques qui tendent à la réunification des deux parties de l'île. Secrétaire général du parti progressiste des travailleurs de Chypre (AKEL), originaire du même village situé au nord de l'île que le leader chypriote turc, Mehmet Ali Talat (élu en avril 2005 à la place de l'intransigeant Rauf Denktash), il a clairement reçu mandat de la population de trouver une solution définitive à la partition. La réouverture le 3 avril 2008 à Nicosie de la rue Ledra (Lokmaci pour les Turcs), coupée en deux par la ligne verte, est un symbole important de la nouvelle atmosphère qui prévaut sur l'île.

[> DÉCRYPTAGE <]

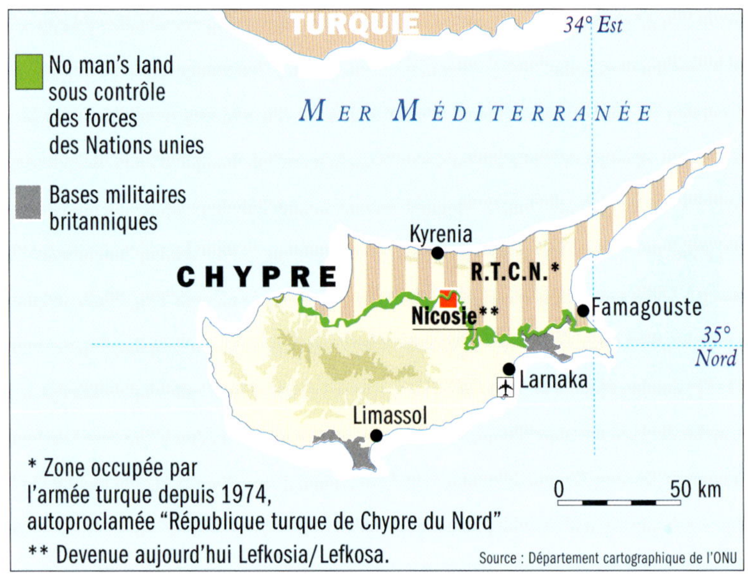

Source : Département cartographique de l'ONU

vu de TURQUIE

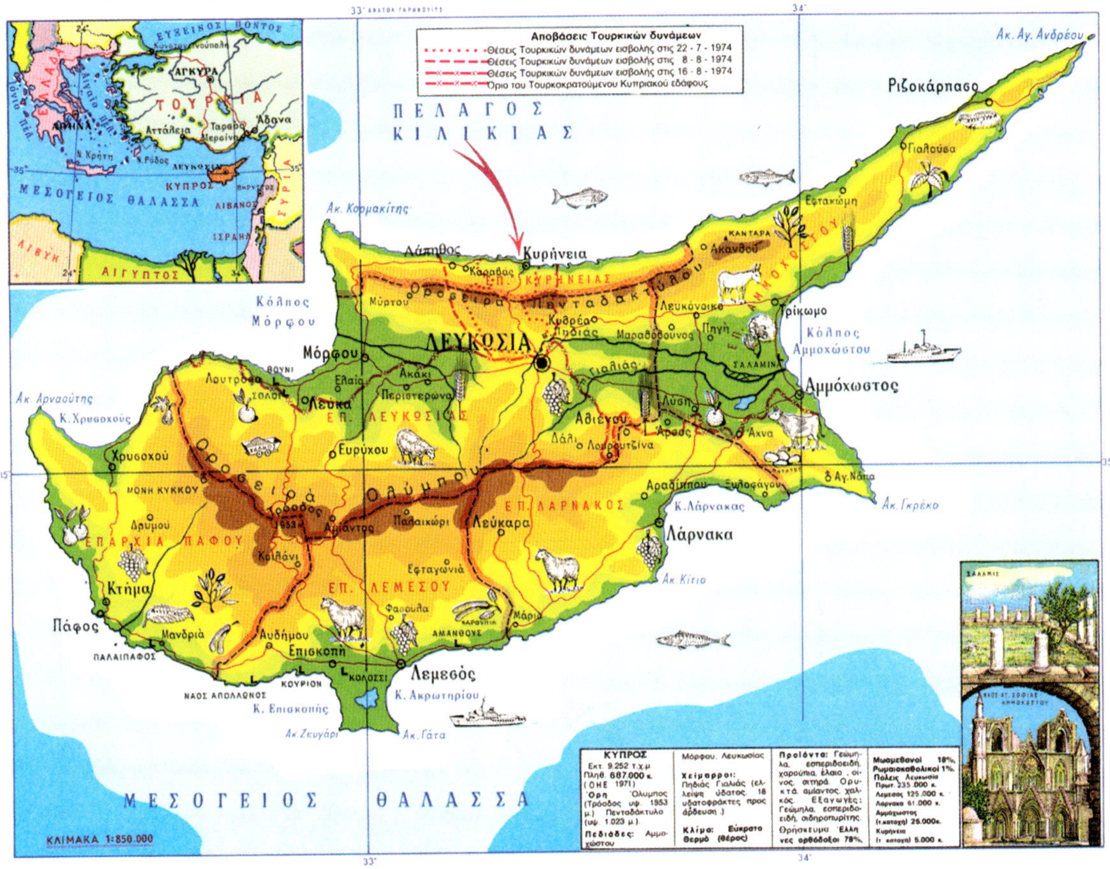

La carte du *Cografya Atlasi* (« Atlas géographique ») turc signale très clairement – contrairement aux documents grecs – la ligne verte qui coupe l'île sur 180 kilomètres. Le nord est appelé Kuzey Kibris Türk Cumhuriyeti (République turque de Chypre du Nord) et le Sud, Güney Kibris Rum Yönetimi (Administration grecque du sud de Chypre). Les toponymes de la partie nord sont indiqués en turc. Nicosie a été rebaptisée Lefkosa. Au sud, les noms sont écrits en grec, à quelques exceptions près.

vu de CHYPRE

Cette carte de Chypre, extraite du *Skolikos Atlas* (« Atlas scolaire grec »), met l'accent sur l'unité de l'île : les frontières départementales y sont nettement plus visibles que la ligne verte qui marque la frontière de la partie nord, occupée par l'armée turque depuis 1974. Une occupation dont les trois étapes (intervenues le 22 juillet, le 8 août et 16 août 1974) sont minutieusement signalées. Notons également l'absence de toute mention de la République turque de Chypre du Nord sur cette carte, où les villes du Nord sont désignées par leur nom grec.

Macédoine

UN NOM DIFFICILE À PARTAGER

La république de Macédoine a proclamé son indépendance en 1991. Pourtant, quatorze ans plus tard, on ne la trouve toujours pas sur les cartes sous ce nom, mais sous celui d'ARYM (ancienne république yougoslave de Macédoine) ou, en anglais, FYROM (Former Yugoslav Republic of Macedonia). Pourquoi ? La réponse à cette question est à chercher du côté de la Grèce. Celle-ci conteste notamment le nom adopté par ce pays slave voisin, qui est aussi celui d'une province de Grèce septentrionale (avec Thessalonique pour capitale), ainsi que le drapeau macédonien, frappé du soleil rayonnant de Vergina. Ce symbole de la Macédoine antique est considéré par les Grecs comme un élément du patrimoine national hellénique. Athènes conteste également certains articles de la Constitution portant sur les frontières du nouvel État.

En 1993, Skopje, capitale macédonienne, retire les articles controversés et prend le nom provisoire d'ARYM, jusqu'à ce qu'une solution définitive soit trouvée. Deux ans plus tard, sous la pression d'un embargo grec, l'étoile est changée sur le drapeau. La question du nom a coûté à Skopje son adhésion à l'OTAN, la Grèce ayant mis son veto lors du sommet de l'Alliance atlantique à Bucarest, en avril 2008. Dès que ce différend entre les deux pays sera résolu, la Macédoine pourra devenir membre à part entière de l'organisation.

Pour comprendre les motifs des uns et des autres, il faut remonter jusqu'au IVe siècle av. J.-C. À cette époque, le royaume d'Alexandre le Grand portait le nom de Macédoine. Un nom que ni l'établissement des Slaves, ni Byzance, ni même l'Empire ottoman n'ont modifié. Mais les XIXe et XXe siècles vont changer la situation. Les principaux peuples des Balkans aspirent chacun à une entité nationale propre et, à l'issue des guerres balkaniques et du retrait des Ottomans, la province multiethnique est divisée entre la Grèce (Macédoine d'Égée, 51 %), la Serbie (Macédoine du Vardar, 39 %) et la Bulgarie (Macédoine du Pirin, 10 %). Une situation que l'on retrouvera après la Seconde Guerre mondiale, mais avec un changement de taille puisque la Yougoslavie de Tito fait de la Macédoine du Vardar l'une de ses républiques fédératives et des Macédoniens une véritable nation. Cette décision n'empêche pas le dirigeant yougoslave de soutenir les communistes lors de la guerre civile grecque (1946-1949), en vue d'annexer Thessalonique dans une éventuelle fédération balkanique de type soviétique. Un rêve auquel sa rupture avec Staline, en 1948, a mis fin, mais qui n'a cessé d'alimenter des peurs dans la Grèce voisine.

Elle existe pour les Grecs...

Sur cette carte politique de l'Europe extraite du *Skolikos Atlas* (« Atlas scolaire grec » destiné aux élèves des collèges), la Macédoine est présente, sous le nom de FYROM.

... ou peut-être pas !

Sur cette carte des Balkans, tirée du même atlas grec, la Macédoine brille par son absence, contrairement aux autres pays de la région, désignés par leur nom.

vu de L'UNION EUROPÉENNE

Sur la carte officielle de l'Union européenne, c'est également l'appellation FYROM qui est utilisée. En raison des réserves exprimées par la Grèce, l'Europe n'a en effet pas reconnu le nouvel État sous son nom de république de Macédoine. En revanche, les États-Unis ont reconnu le pays sous ce nom, le 4 novembre 2004, en remerciement pour son soutien dans la guerre d'Irak.

APRÈS L'INDÉPENDANCE, LE DOUTE ET L'APPRÉHENSION

Pour une majorité de Kosovars, l'année 2008 sera celle de l'aboutissement d'un rêve caressé par plusieurs générations d'albanophones : l'indépendance. Pour les autres – les Serbes, les Roms ou les Gorani –, ce sera le début d'une période d'incertitude et de peur quant à leur avenir dans le « dernier-né des États européens ». Estimée à quelque 250 000 personnes avant les bombardements de l'OTAN en 1999, la population serbe a chuté de moitié, victime du « contre-nettoyage » ethnique et de la peur depuis que la province sécessionniste est gérée par les Nations unies. Aujourd'hui, près de 80 000 Serbes vivent au nord de la rivière Ibar, essentiellement dans la ville de Mitrovica, désormais divisée entre une partie albanaise (sud) et une partie serbe (nord). Adossés à la frontière avec la Serbie et protégés par une forte présence militaire, notamment française, ces derniers se sentent moins menacés par les Albanais de la province et agitent régulièrement la menace d'une partition du Kosovo qui leur ferait rejoindre la mère patrie. Les quelque 50 000 autres Serbes du Kosovo vivent dans quelques enclaves – véritables gouttes d'eau dans la mer albanaise – organisées autour des monastères serbes, en particulier ceux de Decani et de Gracanica (la plus importante, avec ses 30 000 habitants).

L'indépendance du Kosovo, présentée par ses défenseurs comme le « dernier acte des guerres yougoslaves », réglera-t-elle pour autant la question albanaise dans les Balkans ? L'euphorie des premiers jours passée, le bilan du « nouveau Kosovo » est bien maigre. À peine une quarantaine de pays (sur les quelque deux cents que compte l'ONU) ont reconnu son indépendance, l'économie ne décolle toujours pas et la province reste *de facto* dirigée par la communauté internationale qui, de surcroît, peine à mettre en place une mission européenne pour remplacer celle des Nations unies (la MINUK), toujours officiellement en charge des affaires courantes à Pristina. Un peu moins de dix ans après l'intervention massive de l'Alliance atlantique pour mettre fin à la domination serbe sur le Kosovo, le doute s'est peu à peu substitué à la volonté des Occidentaux d'en « finir » avec les guerres balkaniques. Plusieurs pays de l'Union européenne n'ont pas reconnu le Kosovo, par crainte d'encourager leurs propres séparatismes ; les termes « d'effet domino » et de « dangereux précédent » – surtout martelés par les représentants du Kremlin – ont progressivement éclipsé le « droit à l'autodétermination des Kosovars » de 1999. Même si tous les pays voisins, à l'exception notable de la Serbie, qui considère toujours cette indépendance comme « illégale », affichent un désir d'intégration européenne, de nouveaux troubles ne sont pas à exclure. Dans sa grande majorité, la classe politique de Tirana comme de Pristina écarte l'idée d'une grande Albanie lui préférant, du moins sur le papier, une Union européenne englobant l'intégralité des Balkans occidentaux. Mais la frustration kosovare, tout comme la déception de la population albanaise de Macédoine de ne pas voir le pays intégré dans l'Alliance atlantique pour cause de veto grec peuvent se révéler un jour explosives. D'autant plus que les Serbes de Bosnie, très moyennement convaincus de la viabilité d'un État bosniaque sous constante supervision internationale, ont d'ores et déjà menacé de se détacher de Sarajevo. Idem pour les Albanais de la vallée de Presevo, dans le sud de la Serbie, qui dans un scénario de redécoupage violent des frontières sur des bases ethniques rejoindraient alors les terres albanaises de l'autre côté de la frontière. Les frontières, surtout lorsqu'elles viennent d'être tracées, sont rarement définitives dans les Balkans.

[> DÉCRYPTAGE <]

* Ancienne république yougoslave de Macédoine, FYROM en anglais (nom officiel)

vu de BELGRADE

Dans la carte diffusée en 2008 par l'office de tourisme serbe, le Kosovo fait partie intégrante de la Serbie, où il garde le statut de « province autonome » au même titre que la Vojvodine, où vit une forte minorité hongroise.

vu de L'ONU

Depuis 1999, le Kosovo est sous la tutelle de la Mission d'administration intérimaire des Nations unies (MINUK). Après la déclaration d'indépendance de la province, le 17 février 2008, elle était censée laisser la place à une Mission européenne de justice et de police (EULEX), dont le déploiement s'est heurté à l'hostilité de Belgrade et de Moscou. En attendant, c'est la carte de la MINUK qui fait office de carte officielle du Kosovo...

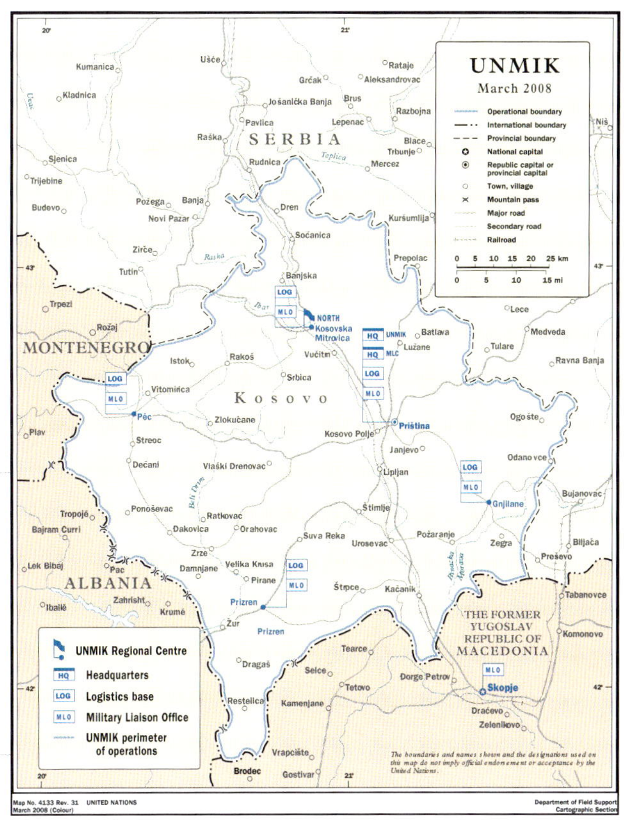

Europe centrale

ÉTATS, NATIONS, NATIONALITÉS

Nations et États ne coïncident pas toujours, surtout en Europe centrale. Le cas de la Hongrie est particulièrement intéressant du point de vue de la géographique humaine.

Au début du XXe siècle, les différentes minorités nationales constituaient environ 50 % de la population de la Hongrie historique. Mais la situation a radicalement changé en 1920, avec le traité de Trianon, imposé à l'empire d'Autriche-Hongrie par les vainqueurs de la Première Guerre mondiale : le pays perd les deux tiers de son territoire et devient relativement homogène sur le plan ethnique. Mais, dès lors, un Hongrois sur trois se retrouve au-delà des frontières de son pays et est, de ce fait, citoyen roumain, serbe ou tchécoslovaque. Cette situation, qui a perduré pendant tout le XXe siècle, explique la sensibilité des géographes hongrois aux problèmes de représentation cartographique des nationalités sur la base des recensements et en fonction de leur densité, domaines dans lesquels ils ont acquis un savoir-faire reconnu.

Autre problème cartographique posé par ces situations d'hétérogénéité culturelle et linguistique : celui des toponymes. En Irlande, les cartes présentent tous les noms de lieu à la fois en gaélique et en anglais. En Finlande, on trouve les noms suédois à la suite des noms finnois pour toutes les zones où la minorité suédoise est égale ou supérieure à 6 % de la population totale. En Hongrie, le traitement de ce problème a longtemps été marqué par des considérations idéologiques. « Sur les cartes du bassin des Carpates éditées dans les années 1920 et 1930 sous le signe de la révision du traité de Trianon, nous ne trouvons pratiquement que des noms hongrois », relève le géographe Antal Guszlev, de l'université de Budapest. « Dans la Hongrie communiste de l'après-guerre, la cartographie a ensuite pris une tout autre direction : l'emploi des noms hongrois a été strictement limité au territoire national. Comme il n'était pas de mise d'aborder les problèmes ethniques (c'est l'époque de l'internationalisme socialiste), il était convenu de ne faire figurer sur les cartes des pays voisins que les noms en langue nationale dominante. Si bien que de nombreux toponymes magyars ont été oubliés ou sont devenus obsolètes. » Il a fallu attendre la fin du communisme pour que la question puisse être abordée sans complexe et que la signalisation bilingue, voire trilingue, des toponymes des régions anciennement hongroises regagne droit de cité. Cette signalisation peut, certes, poser quelques problèmes pratiques, notamment pour la lecture, mais le développement de la cartographie numérique peut facilement y remédier.

vu de BELGRADE

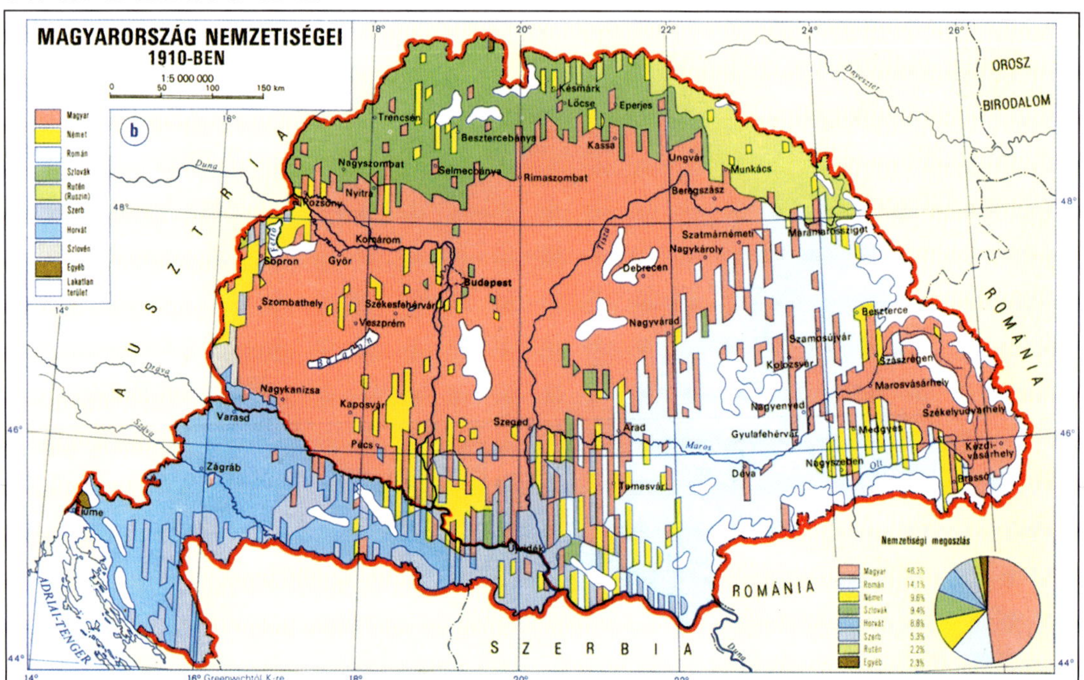

Les nationalités de la Hongrie en 1910. Il s'agit de la première carte « ethnique » de la Hongrie historique. Elle a été conçue par le cartographe (et futur Premier ministre) Pál Teleki sur la base du recensement de la population. En dépit de sa précision et de son objectivité, les négociateurs du traité de Trianon ont préféré ignorer cette carte lors de l'établissement des nouvelles frontières hongroises, en 1920.

Une mosaïque colorée

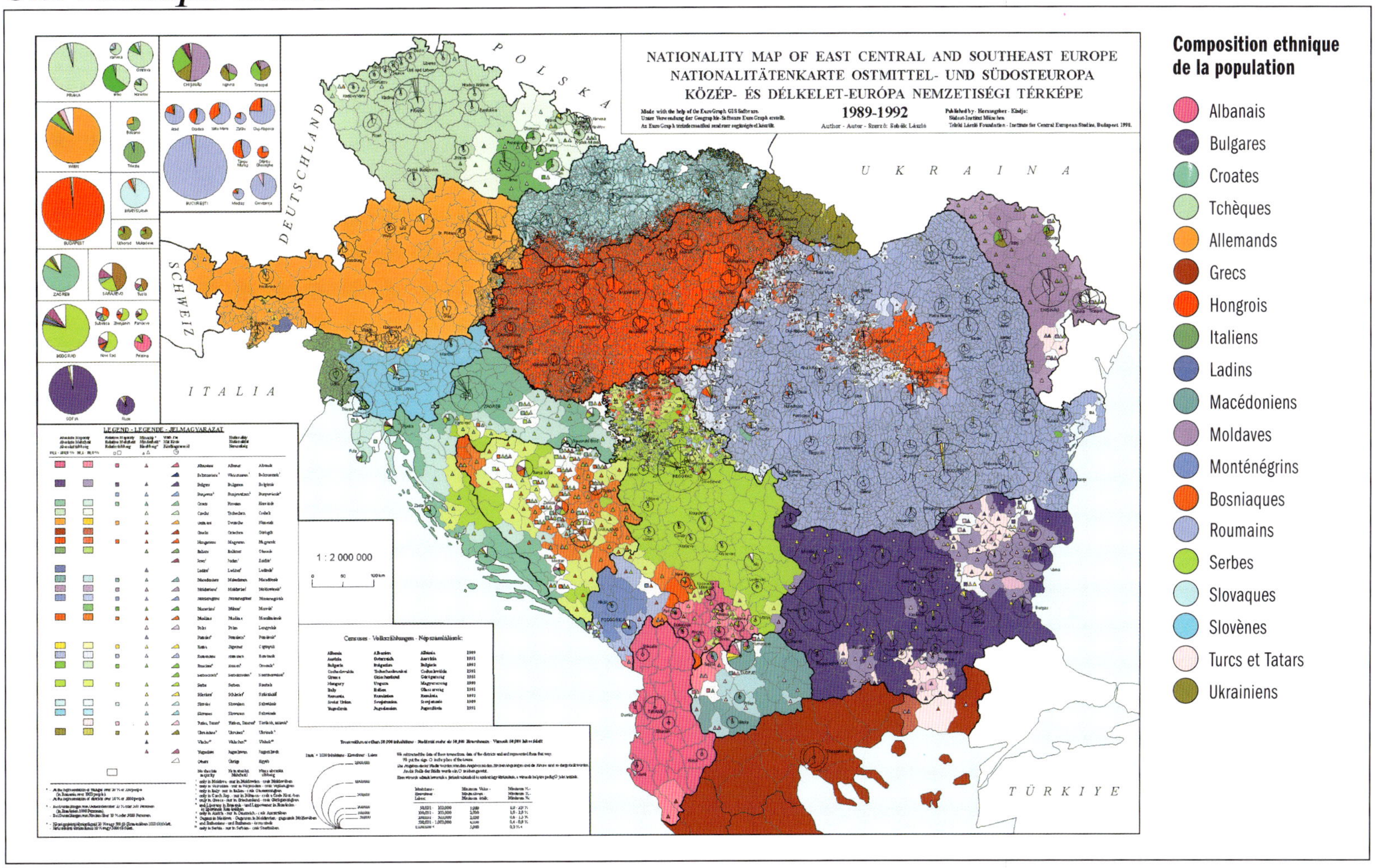

Conçue par László Sebök de 1989 à 1992, cette carte coéditée par le centre d'études centre-européennes de l'Institut László Teleki, à Budapest et le Südost-Institut, à Munich, représente les nationalités de l'Europe du Sud-Est selon leur densité. D'où la signalisation de la composition ethnique des grandes villes de la région. Pour montrer les changements dus aux guerres dans l'ex-Yougoslavie, la mise à jour de la carte se fera en fonction des recensements des populations respectives.

Russie

DES DIFFÉRENDS FRONTALIERS AVEC NEUF PAYS

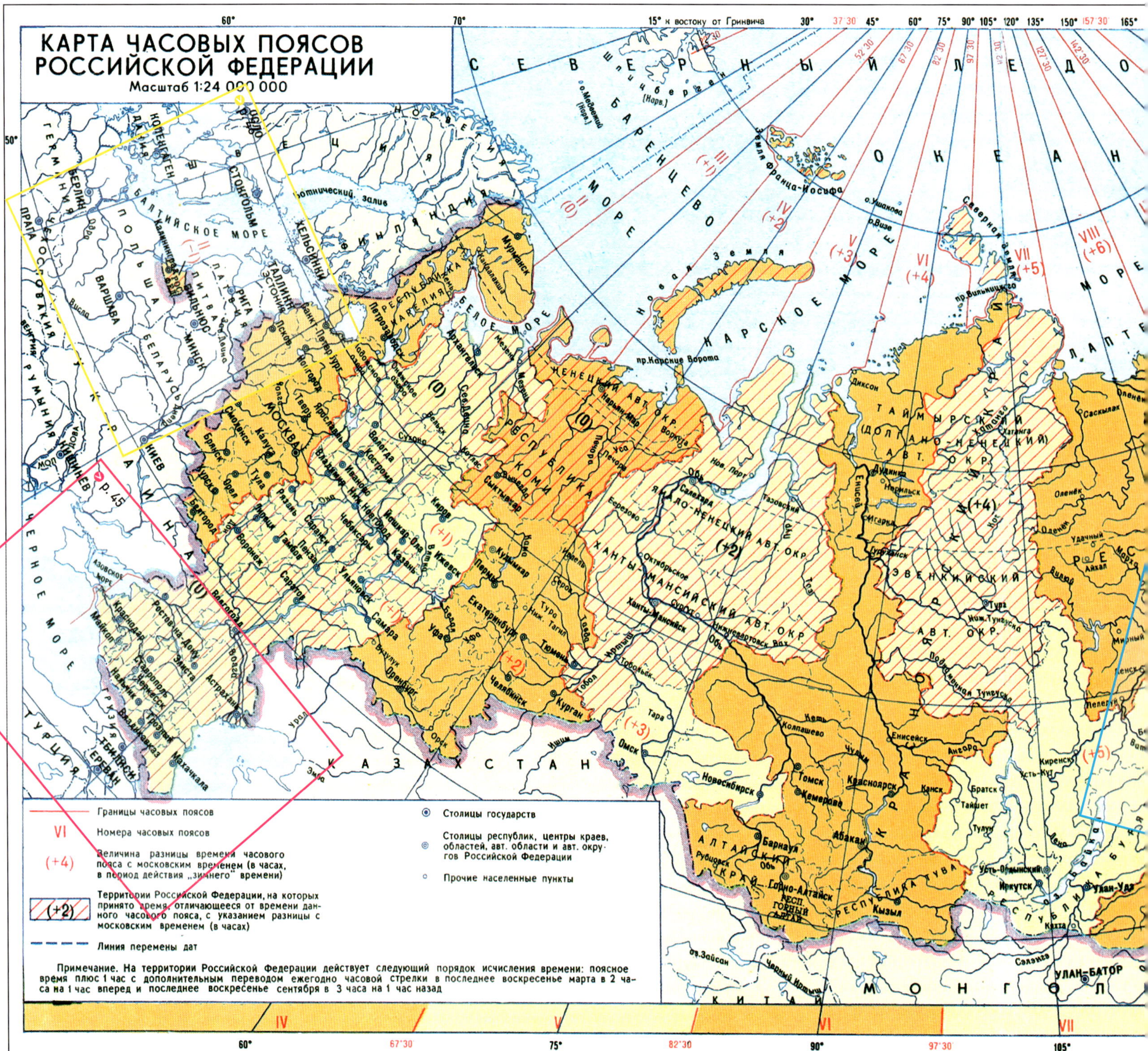

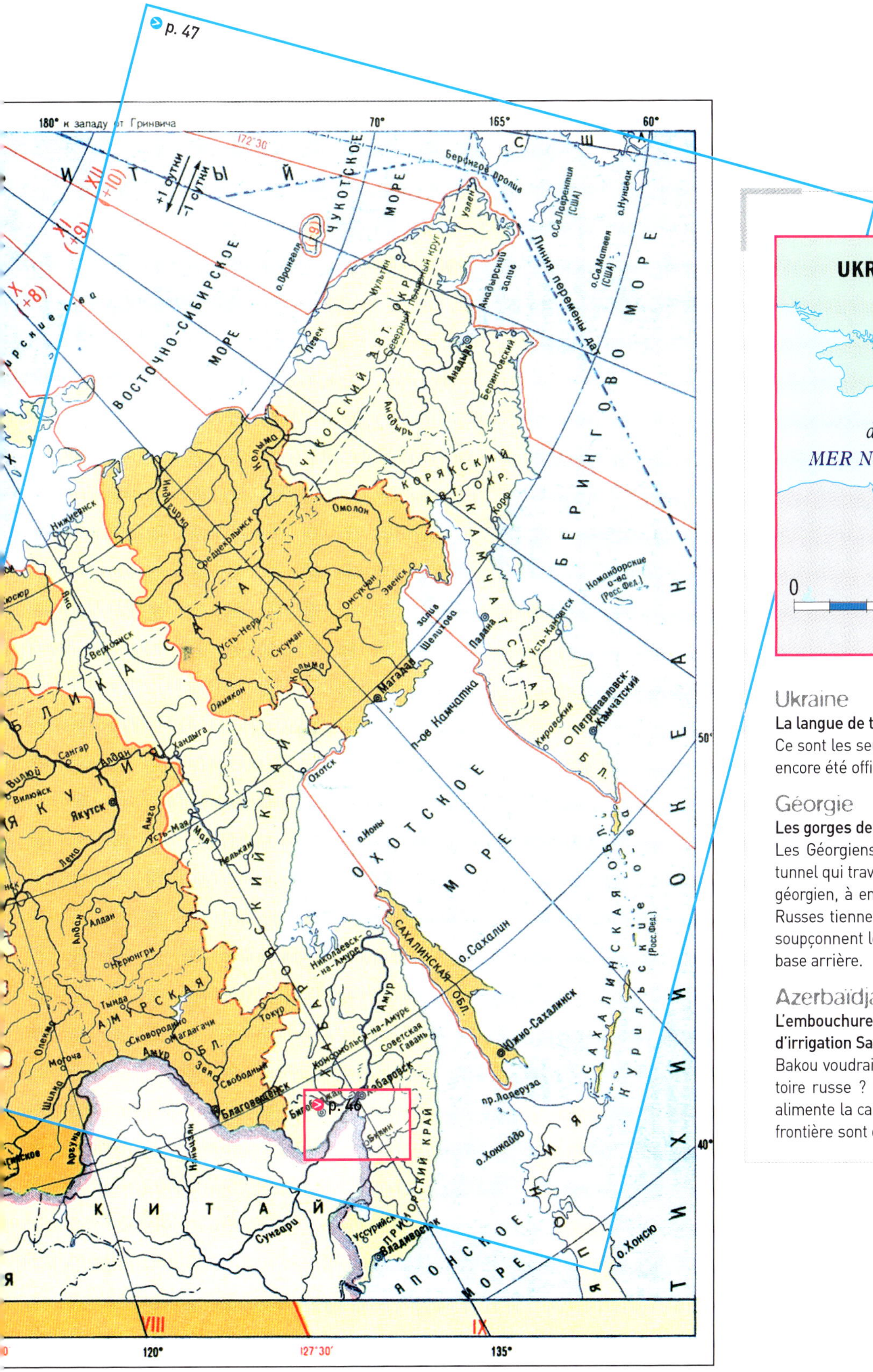

p. 47

Ukraine

La langue de terre de Touzla, la mer d'Azov et le détroit de Kertch

Ce sont les seuls secteurs de la frontière russo-ukrainienne qui n'aient pas encore été officiellement délimités.

Géorgie

Les gorges de Dariali

Les Géorgiens réclament le contrôle effectif du débouché méridional du tunnel qui traverse la chaîne du Grand Caucase et qui se trouve en territoire géorgien, à environ 40 kilomètres de la frontière avec la Tchétchénie. Les Russes tiennent à garder le contrôle de cette route, dans la mesure où ils soupçonnent les maquisards indépendantistes d'utiliser les gorges comme base arrière.

Azerbaïdjan

L'embouchure de la Samour et les installations qui commandent le système d'irrigation Samour-Apchéron

Bakou voudrait-il récupérer le contrôle de l'amont du canal, situé en territoire russe ? Ce canal est en effet essentiel pour l'Azerbaïdjan, puisqu'il alimente la capitale avec les eaux de la Samour. Trois autres secteurs de la frontière sont également litigieux.

Japon

Les Kouriles du Sud

Les Japonais revendiquent les îles Kunashiri, Iturup, Shikotan et le petit archipel des Habomai. Cette revendication est largement reconnue par la communauté internationale : ces îles sont désignées, sur la plupart des cartes éditées hors de Russie, comme « occupées par l'URSS depuis 1945, administrées par la Russie, revendiquées par le Japon ».

États-Unis

L'île Wrangel et plusieurs îles Aléoutiennes

La Russie ayant annoncé son intention de réviser l'accord sur les frontières maritimes signé par le secrétaire d'État James Baker et le ministre des Affaires étrangères soviétique Edouard Chevardnadze en 1990, le Parlement de l'État d'Alaska a émis en l'an 2000 une revendication sur les îles Wrangel, Herald, Bennett et Henriette, dans l'océan Glacial arctique, ainsi que sur les îles Medny, Sivoutch et Kalan, dans l'archipel des Aléoutiennes (Pacifique).

Chine

Les îles Bolchoï-Oussouriïski et Tarabary, sur l'Amour, et l'île Bolchoï (Abagaïtouï), sur l'Argoun

La signature de l'accord frontalier soviéto-chinois en 1991 et celle du document fixant la frontière russo-chinoise en 1999 ont réglé la plupart des litiges entre les deux pays, à l'exception de ceux portant sur ces îles fluviales qui se trouvent à proximité immédiate de la grande ville russe de Khabarovsk et abritent de très nombreuses datchas appartenant à des habitants de cette ville. Sur ses cartes, la Chine fait figurer ces îles comme étant des territoires chinois. Mais le différend est en voie de résolution. À la mi-octobre 2004, lors d'une visite de Vladimir Poutine en Chine, les deux pays sont parvenus à un accord : la Russie cédera à la Chine l'île Tarabary et la moitié de Bolchoï-Oussouriïski.

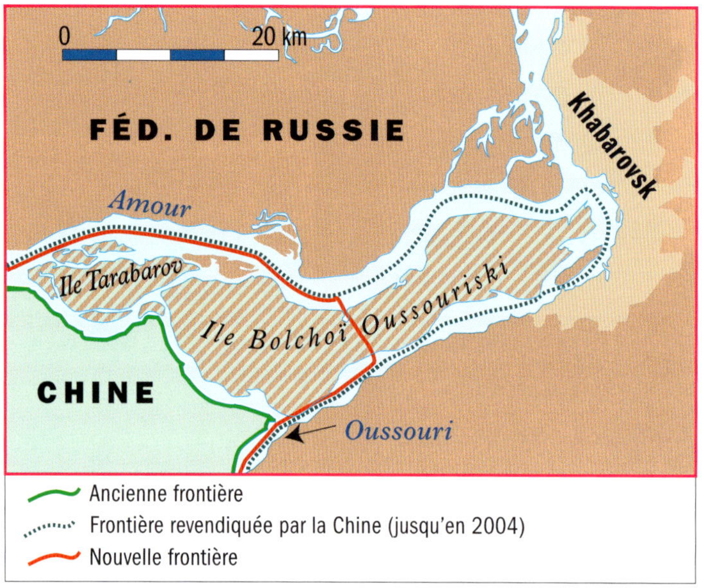

Estonie

Les zones frontalières jouxtant les régions de Saint-Pétersbourg et de Pskov

Un accord datant de 1995 a établi que la frontière russo-estonienne reprendrait le tracé de la frontière administrative telle qu'elle existait au moment de l'éclatement de l'URSS (entre la république fédérative socialiste soviétique d'Estonie et la république fédérative socialiste soviétique de Russie). Ce document n'a toutefois jamais été signé.

Lettonie

Les districts de Pytalovo et de Palkino, région de Pskov

En 1996, la Lettonie a accepté d'entamer des pourparlers avec la Russie au sujet de la frontière qui sépare désormais les deux États, en renonçant à toute revendication territoriale. À ce jour, aucun accord n'a abouti.

Lituanie

En 1997, en revanche, la signature de l'accord frontalier russo-lituanien a mis un terme officiel aux revendications territoriales de ce pays envers la Russie. Le tracé a été approuvé sur toute sa longueur et l'accord ratifié par les Parlements des deux pays.

Allemagne et Lituanie

La région de Kaliningrad

Dans chacun de ces pays, divers mouvements politiques font pression pour réclamer une suppression de l'enclave russe et son annexion au territoire national.

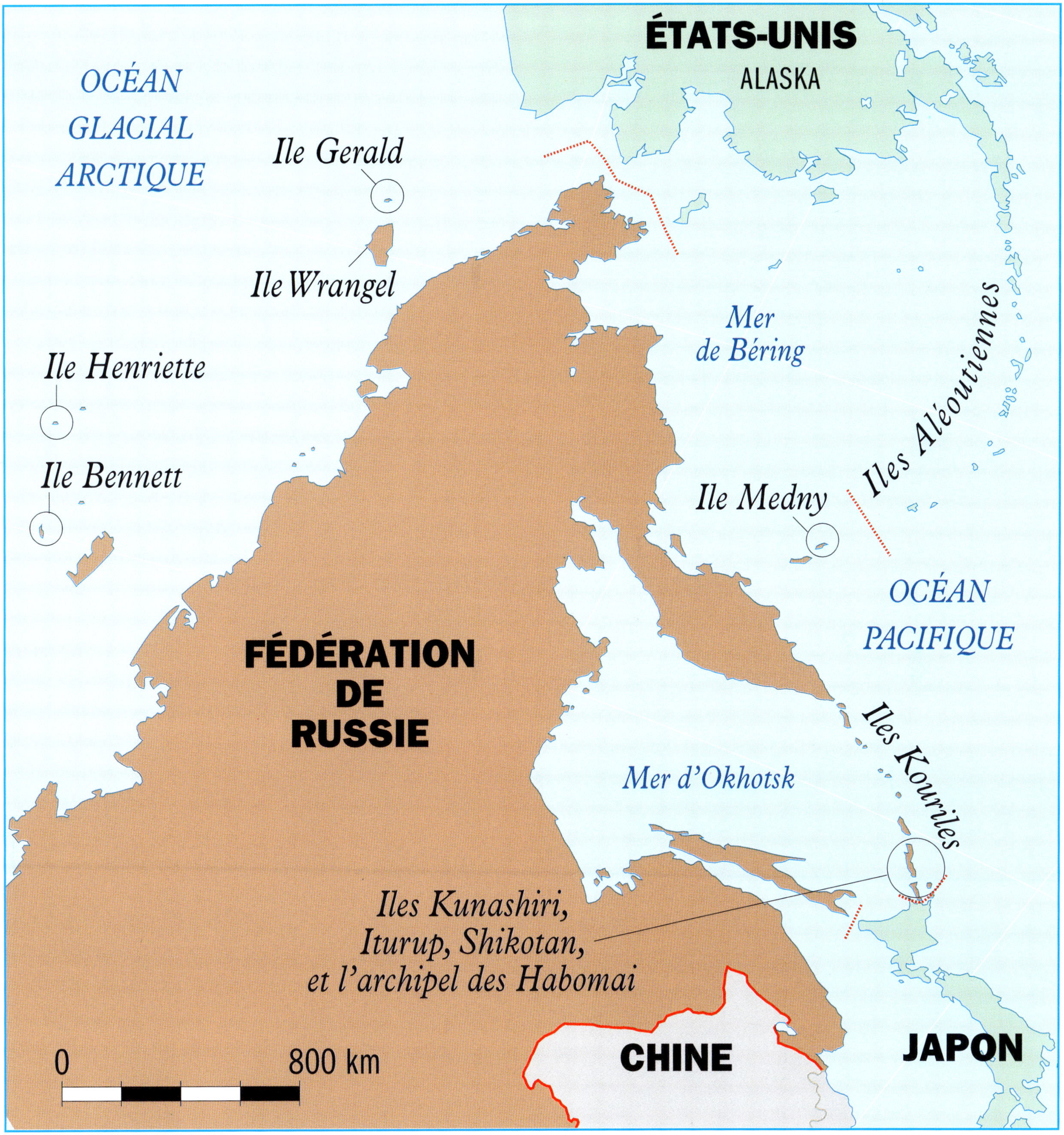
ÉTATS-UNIS
ALASKA
OCÉAN GLACIAL ARCTIQUE
Ile Gerald
Ile Wrangel
Ile Henriette
Ile Bennett
Mer de Béring
Iles Aléoutiennes
Ile Medny
OCÉAN PACIFIQUE
FÉDÉRATION DE RUSSIE
Iles Kouriles
Mer d'Okhotsk
Iles Kunashiri, Iturup, Shikotan, et l'archipel des Habomai
0
800 km
CHINE
JAPON

Géorgie

ATTENTION, CHANTIER DE DÉMEMBREMENT

La désintégration progressive de l'Union soviétique, à partir de la fin des années 1980, a favorisé les affrontements interethniques dans le Caucase et tout particulièrement en Géorgie, pays marqué par de forts particularismes régionaux. Quand, le 9 avril 1991, la Géorgie proclame son indépendance, elle annonce le retour à la Constitution de 1921, qui régissait la république démocratique de Géorgie. L'Abkhazie et l'Ossétie du Sud, régions autonomes fondées en 1922, interprètent ce geste comme une négation de leur statut d'autonomie. Les Abkhazes, qui sont majoritairement musulmans, parlent une langue de la famille caucasienne (très différente du géorgien), et utilisent l'alphabet cyrillique russe. Ils n'ont que des affinités limitées avec les Géorgiens, qui sont chrétiens et possèdent un alphabet qui leur est propre. Or, à la fin des années 1980, ces derniers comptaient pour près de la moitié des quelque 500 000 habitants de l'Abkhazie. Les Ossètes du Sud, quant à eux, revendiquent leur rattachement à l'Ossétie du Nord, république appartenant à la Fédération de Russie. Après une guerre civile meurtrière – on estime à 10 000 le nombre de morts, et à 250 000 le nombre de personnes forcées de s'exiler, soit la presque totalité des résidents non abkhazes –, les deux entités proclament unilatéralement leur indépendance en 1993 et 1994.

[> DÉCRYPTAGE <]

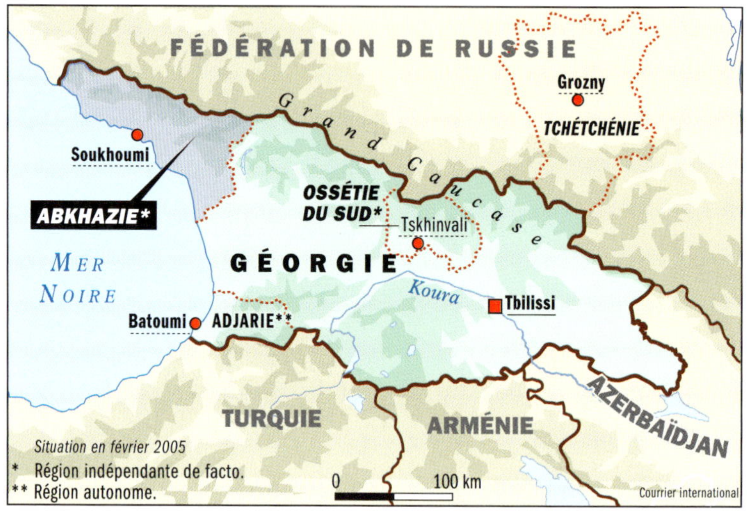

Depuis 1994, un contingent de 3 000 soldats russes est déployé à la frontière abkhazo-géorgienne pour garantir le maintien de la paix. Le *statu quo* prévaut depuis, mais les tensions ont été ravivées avec la première élection du président géorgien Mikhéïl Saakachvili, en janvier 2004, qui a fait du « rétablissement de l'intégrité territoriale de la Géorgie » son principal cheval de bataille.

Ces dernières années, Abkhazes et Ossètes ont pratiquement tous obtenus le passeport russe. Pour eux aussi, le précédent kosovar a été déterminant pour légitimer leur demande de reconnaissance auprès de la communauté internationale.

vu de RUSSIE

Sur cette carte russe de la Géorgie, aucune des entités autonomes (Adjarie, Abkhazie, Ossétie du Sud) n'est mentionnée. Il est à noter que les républiques autoproclamées d'Abkhazie et d'Ossétie du Sud – qui ont chassé les résidents géorgiens de leur territoire et qui ont rompu tout lien avec Tbilissi depuis 1994 – préféreraient rejoindre la Fédération de Russie plutôt que retrouver leur ancien statut.

L'Abkhazie des Abkhazes

Sur son site officiel (www.abkhazia.org), l'Abkhazie, république autoproclamée, est représentée comme une entité souveraine, comme un État à part entière, bordé par la Fédération de Russie et par la république de Géorgie.

vu de GÉORGIE

Cette carte de la Géorgie a la particularité de n'indiquer que deux frontières régionales : celle de l'Adjarie, république autonome au sud-ouest du pays, et celle de l'Abkhazie, au nord-ouest. Le territoire de la république d'Ossétie du Sud, qui a proclamé son indépendance en 1994 (tout comme l'Abkhazie), n'est matérialisé par aucune ligne-frontière. Sur la vignette : le découpage de cette carte en districts permet d'atténuer l'importance des républiques autonomes avec leur cortège de problèmes (ethnique, linguistique, religieuse, sécessionniste).

Tchétchénie

LE RÊVE BRISÉ DE L'INDÉPENDANCE

Entre décembre 1994 et mars 2007, date de la nomination par Vladimir Poutine de Ramzan Kadyrov à la tête de la Tchétchénie, la petite république du Caucase Nord a été le théâtre d'une guerre dévastatrice qui a mis aux prises (avec trois ans de répit entre août 1996 et août 1999) les indépendantistes tchétchènes et l'armée fédérale de Russie.

Dans la mémoire collective de ce peuple musulman, la confrontation avec les Russes date de plusieurs siècles. Les Tchétchènes ont dû lutter contre les avancées de leur puissant voisin dès le XVIIIe siècle. Les affrontements se sont ensuite amplifiés au XIXe siècle, jusqu'à la capitulation de leur chef spirituel et militaire, l'imam Chamil, en 1859. La Russie a peu à peu colonisé le territoire.

Après la révolution de 1917, le régime soviétique est instauré en Tchétchénie et en Ingouchie. Moscou décide alors de rassembler les deux républiques en une seule. Au lendemain de la Seconde Guerre mondiale, les populations de la Tchétchéno-Ingouchie sont accusées d'avoir collaboré avec l'ennemi et sont déportées vers les steppes du Kazakhstan. Réhabilitées et autorisées à rentrer en 1957, elles trouvent leurs terres occupées par des colons russes. La république de Tchétchéno-Ingouchie est reconstituée. Elle va survivre jusqu'à l'implosion de l'Union soviétique, en 1991.

Sous la houlette du charismatique général Doudaev, élu président en octobre 1991, la Tchétchéno-Ingouchie proclame son indépendance. Mais très vite, l'Ingouchie se désolidarise de la Tchétchénie et exprime son souhait de rester dans le giron de la fédération russe.

Les fortes tensions entre Grozny et Moscou dégénèrent en un conflit armé violent en décembre 1994. La capitale est bombardée par les forces russes et les combats s'étendent aux autres villes de la province. Entre 80 000 et 100 000 personnes meurent pendant la première guerre, qui s'achève par la signature du traité de paix le 30 août 1996. Le 27 janvier 1997, le modéré Aslan Maskhadov est élu président de la république d'Itchkérie, nom qu'utilisent les indépendantistes de préférence à Tchétchénie. Mais la discorde règne entre les ex-chefs de guerre tchétchènes. Le 29 septembre 1999, après l'explosion de quatre immeubles d'habitation en Russie, les troupes russes entrent en Tchétchénie et entament leur progression vers Grozny.

vu de RUSSIE

*vu d'*ARABIE SAOUDITE

الشيشان

ج- مناصرة ودعم قضية الشيشان:

جمهورية الشيشان هي إحدى جمهوريات روسيا الاتحادية التي تطالب الآن باستقلالها ونيل حريتها، وقد تعرضت في سبيل مطالبها بهذا الحق المشروع لمحاربة شرسة بجميع السبل والوسائل لاستئصال دينها وعقيدتها، لكن الروح

١٨

Ce document est tiré d'un manuel scolaire saoudien (cité par le livre *La Démocratie en danger, l'enseignement scolaire saoudien*, paru aux éditions Berg International en 2004). Le texte qui l'accompagne précise que la République tchétchène, du fait de son aspiration à l'indépendance et à la liberté, « est victime d'une guerre sanguinaire visant à déraciner sa religion et sa foi. Mais l'esprit islamique est toujours vivant dans le cœur des habitants et la lumière de l'islam rayonne sur leurs visages. » Le texte souligne l'aide apportée par le royaume saoudien pour « épauler les musulmans tchétchènes victimes de la barbare agression russe ».

Sur cette carte de l'*Atlas Mira* (« Atlas du monde ») publié en Russie en 2003, la Tchétchénie et l'Ingouchie sont regroupées dans un même territoire (tache bleue). Si l'on peut lire « République tchétchène » sur la droite et « république d'Ingouchie » sur la gauche, on ne distingue aucune ligne figurant la frontière entre les deux entités autonomes.
Cette curiosité cartographique est expliquée par une note qui précise : « En vertu de la loi sur "la formation de la république d'Ingouchie au sein de la fédération de Russie" du 4 juin 2004, une période de transition est ouverte pour la préparation des mesures juridiques nécessaires à l'établissement de la frontière. »

La « seconde guerre » russo-tchétchène commence. Aslan Maskhadov et l'islamiste Chamil Bassaev, adversaires politiques, unissent leurs forces contre l'ennemi russe, qui prend Grozny le 6 février 2000. Maskhadov entre dans la clandestinité. Après les attentats du 11 septembre à New York, Vladimir Poutine inscrit sa lutte contre les indépendantistes tchétchènes dans le cadre de la guerre contre le « terrorisme international », ce qui lui permet de bénéficier de l'approbation tacite de la communauté internationale. En octobre 2003, le mufti Akhmad Kadyrov est élu président de la République. Il est assassiné en mai 2004. Son fils, Ramzan, d'abord Premier ministre, puis président à son tour, fait entièrement allégeance au Kremlin, et tient désormais la république, qui bénéficie d'une grande autonomie, d'une main de fer.

[> DÉCRYPTAGE <]

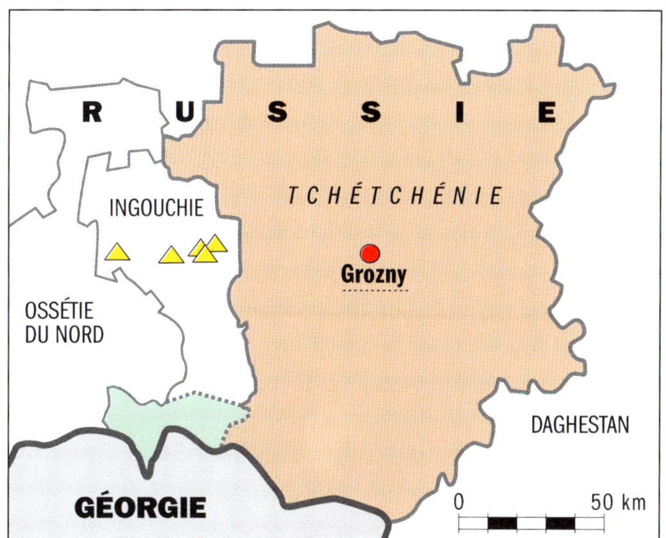

Le district Nazranovski (ou Djaïrakhski) fait l'objet d'un litige. Sur les cartes, il est attribué tantôt à l'Ingouchie, tantôt à la Tchétchénie. Montagneux et frontalier de la Géorgie, il a sans doute une importance stratégique pour les combattants tchétchènes.

Camps de réfugiés tchétchènes

UNE RÉUNIFICATION AVEC LA TRANSNISTRIE ?

À cheval entre le monde latin et slave, « point de contact » géopolitique entre l'Europe et la Russie, la Moldavie n'a cessé de basculer d'un camp à l'autre durant son histoire. Ses 33 900 kilomètres carrés actuels ont successivement fait partie de l'Empire russe et de la « grande Roumanie », laissant de forts ressentiments, autant dans la minorité russe et ukrainienne que dans la population roumanophone de la Moldavie actuelle.

Jusqu'au 27 août 1991, ce pays d'un peu plus de 4 millions d'habitants était l'une des républiques de la défunte Union soviétique. Son accession à l'indépendance s'accompagne de la perte d'une partie de son territoire – la Transnistrie russophone, avec pour « capitale » Tiraspol –, au terme d'un conflit qui a fait plusieurs centaines de morts, les sécessionnistes étant soutenus par la XIVe armée soviétique. Le cessez-le-feu signé avec Moscou un an plus tard met fin aux violences, mais institue aussi de fait une situation de « conflit gelé » aux portes de l'Europe. La Transnistrie, petit territoire dont aucun autre pays à part la Russie ne reconnaît l'existence, s'étire tout le long de la rive gauche du fleuve Dniestr, mais récupère l'essentiel du parc industriel et militaire du pays (cf. ci-contre). À Tiraspol, c'est un régime pro-Kremlin, fréquemment accusé de clientélisme et de corruption, qui s'installe aux commandes de la « république moldave du Dniestr, et accueille sur son sol des forces de paix » russes. À Chisinau – le Kichinev de l'époque soviétique –, la situation n'est guère plus rose : la Moldavie, désormais tournée vers l'Union européenne, est considérée comme le pays le plus pauvre d'Europe, l'une des plaques tournantes de la « traite des blanches » et du trafic d'organes de la région.

Après des années de *statu quo*, les négociations entre Chisinau et Tiraspol (impliquant la Russie, l'Ukraine, l'OSCE plus les États-Unis et l'UE) ont connu durant 2008 quelques avancées notables, permettant d'espérer une issue à la crise. Il y eut, tout d'abord, un net changement d'attitude du Kremlin qui a affirmé à plusieurs reprises sa volonté de régler le contentieux « dans le respect de la souveraineté et de l'intégrité de la Moldavie » – ce qui a été immédiatement perçu comme un « lâchage » des irréductibles de Tiraspol, le « président » Igor Smirnov en tête. Du côté de Chisinau, le président Vladimir Voronine a multiplié les signes d'ouverture vers la Russie, tout en dénonçant les visées « impériales » de la Roumanie. Après avoir rencontré Vladimir Poutine à Moscou, le 22 janvier 2008, Voronine a parlé, pour la première fois, d'une « réintégration » de la Transnistrie avant les élections législatives de 2009. Le territoire bénéficierait d'un statut d'autonomie au même titre que la Gagaouzie ; en échange, la Moldavie réunifiée proclamerait sa « neutralité ». En d'autres termes, Chisinau s'engagerait à ne pas adhérer à l'Alliance atlantique, condition *sine qua non* du feu vert de Moscou à cette opération. Enfin, au début d'avril, après que Voronine et Smirnov ont repris langue, Chisinau et Tiraspol ont fait part d'une « volonté commune de résoudre le conflit ».

Saluée par Moscou comme une victoire de la nouvelle *realpolitik* russe et un « contre-exemple du Kosovo », cette évolution de la question de la Transnistrie est accueillie avec beaucoup de perplexité par les proeuropéens de Chisinau. « Voronine s'engage *de facto* à bloquer l'expansion euroatlantique à nos frontières », écrit un éditorialiste du journal de Chisinau, qui regrette que la démocratisation et la démilitarisation de la Transnistrie ne soient pas posées comme un préalable au règlement du conflit. « En fait, c'est toute la Moldavie qui va se "transnistriser" », renchérit le politologue moldave Oazu Nantoi. Une inquiétude largement partagée à Bucarest, désormais tête de pont de l'Union européenne élargie face à Moscou.

DÉCRYPTAGE

Pax russe en Transnistrie

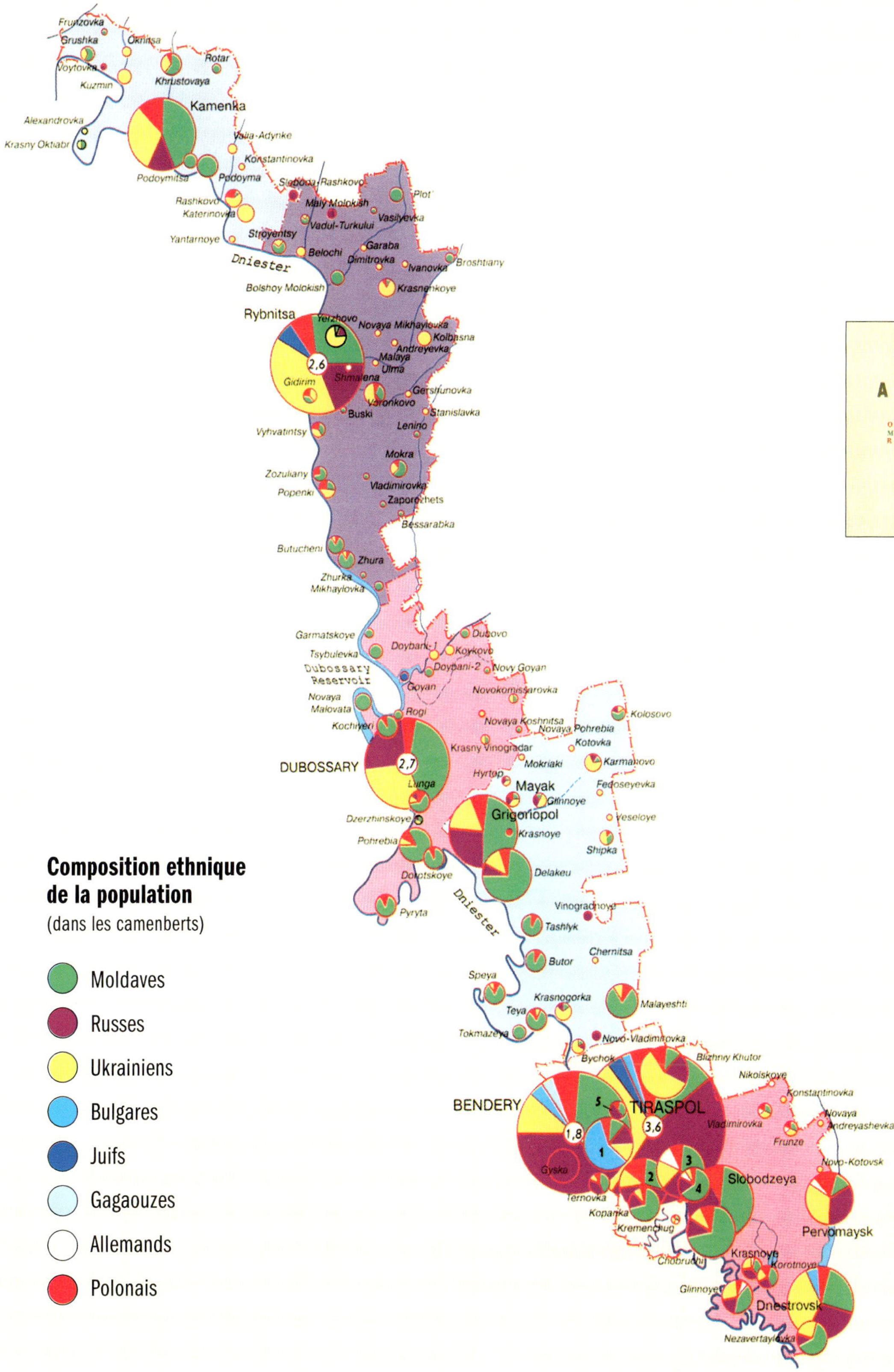

En 1997, le gouvernement de Tiraspol a édité un *Atlas de la république moldave du Dniestr.* Cette république autoproclamée s'étire à peine sur 200 kilomètres du nord au sud et sa largeur maximale n'excède pas 45 kilomètres (la minimale étant de 4 kilomètres). Si elle n'est portée sur aucun atlas mondial, elle fait ici l'objet d'une publication de 32 pages, comprenant une section de sciences naturelles, une section historique, une section économique et une section de géographie humaine… La carte de la population ci-dessus présente une diversité ethnique qui ne correspond vraisemblablement plus à la situation qui prévaut depuis la guerre civile. Sur les 750 000 habitants que comptait la région avant le conflit, il n'en resterait que 600 000, au détriment des roumanophones (Moldaves), qui sont donc aujourd'hui bien moins nombreux que l'indiquent les « camemberts » sur la carte et le graphe de composition ethnique. D'après Denis Eckert, chercheur au CNRS, auteur d'un article sur cet atlas, paru dans la revue *Mappemonde* (n° 55, 1999), « les cartes démographiques et économiques décrivent la situation d'avant la crise et la récession : elles ne correspondent plus à rien aujourd'hui. Les présenter en 1997 est un acte d'intoxication pur et simple. »

LE CASSE-TÊTE DES ENCLAVES CAUCASIENNES

Les relations entre l'Arménie et l'Azerbaïdjan, deux États du Caucase qui ont recouvré leur indépendance à la suite de l'éclatement de l'URSS, en 1991, sont minées par un contentieux territorial explosif : celui du Haut-Karabakh, une enclave située en plein territoire azéri et peuplée à l'époque à 75 % d'Arméniens (à 100 % aujourd'hui). D'importantes manifestations avaient eu lieu dans cette zone dès 1988 pour réclamer le rattachement à l'Arménie de cette région autonome attribuée par Staline à l'Azerbaïdjan en 1921. Le vote d'autodétermination du soviet régional du Haut-Karabakh en février 1988 fut suivi par les pogroms anti-Arméniens à Soumgaït. La situation s'envenima rapidement. Les populations azéries se mirent à fuir massivement l'enclave et l'Arménie, tandis que de très nombreux Arméniens quittaient le territoire azéri. La guerre, qui dura de 1989 à 1993, fit 30 000 morts. En décembre 1991, le Haut-Karabakh proclama son indépendance. *De facto* contrôlée par l'Arménie, cette petite république de circonstance ne fut jamais reconnue par quiconque sur le plan international.

Depuis le cessez-le-feu de 1994, l'enclave vit dans un état de « ni guerre ni paix ». Des pourparlers entre Bakou et Erevan se poursuivent par intermittence sous la médiation du Groupe de Minsk, coprésidé par la France, les États-Unis et la Russie et opérant sous mandat de l'Organisation pour la sécurité et la coopération en Europe (OSCE).

La position actuelle d'Erevan consiste à refuser toute forme, même symbolique, de tutelle azérie sur l'enclave. En 1998, le président Levon Ter-Petrossian fut contraint à la démission pour avoir plaidé en faveur d'un compromis basé sur une formule de « territoire autonome » ayant des prérogatives proches de celles d'un État indépendant, mais formellement soumis à la souveraineté azérie. Erevan exige ensuite la reconnaissance d'une frontière commune (les deux territoires étant reliés par le couloir de Latchine). En 1998, puis en 2003, c'est Robert Kotcharian, ressortissant du Haut-Karabakh, qui a été élu président de l'Arménie. En février 2008, lui a succédé son compatriote Serge Sarkissian.

Erevan s'inquiète de l'évolution du rapport de force avec Bakou. En effet, la manne pétrolière a permis à l'Azerbaïdjan d'augmenter considérablement ses défenses militaires et de renforcer son armée. Il est à noter que le Haut-Karabakh demande avant tout son indépendance, le rattachement à l'Arménie étant secondaire. Depuis février 2008, il utilise le précédent du Kosovo pour revendiquer ce statut.

La grande Arménie

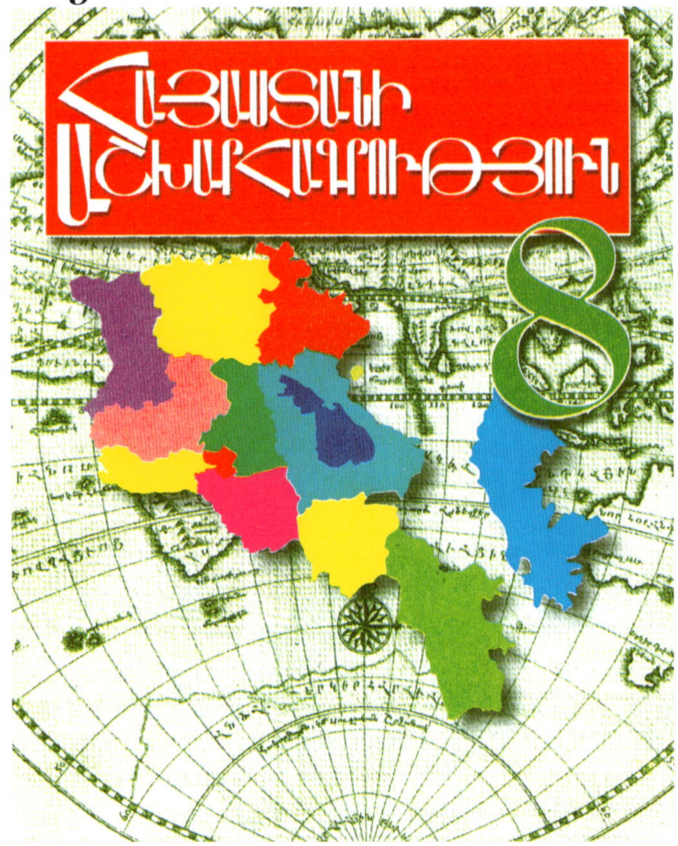

Cette carte arménienne dessinée sur la couverture d'un livre de géographie destiné à des collégiens arméniens inclut l'enclave du Haut-Karabakh dans le territoire national, ce qui est conforme à la position officielle d'Erevan.

DÉCRYPTAGE

L'Azerbaidjan sans Arménien

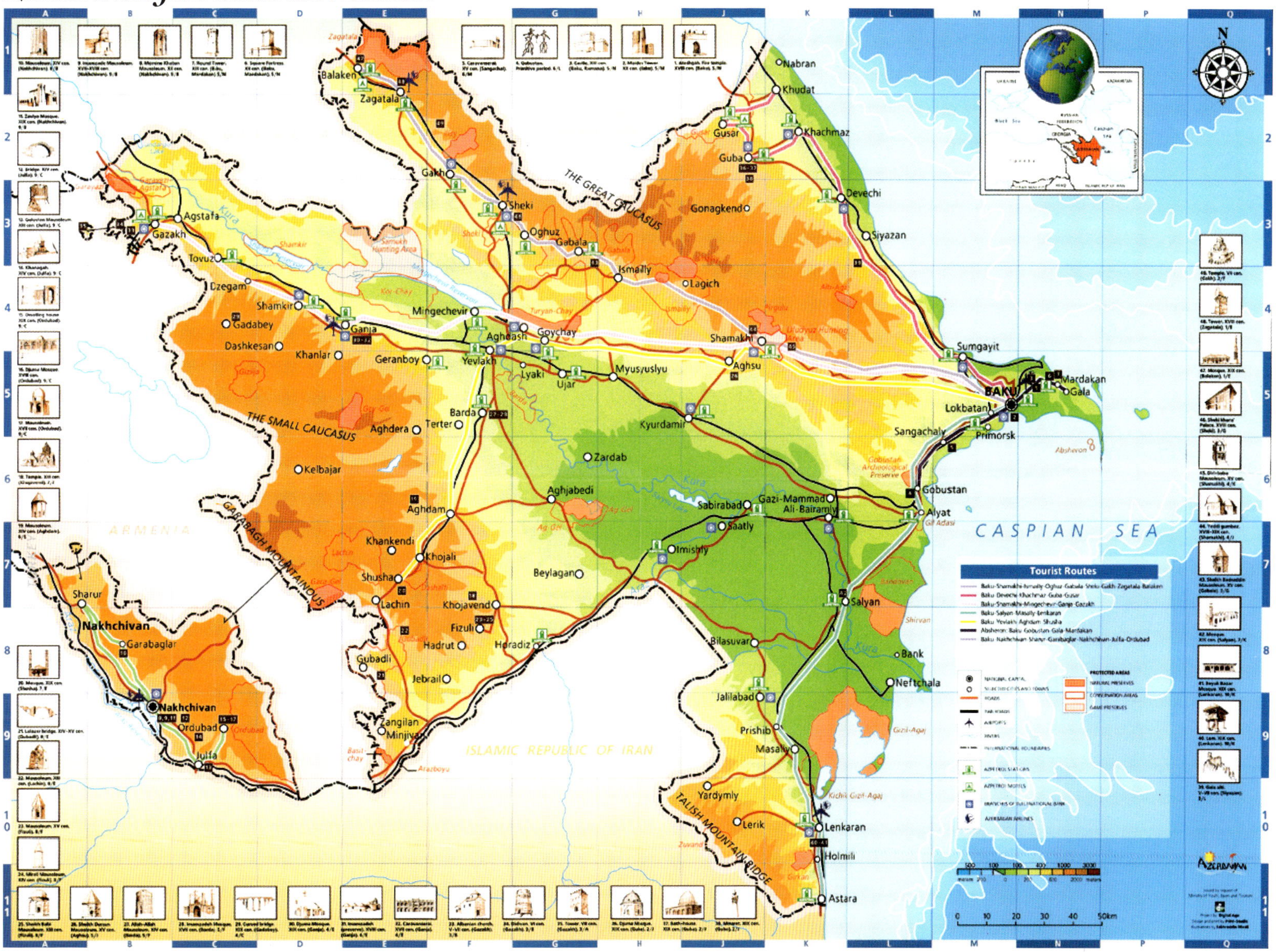

L'enclave du Haut-Karabakh n'est pas représentée sur cette carte azérie. On y trouve en revanche l'enclave du Nakhitchevan, une région azérie située à l'intérieur du territoire arménien et reliée à l'Azerbaïdjan par le corridor de Latchine.

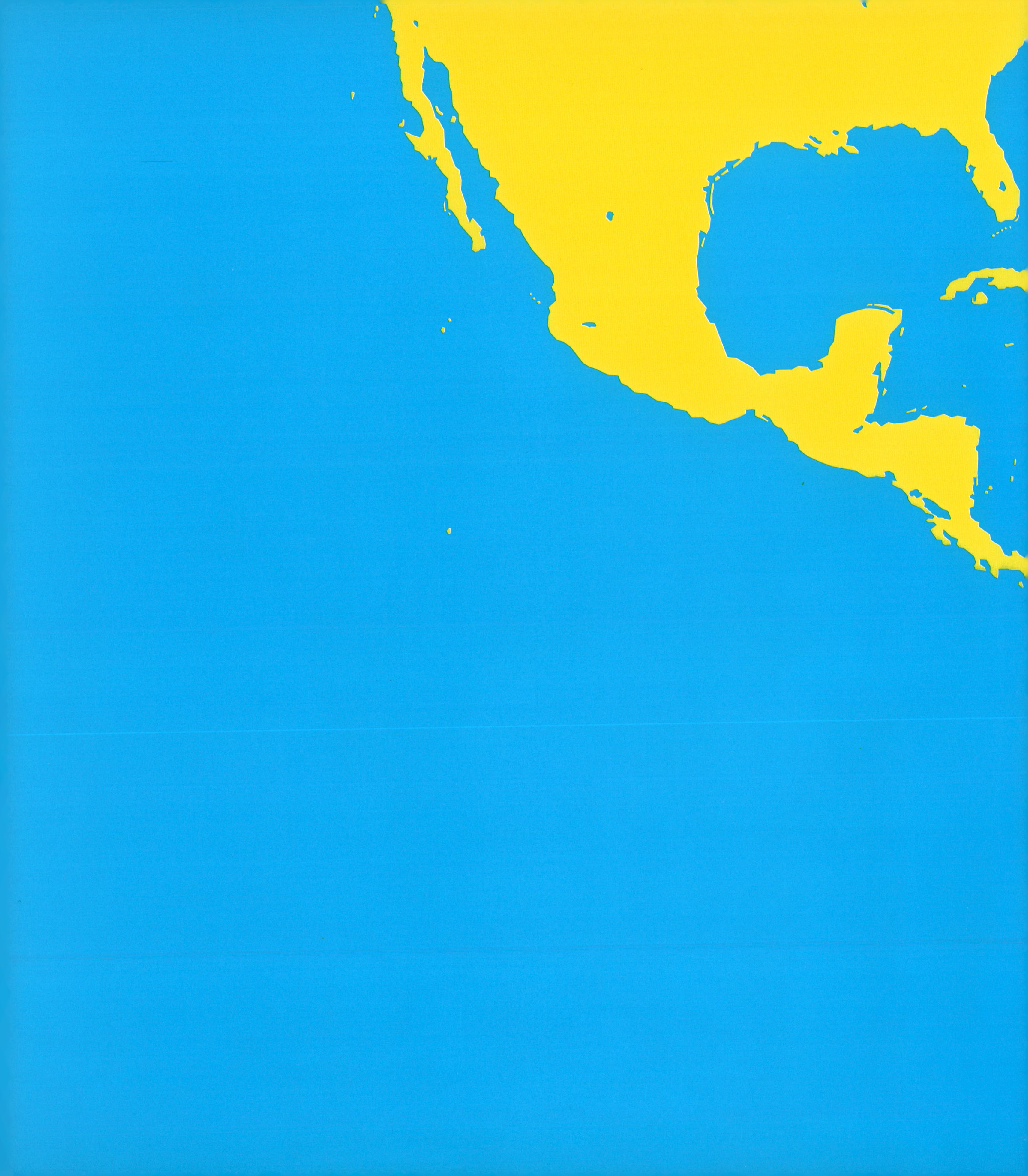

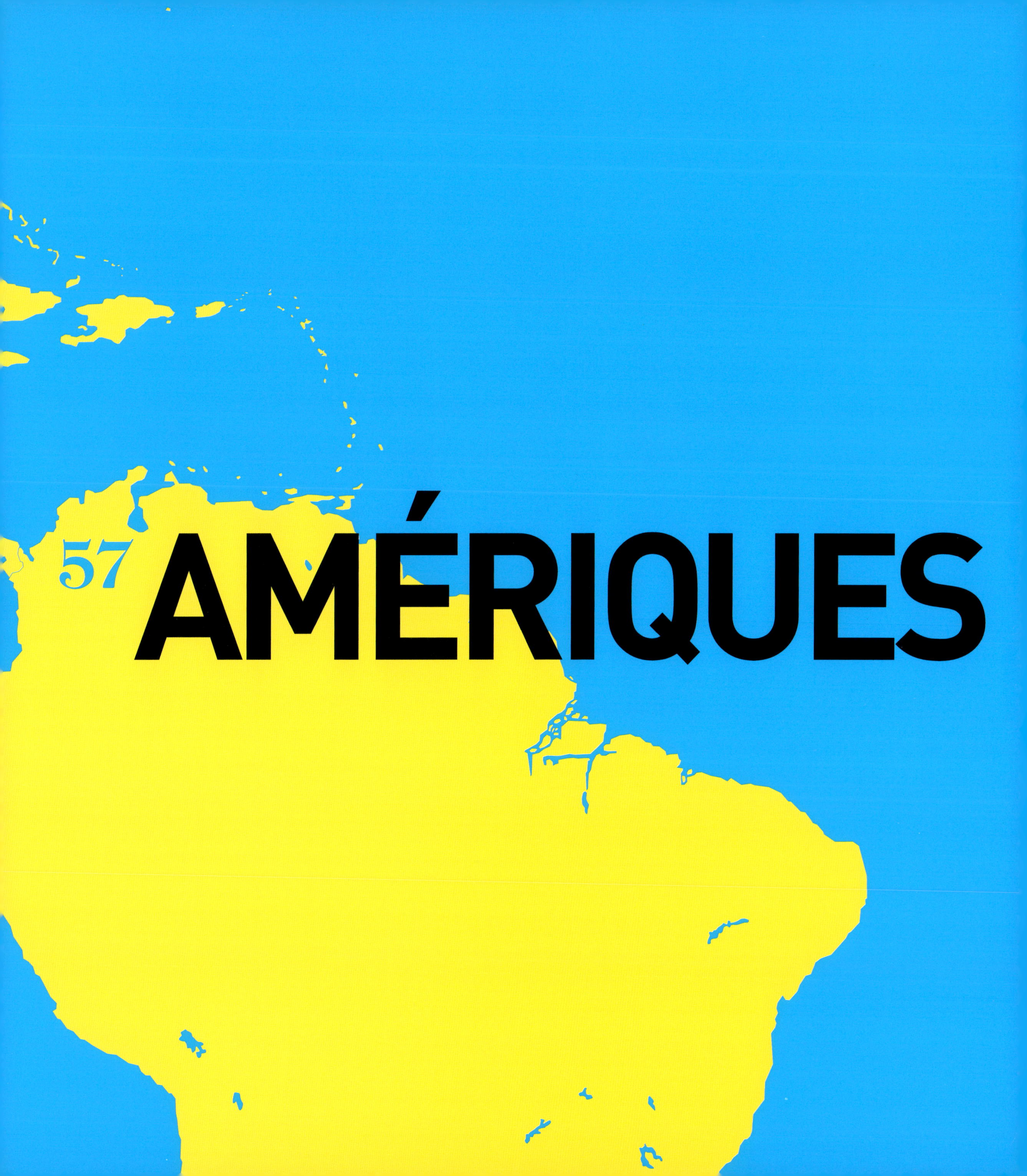

57 AMÉRIQUES

E-U/Mexique

CASSE-TÊTE FRONTALIER

Comment empêcher des millions d'immigrants illégaux de franchir une frontière longue de près de 3 200 kilomètres ? En signant, le 26 octobre 2006, une loi autorisant la construction d'un mur de 1 126 kilomètres le long de la frontière entre les États-Unis et le Mexique d'ici à la fin de l'année 2008, le président américain George W. Bush a opté pour la manière forte. Cette barrière physique doit également être complétée par un mur virtuel constitué de caméras, de radars et de détecteurs de mouvement.

Dès l'annonce de cette loi, l'opposition n'a pas tardé à se faire entendre. Tant le gouvernement mexicain qu'une alliance de propriétaires terriens et d'environnementalistes américains se sont élevés contre le projet.

De nombreux Américains continuent de s'alarmer du coût exorbitant de cette mesure (estimé à plus de 1,2 milliard de dollars) et de sa relative inefficacité (en 2007, plus de 870 000 clandestins ont été arrêtés à la frontière mexicano-américaine). D'autant que les travaux ont pris du retard : en mars 2008, seuls 497 kilomètres de mur avaient été bâtis, soit moins de la moitié du projet initial. Quant au mur virtuel, le gouvernement américain a décidé de repousser sa construction, au mieux, à 2011.

Cet important chantier n'est qu'une illustration du durcissement de ton à l'égard des immigrants illégaux aux États-Unis. Cette crispation a abouti, en juin 2007, à l'échec de la grande réforme de l'immigration voulue par Bush et qui ouvrait la voie à la régularisation des quelque 12 millions de clandestins présents sur le sol américain (dont la majorité sont natifs du Mexique).

Les contrôles et les amendes visant les employeurs américains faisant travailler des clandestins se sont également multipliés.

Enfin, les États-Unis ont renoué avec les déportations massives de sans-papiers. En 2007, 282 548 immigrants clandestins ont été renvoyés dans leurs pays d'origine, soit plus du double du nombre de personnes qui avaient été déportées en 2001.

[> DÉCRYPTAGE <]

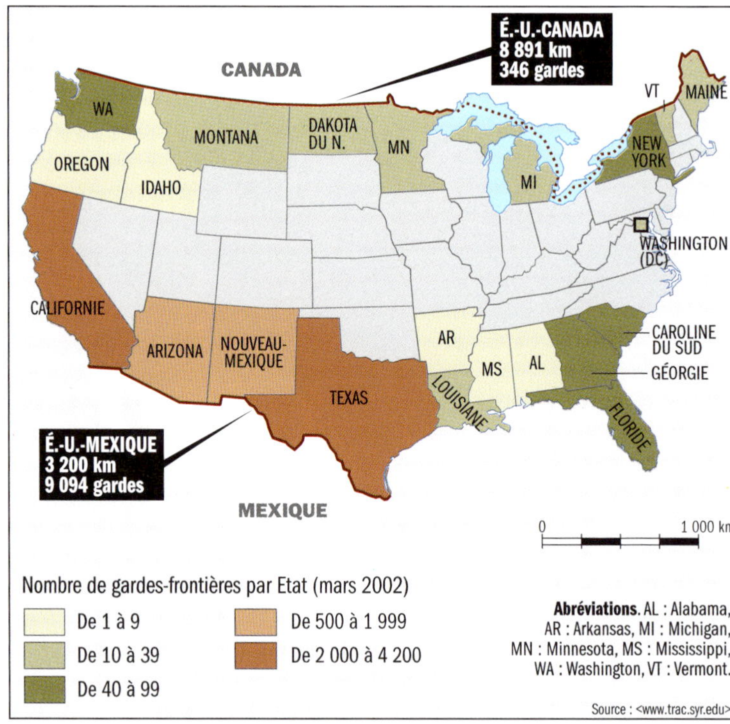

Barbelés et villes jumelées

Deux mondes

Pour les Américains, Tijuana représente bien souvent un terrain de jeu et de shopping bon marché (où même l'essence est moins chère). Pour beaucoup de Mexicains, San Diego reste synonyme de terre promise. Les deux villes jumelles sont distantes de quelques kilomètres. Mais il est plus facile de franchir la frontière dans un sens que dans l'autre. Et sur la plage de Tijuana, qui jouxte celle de San Diego, débute le mur qui sépare les deux mondes.

CHARCUTAGE ÉLECTORAL À L'AMÉRICAINE

Le remaniement de circonscriptions électorales en vue de favoriser un parti est une pratique très courante aux États-Unis. Cette pratique porte un nom : *gerrymandering*, du nom d'un gouverneur du Massachusetts, Elbridge Gerry, qui en 1812 avait remanié une circonscription de façon très arbitraire. Un journaliste remarqua alors que la circonscription avait la forme d'une salamandre (*salamander*, en anglais), à quoi l'un de ses collègues rétorqua qu'elle avait plutôt l'air d'un Gerrymander. Le jeu de mots a perduré.

Le Parti démocrate s'est longtemps efforcé de créer des circonscriptions où les Noirs étaient largement majoritaires, ce qui a permis de faire élire des candidats afro-américains au Congrès ainsi qu'aux parlements des États. L'idée était que les Blancs ne voteraient jamais pour des candidats noirs, en particulier dans le Sud. Cette tactique a eu aussi un effet inverse : la concentration du vote noir a entraîné en parallèle la création, dans les mêmes États, de circonscriptions en grande majorité blanches, et acquises aux républicains.

Tous les dix ans, à l'issue du recensement, les États doivent redessiner leurs circonscriptions. En dehors de quelques exceptions, le remaniement est exécuté par le parti au pouvoir dans l'État. En 2002, les républicains avaient pris le pouvoir total au Texas pour la première fois en cent trente ans. Leur remaniement des circonscriptions les a aidés lors des élections de 2004 à gagner quatre sièges à la Chambre des représentants.

L'aspect le plus négatif du *gerrymandering*, cependant, est qu'il rend très difficile de battre les politiques déjà en poste. Comme le note Rob Ritchie, directeur du Center For Voting and Democracy, « ce système a pour effet que plus de 90 % des élus sont assurés de rester en poste. Lors des législatives de 2002, par exemple, seulement quatre représentants sur 435 ont été battus par de nouveaux venus. »

De bien étranges circonscriptions

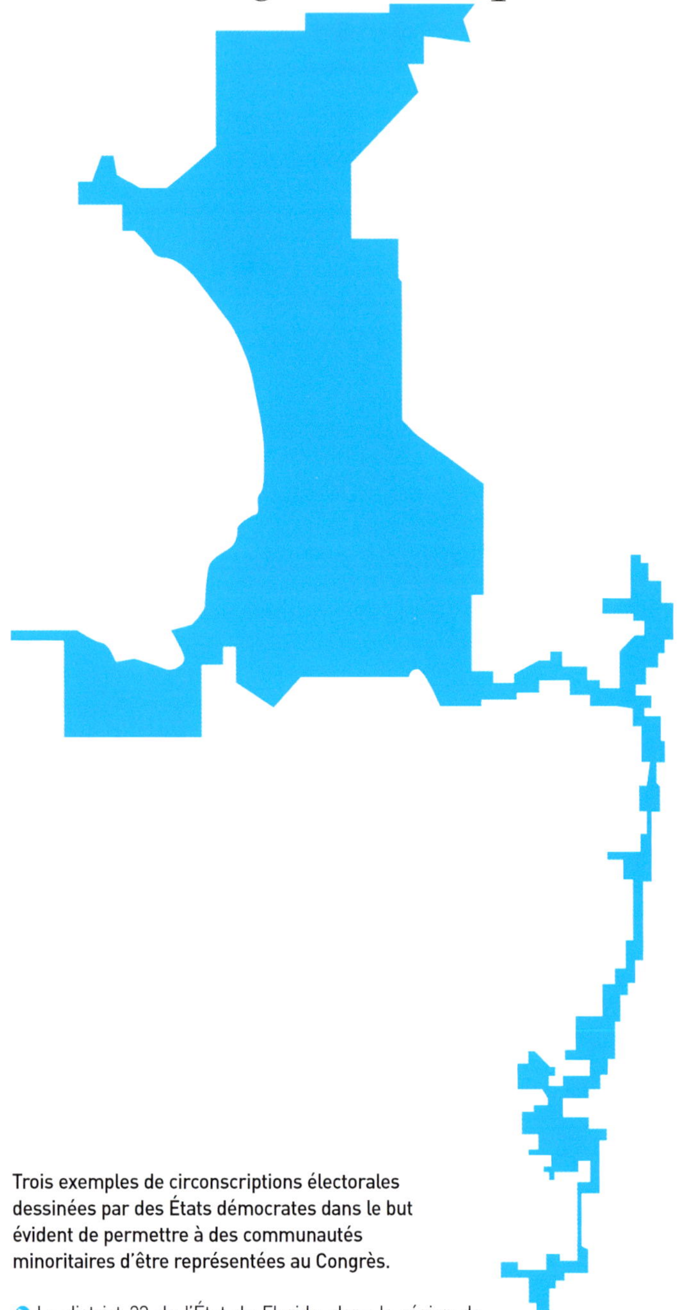

Trois exemples de circonscriptions électorales dessinées par des États démocrates dans le but évident de permettre à des communautés minoritaires d'être représentées au Congrès.

Le district 23 de l'État de Floride, dans la région de Palm Beach. Ici, on a séparé les quartiers périphériques à niveau socio-économique assez faible (peuplés de Noirs à 52 % et de Latinos à 9 %) des « beaux quartiers » proches des plages (district 22, peuplé de Blancs à 94 %). Résultat : le district 23 élit depuis 1992 le démocrate Alcee L. Hastings, un avocat noir qui s'était illustré dans la lutte pour les droits civiques. Dernier score, en novembre 2004 : 77 % des voix.

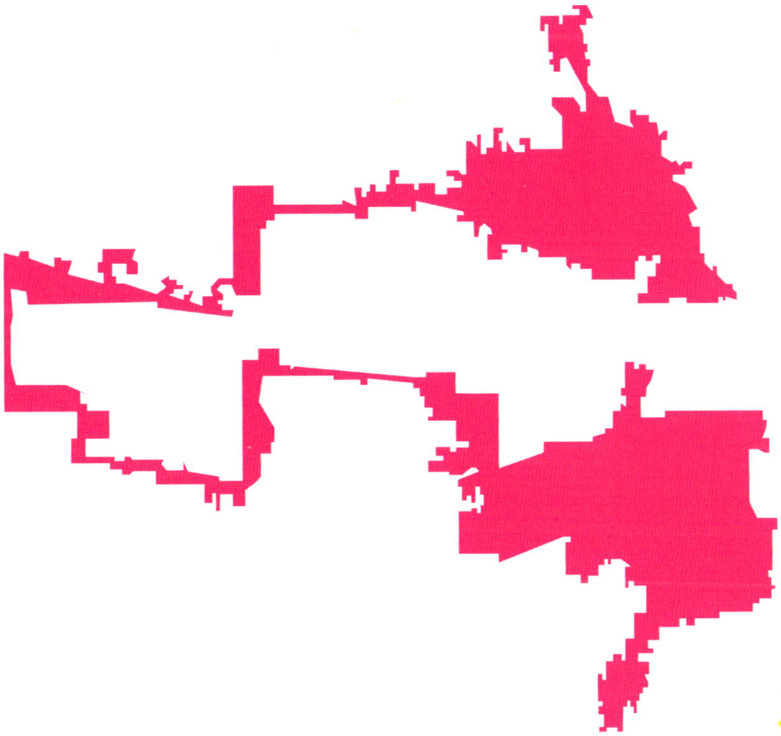

Le district 4 de l'État de l'Illinois, dans la grande banlieue de Chicago. L'objectif était cette fois d'offrir un siège à la Chambre des représentants à la minorité latino. On a donc relié les deux grands quartiers hispaniques situés au nord et au sud de l'agglomération par un étroit corridor aménagé tout autour du district 7 (démocrate, à majorité noire). On a ainsi abouti à un territoire où 64 % des électeurs inscrits sont des latinos. Réputé à l'échelle nationale pour ses initiatives en faveur de la promotion sociale des Hispaniques, le démocrate Luis V. Gutierrez (qui détient le siège depuis 1992) a été triomphalement réélu en 2004 avec 84 % des suffrages.

Le district 12 de l'État de New York. Cette circonscription regroupe des quartiers de Brooklyn, du Queens et du Lower East Side de Manhattan. C'est le seul district électoral qui soit ainsi à cheval sur trois boroughs (circonscriptions administratives) de la ville de New York. Elle vise très ouvertement à fédérer des quartiers à prédominance portoricaine, même si ce territoire comporte des poches essentiellement constituées de Polonais ou de Chinois. Composition de l'électorat : 49 % d'Hispaniques, 12 % de Noirs, 14 % d'Asiatiques et 26 % de Blancs. La représentante démocrate Nydia Velasquez, qui fut la première femme portoricaine à siéger au Congrès fédéral, règne dans le district depuis 1992 (85 % des votes en 2004).

[> DÉCRYPTAGE <]

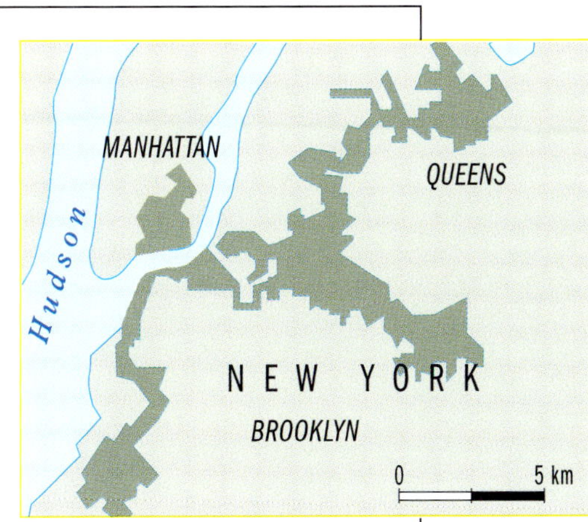

CUBA, LE PENTAGONE EN TERRE COMMUNISTE

La base américaine de Guantanamo Bay est une véritable blessure pour le nationalisme cubain. Le traité de Paris, qui clôtura la guerre hispano-américaine (1892-1902), donna Cuba aux États-Unis. Washington accorda son indépendance à l'île en mai 1902, mais en prenant soin d'imposer l'introduction de l'amendement Platt dans la Constitution de la république naissante. Cet amendement permettait aux militaires américains d'intervenir chaque fois qu'ils le jugeraient nécessaire pour la stabilité de l'île et il a ouvert la voie à une série de traités assurant aux États-Unis une souveraineté indiscutable sur les 121 kilomètres carrés de l'enclave située à la pointe sud-est de l'île.

Fidel Castro se vante toujours de n'avoir jamais encaissé les chèques que Washington lui verse chaque année pour la location de ce territoire. La base de Guantanamo Bay a trouvé un nouvel usage au début de l'année 2002, lorsque les États-Unis ont décidé de l'utiliser comme centre de détention des prisonniers de la « guerre contre le terrorisme ». L'administration américaine a ainsi pu développer un arsenal juridique selon lequel les détenus ne peuvent avoir accès aux tribunaux fédéraux, puisque la base bénéficie d'un statut d'extraterritorialité.

[> DÉCRYPTAGE <]

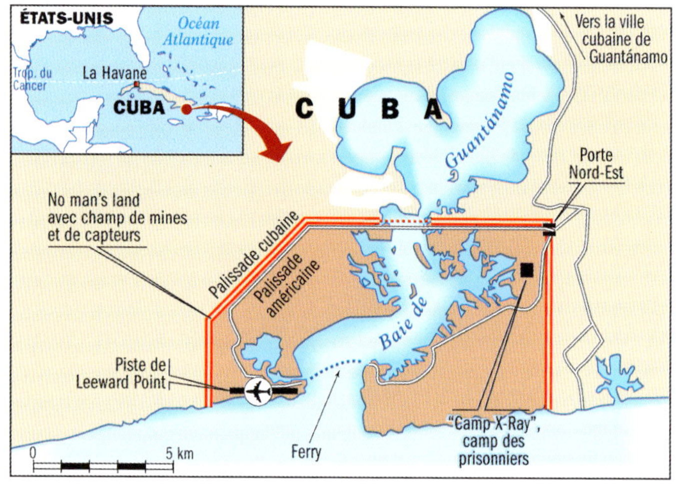

Après avoir compté jusqu'à 680 détenus, le camp abritait en mars 2008 encore 275 prisonniers. Il est également un refuge pour les dissidents du régime castriste et sert à l'occasion de plage de départ pour les candidats à l'exil désireux de rejoindre la Floride.

Guantanamo Bay, connais pas !

Sur cette carte cubaine, aucune mention ni indication graphique ne distingue clairement l'enclave de Guantanamo Bay du reste du territoire national. La surface de la base (121 kilomètres carrés) est pourtant sous la souveraineté exclusive des États-Unis.

➲ Les navires américains dans la baie de Guantanamo, 1927.

DES LITIGES DANS LA FORÊT

En feuilletant l'*Atlas escolar* (page suivante), les jeunes Vénézuéliens ne peuvent pas ignorer que leur pays revendique obstinément la souveraineté de la Guyana Esequiba.

L'ensemble des cartes présentées dans cet atlas scolaire montre le territoire national doté d'une excroissance inhabituelle sur sa frontière orientale, un vaste territoire de 159 000 kilomètres carrés (presque un quart de la France) peu peuplé, actuellement partie intégrante de la république du Guyana, l'ancienne Guyane britannique.

Cette affaire est d'abord un problème d'héritage postcolonial, car cette « zone en réclamation », comme l'appellent les Vénézueliens, faisait partie de l'ancienne « capitainerie générale du Venezuela », une subdivision de l'empire colonial espagnol, qui fut occupée progressivement, au cours de la seconde moitié du XIXe siècle, par les Britanniques installés alors entre les fleuves Essequibo et Courantyne.

Plusieurs commissions d'arbitrage (Paris en 1899, Genève en 1966, Trinidad et Tobago en 1970) ont essayé de résoudre le litige, sans succès. Finalement, le Venezuela a soumis, en 2006, l'affaire au secrétariat des Nations unies. Le dossier semble bloqué et ce *statu quo* a été troublé par un incident frontalier, en novembre 2007, avec l'incursion d'une quarantaine de soldats vénézuéliens dans la zone disputée.

La Guyana Esequiba est principalement constituée de jungles et de hauts plateaux, ce qui n'a jamais facilité la démarcation précise de la frontière ! D'ailleurs, d'autres litiges territoriaux existent dans la région : le Surinam revendique un territoire au sud-est du Guyana ainsi que le Haut-Maroni, aux confins de la Guyane française (un litige en sommeil depuis 1991).

[> DÉCRYPTAGE <]

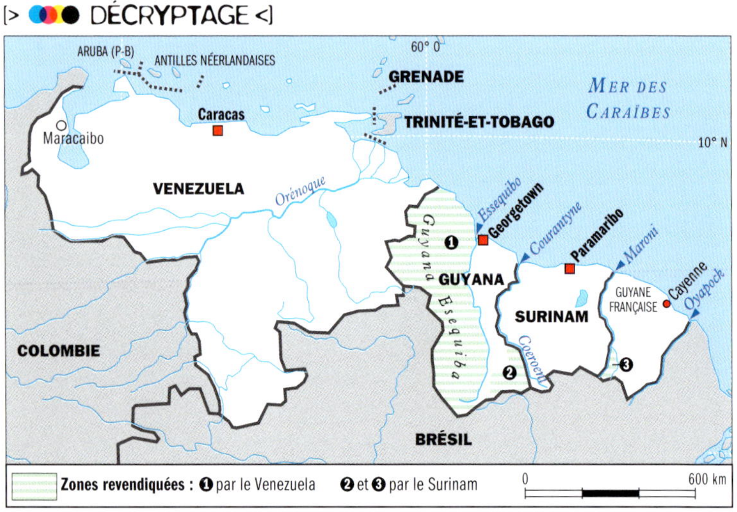

vu du GUYANA

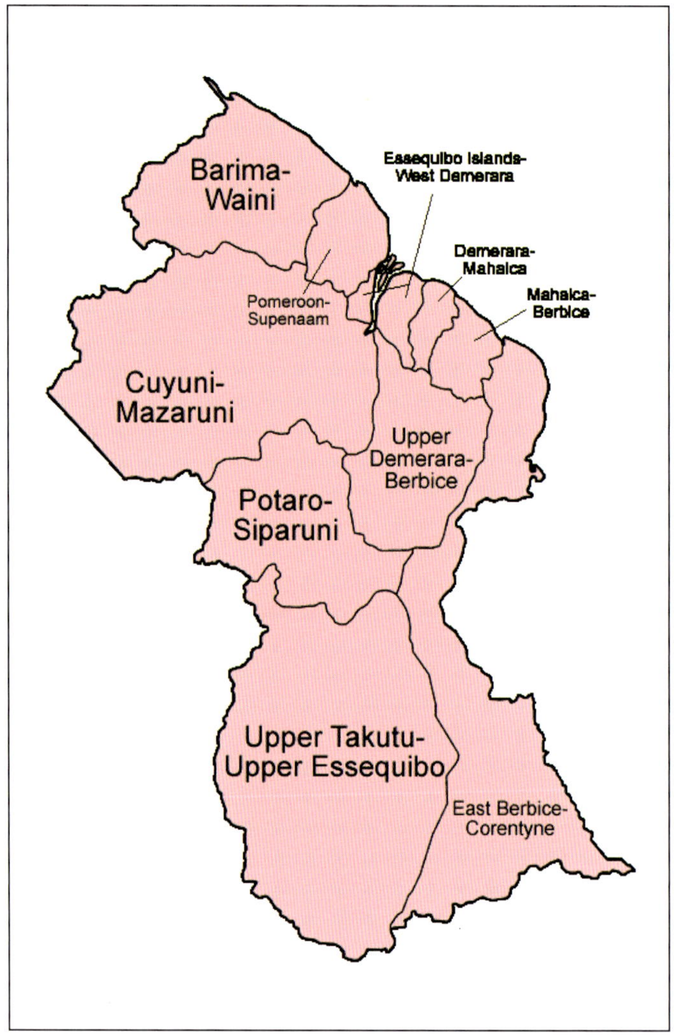

Carte administrative de la république du Guyana, où la zone revendiquée par le Venezuela correspond à cinq entités administratives entières et une partie d'une sixième (Essequibo Islands-West Demerara).

DISTRIBUCIÓN DE POBLACIÓN EN VENEZUELA

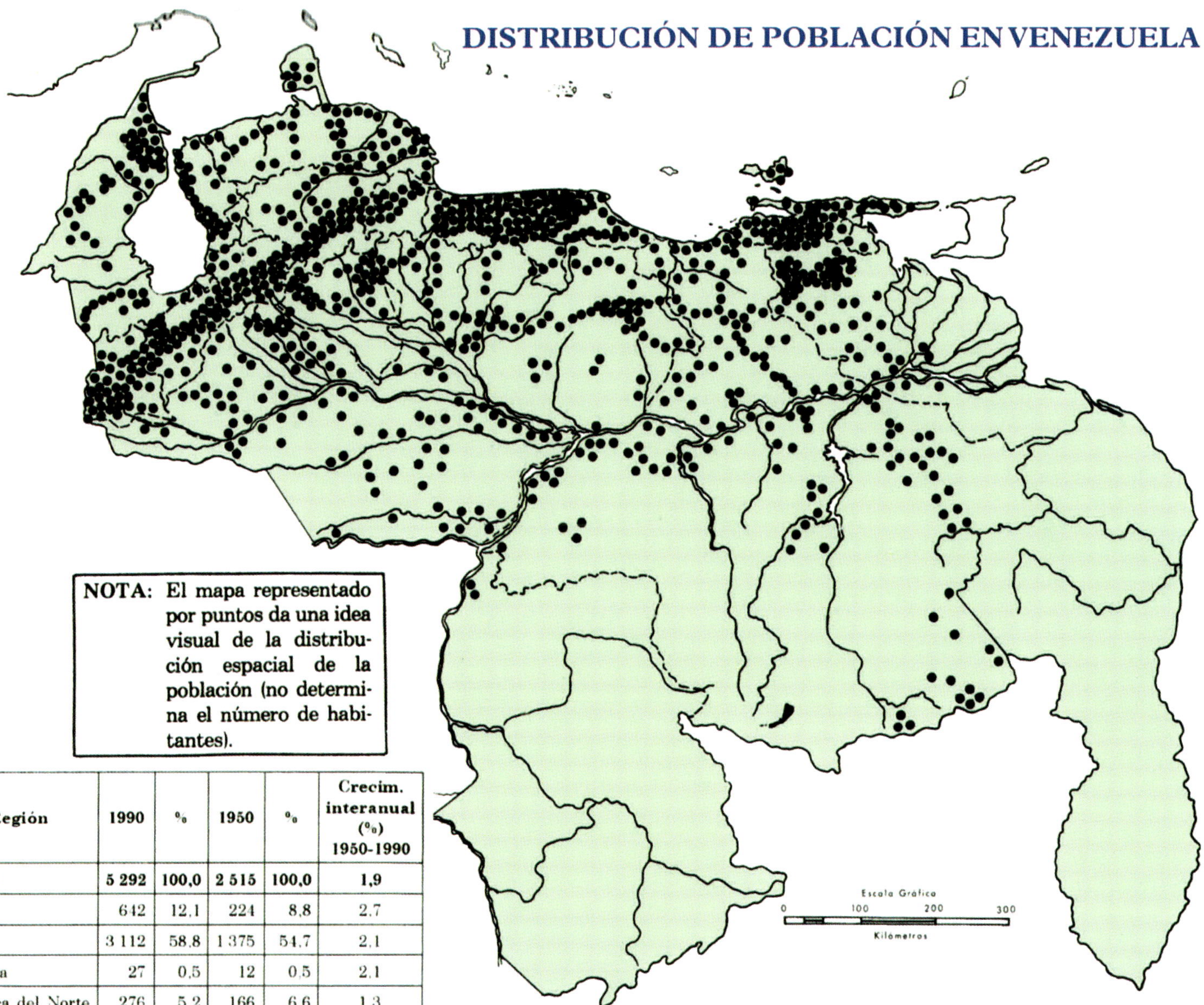

NOTA: El mapa representado por puntos da una idea visual de la distribución espacial de la población (no determina el número de habitantes).

Región	1990	%	1950	%	Crecim. interanual (%) 1950-1990
Total	**5 292**	**100,0**	**2 515**	**100,0**	**1,9**
África	642	12,1	224	8,8	2,7
Asia	3 112	58,8	1 375	54,7	2,1
Oceanía	27	0,5	12	0,5	2,1
América del Norte	276	5,2	166	6,6	1,3
C.E.I.*	289	5,5	180	7,2	1,2
Europa	498	9,4	393	15,6	0,6
América latina	448	8,5	165	6,6	2,5
Venezuela	20	0,4	5	0,2	3,5

Fuente: Anuario Demográfico - Naciones Unidas 1990; Boletín Demográfico - Celade 1990.
(*) Comunidad de Estados Independientes, antes denominada Unión Soviética

Déjà sur la couverture de l'atlas scolaire, la silhouette du Venezuela est augmentée de la Guyana Esequiba. Ce territoire de 159 000 kilomètres carrés est pourtant partie intégrante de la république du Guyana.
Ce schéma montre très clairement que le Venezuela considère la région litigieuse comme partie intégrante de son territoire national. Néanmoins, on remarque qu'aucune donnée démographique n'a été indiquée pour la Guyana Esequiba.

Kayapó

CARTOGRAPHIER SON TERRITOIRE POUR MIEUX SE L'APPROPRIER

Les Indiens Kayapó vivent dans les États du Pará et du Mato Grosso, au Brésil, au cœur de l'Amazonie. Ils se désignent eux-mêmes sous le terme Mêbengokre, forment une communauté d'environ 7 000 personnes réparties dans une vingtaine de villages sur sept Terres indigènes. Longtemps demeurés isolés du monde extérieur, les Kayapó-Mêbengokre doivent désormais faire face à la pression foncière sur les terres amazoniennes.

Au Brésil, la loi garantit aux membres des groupes indigènes un droit d'usage des terres qu'ils occupent en vertu des droits ancestraux. Ces territoires, appelés Terres indigènes, recouvrent aujourd'hui 20 % de la superficie de l'Amazonie légale, et les enjeux autour de l'exploitation des ressources naturelles sont énormes. D'autant plus que les politiques de développement et de désenclavement de l'Amazonie ont entraîné l'arrivée de colons venus d'autres régions du pays et le défrichage de vastes zones de forêt.

Confrontés au grignotage progressif de leur territoire sur ses frontières, les Indiens Kayapó du village de Moikarakô ont entrepris un travail cartographique avec des chercheurs de l'IRD, anthropologues et géographes, associés à l'université de Rio. Devant une première image de satellite centrée sur leur village, les Indiens ont tout de suite visualisé l'encerclement de leurs terres par les pâturages défrichés. Sur l'image, les zones défrichées (représentées en rose) se superposent à la « terre des Blancs », alors que les zones sous forêt (en vert) dessinent leur territoire. Partant de ce constat, et conscients des menaces d'invasions futures, les Kayapó ont voulu élaborer leur propre carte, pensée d'abord comme un outil politique, afin de faire reconnaître leur territoire et de mieux négocier avec les non-Indiens (cf. carte ci-dessous).

Sur les cartes déjà disponibles, les territoires des Mêbengokre n'étaient pas délimités ou apparaissaient alors comme vides ; seuls quelques villages – pas toujours bien situés – y figuraient, parfois aucun. Inquiets de cet état de fait, les anciens et les jeunes de Moikarakô se sont d'abord associés pour réaliser des cartes qui représentent maintenant tous leurs chemins et les noms des lieux qu'ils occupent et utilisent effectivement. Depuis le début de l'aventure en 2000, les outils se sont affinés. Les jeunes ont reçu plusieurs formations et partent désormais à la chasse ou en expédition avec un GPS, afin de marquer les points et de compléter la carte, notamment par des chemins (cf. carte ci-contre). Ils cherchent également à représenter la distribution de leurs ressources, leurs catégories paysagères, la circulation des personnes ou des variétés de plantes cultivées entre les villages, etc.

Au-delà du but initial de donner à voir sa terre aux autres, les habitants de Moikarakô veulent désormais utiliser l'outil dans leurs écoles pour transmettre les connaissances du territoire aux plus jeunes, qui se déplacent moins. La collecte des noix du Brésil, une ressource économique majeure, fait aussi l'objet de cartes avec des expéditions qui permettent d'assurer une surveillance accrue des frontières de la réserve, avec un projet de développement durable. Pour ces dernières opérations, les habitants de Moikarakô se sont associés à d'autres villages kayapó, aujourd'hui nombreux à pratiquer la cartographie.

(D'après les travaux de Pascale de Robert, Anne-Élisabeth Laques)

La carte de notre Terre

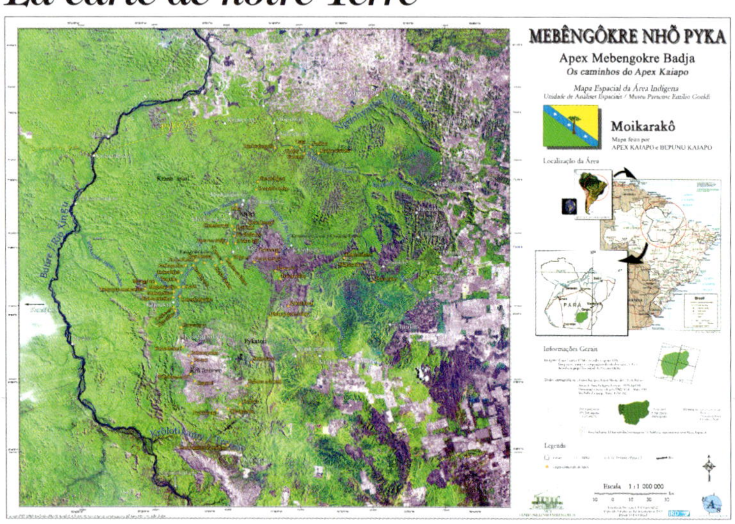

Les Kayapó de Moikarakô ont voulu situer leur territoire dans la Terre indigène, la région du Pará, le Brésil, l'Amérique du Sud et le monde pour affirmer ainsi leur place sur la planète. Parallèlement à ce travail de représentation, ils se sont inventé un drapeau.

Toujours actualisée

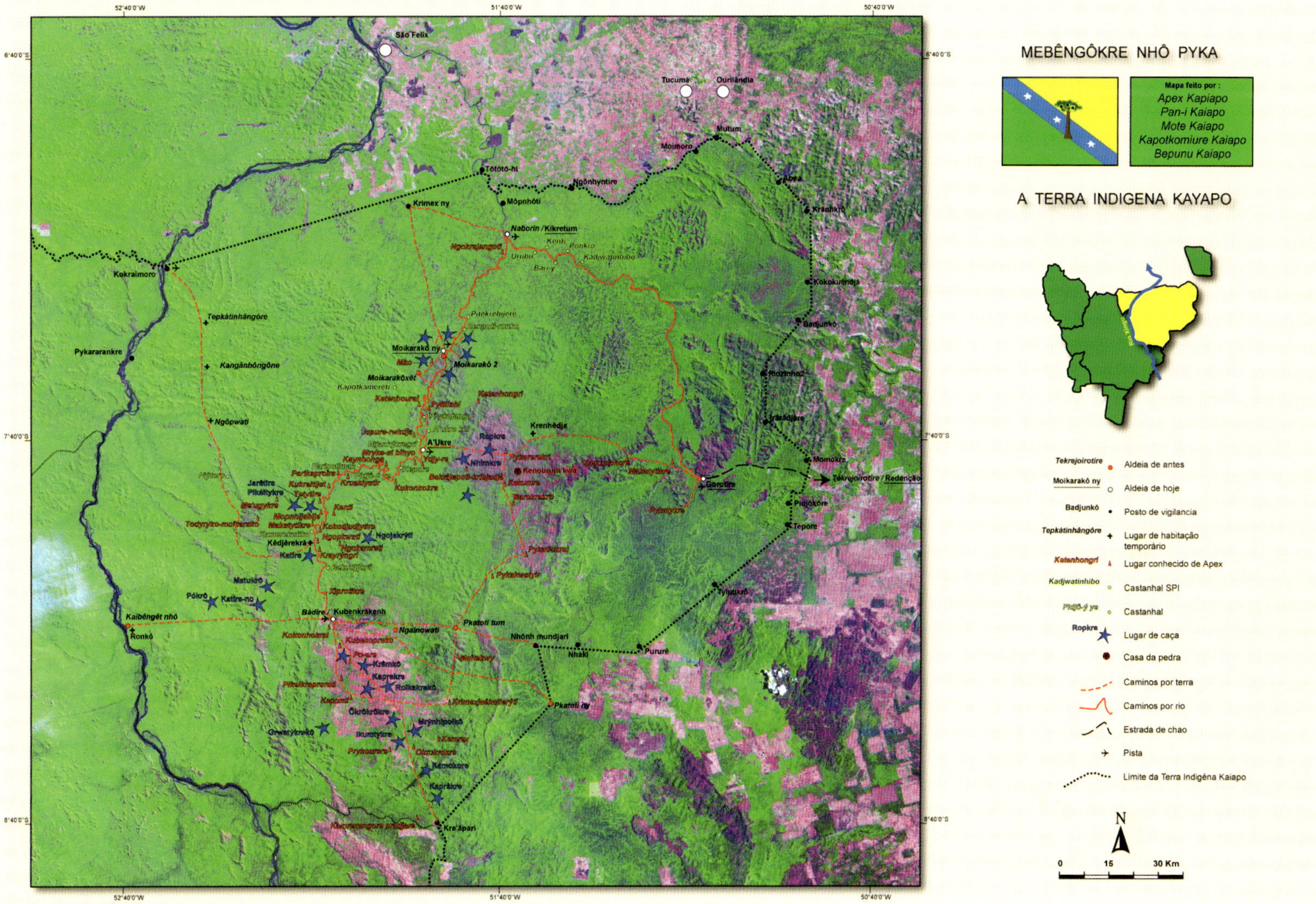

Toujours en construction, la carte continue de réunir les générations à Moikarakô. Chaque retour au village est l'occasion de ramener une version actualisée et remise au propre que les Indiens complètent, précisent, discutent. Ces travaux ont suscité la demande de cours de cartographie de la part des jeunes qui veulent représenter à leur manière les lieux de vie du quotidien et prévoient de compiler leurs résultats dans un CD-ROM.

Terres indigènes mêbengokre, panará et tapajúna

Ces cartes ont été élaborées dans le cadre des cours de formation dispensés aux instituteurs indigènes dans l'État du Mato Grosso. Depuis 2002, l'expérience menée par l'équipe de Maria Eliza Leite (FUNAI, organisme brésilien chargé des affaires indiennes) en collaboration avec une association indigène et le ministère de l'Éducation a permis la réalisation, entre autres, d'un calendrier pour l'année 2008 représentant les territoires (villages, cours d'eau, végétation, ressources naturelles...) de l'ensemble de ces Terres indigènes, certaines étant encore en processus de reconnaissance légale (comme celle de Kapôt Jarina). Ce calendrier orne maintenant les maisons de la plupart des villages qui ont participé à sa réalisation, les instituteurs ayant progressivement élargi les collaborations en textes et dessins aux autres membres des communautés indigènes.

QUI EST INDIEN ? QUI NE L'EST PAS ?

On croyait les peuples indiens du Brésil en voie d'extinction. En fait, certaines ethnies connaissent un véritable baby-boom. Et de plus en plus de Brésiliens se déclarent indiens.

Eliane Brum, *Epoca*, São Paulo

Si les prédictions lancées dans les années 1970 s'étaient révélées justes, le Brésil ne compterait plus aujourd'hui que quelques groupes d'Indiens, peu nombreux et à l'identité floue, car absorbée par celle de la population blanche. Les questions qu'on se posait alors étaient : existe-t-il encore des Indiens au Brésil ? et jusqu'à quand ?

Depuis quelques années, nous assistons à un revirement de situation : non seulement certaines ethnies connaissent une sorte de baby-boom, mais il est de mieux en mieux vu d'être indien et un nombre croissant de Brésiliens se déclarent tels : ce sont les Indiens émergents.

« Qui est indien ? » est ainsi devenu la question cruciale du moment. Le seul fait de la poser témoigne du changement radical de la situation indienne. Cette interrogation occupe d'ailleurs tout un chapitre du dernier Pibão, le petit nom donné à l'ouvrage de référence le plus complet sur le sujet, Povos indigenas no Brasil (« Peuples indiens du Brésil »), qui est publié tous les cinq ans par l'Instituto socioambiental (ISA), l'organisation nationale la plus respectée dans ce domaine.

« Au Brésil, tout le monde est indien, sauf celui qui ne l'est pas », lance avec provocation l'anthropologue Eduardo Viveiros de Castro. « Notre problème était de faire en sorte que l'expression “c'est encore un Indien”, prise dans son sens littéral, ne renvoie pas à l'étape à franchir pour accéder à la position enviable du Blanc ou du civilisé, affirme Castro. Aujourd'hui, au contraire, tout le monde revendique avec fierté l'identité indienne. »

L'histoire du Pibão a commencé en 1971, à une période où les ethnies indiennes vivaient dans des territoires invisibles. Le concept même d'Indiens émergents aurait alors semblé parfaitement saugrenu. Un groupe de jeunes chercheurs en sciences sociales de l'université de São Paulo (USP) ayant assisté à la réunion annuelle de la Sociedade Brasileira para o Progresso da Ciência (Société brésilienne pour le progrès de la science) s'étaient inquiétés de leur situation. « Les militaires avaient annoncé le plan d'intégration nationale de l'Amazonie, avec une série d'actions destinées à remédier au vide démographique. Il s'agissait d'intégrer pour ne pas donner », raconte Beto Ricardo, secrétaire exécutif de l'ISA. « Mais il n'y avait pas de vide. L'Amazonie était occupée par des peuples indiens. »

En quête de statistiques, le groupe découvrit alors que le dernier recensement digne de ce nom avait été effectué par Darcy Ribeiro dans les années 1950. Les travaux postérieurs étaient fragmentés, la plupart des anthropologues ayant cessé toute collaboration avec l'État sous la dictature militaire. Beto Ricardo raconte que le groupe, muni de cartes de l'Institut national géographique, décida de se rendre sur le terrain afin de recueillir les récits de ceux qui s'aventuraient dans les zones les plus reculées du pays : anthropologues, missionnaires, photographes, journalistes et agents de santé. Ils leur confiaient des fiches et ils ont ainsi constitué un réseau de près de 2 000 personnes, qui envoyaient leurs découvertes par courrier. « Ils écrivaient, à la main : “Voilà, je suis près de ce fleuve, et il y a des Indiens par ici”, raconte Ricardo. Ce projet étant considéré comme criminel par les militaires, il nous a fallu louer une boîte postale à São Paulo. Pour pouvoir aller chercher les lettres sans être arrêtés, nous avons dû travailler dans la clandestinité. » C'est ainsi que le dernier premier Pibão a vu le jour : grâce à ces méthodes dignes d'une guérilla.

Le pays a alors découvert qu'il comptait bien plus d'Indiens qu'on ne le pensait. « Un grand nombre d'ethnies n'avaient pas disparu. Elles s'étaient camouflées, c'était leur stratégie pour survivre. Avec le soutien des anthropologues et des missionnaires, elles ont commencé à sortir de leur cachette », raconte Ricardo. En 1970, par exemple, il n'existait, d'après les statistiques officielles de l'État d'Acre, aucun peuple indien. Aucun Indien. Le dixième volume du Pibão, élaboré aujourd'hui avec tous les outils offerts par la technologie, révèle l'existence de 14 ethnies dans cet État. Le premier volume citait 69 peuples au Brésil. Le dixième, lui, en recense 225, parlant 180 langues. Tout indique également qu'il existe 46 groupes isolés.

Malgré la croissance de la population indienne – que ce soit en raison de taux de fécondité élevés, du recouvrement de leur identité ou d'une déclaration spontanée –, il faut aussi signaler des cas d'extinction imminente : 12 ethnies ne comptent plus que 5 à 40 membres.

Ainsi, durant le premier mandat du gouvernement de Lula, période correspondant à l'enquête de cette édition du Pibão, la mauvaise gestion de la santé a menacé la survie de certaines ethnies. « L'argent est parti de Brasilia, mais n'est jamais parvenu aux Indiens. De Monte Cabural à Chui, les épidémies ont semé le chaos. Le gouvernement a fait alliance avec les élites régionales, conduisant à une répartition politique des postes de la FUNASA (Fondation nationale de la santé) », soutient l'anthropologue Rogério do Pateo. Les Guajajara, dans le Maranhão, ont fait part, en dénonçant le manque d'assistance, du décès de sept enfants entre janvier et mars 2005. L'année dernière, ils ont pris en otage un secrétaire municipal à la santé et ont coupé l'alimentation électrique d'une ville pour protester contre la pénurie de médecins et de médicaments. « En l'absence de changement radical au cours du second mandat, le gouvernement Lula se verra accusé d'avoir contribué à l'extinction des peuples indiens du Brésil », affirme Ricardo.

Ces dernières décennies, les Indiens sont devenus visibles,

ont acquis des droits constitutionnels et possèdent des terres délimitées. L'univers de la pop puis le chanteur Sting, dans les années 1980, les ont découverts. Aujourd'hui, c'est le mannequin Gisele Bündchen qui arbore le tee-shirt de la campagne « Y Ikatu Xingu ». Pourtant, les fleuves se couvrent de poissons morts et le vol des oiseaux s'est arrêté dans le ciel. L'impression au dos de l'ouvrage résume bien l'impasse actuelle : les pailles en plastique ont remplacé les plumes des perroquets. Les Caiapó ont ainsi réagi à l'interdiction par la FUNAI (la Fondation nationale de l'Indien) en 2004 de vendre des fabrications artisanales comportant des matières premières provenant des animaux de la forêt. « Le Brésil est le champion du monde de la déforestation et des oiseaux en voie d'extinction, dit Ricardo. Pourtant, les objets indiens en plumes sont exposés à l'étranger comme le symbole de l'identité nationale. »

Lorsque les Caiapó du Xingu doivent fabriquer des parures de plumes en plastique, le problème atteint les Indiens et les non-Indiens. L'ISA a prouvé que le taux de déboisement des terres indiennes est de 1,14 % ; en dehors des zones protégées, il est de 18,96 %. « La question indienne est stratégique dans toutes les hypothèses de scénario. On n'a pas à attendre la facture, elle est déjà là, affirme Beto Ricardo. Les plus pessimistes disent que c'est irréversible. Nous nous sommes engagés dans un programme positif destiné à repousser la fin du monde. Et les Indiens en sont des acteurs essentiels. »

BOOM PÉTROLIER DANS L'ATLANTIQUE SUD

Grâce à la hausse du prix du pétrole, l'exploitation des gisements découverts au large de l'archipel il y a dix ans va devenir rentable. Le pouvoir d'achat des 3 000 îliens devrait donc exploser.

Les habitants des Malouines se préparent à une ruée vers le pétrole dans l'Atlantique Sud. Ils espèrent grâce à cela être bientôt l'un des peuples les plus riches de la planète.

Il y a dix ans, des gisements de pétrole contenant jusqu'à 60 milliards de barils d'or noir étaient découverts au large de l'archipel. Depuis, les retards se sont accumulés, mais des compagnies pétrolières prévoient de commencer les forages avant la fin de l'année 2008.

Les tests menés par les géologues ont traîné en longueur, mais ils se sont avérés concluants. Il a fallu ensuite attendre que deux grandes compagnies pétrolières investissent des sommes importantes : elles prévoient d'acheminer les plates-formes pétrolières vers les îles dès l'automne prochain. Sur place, tout est mis en œuvre pour que les îles puissent faire face à ce soudain afflux de richesse.

En effet, l'extraction pétrolière pourrait apporter des milliards de livres aux 3 000 îliens, une manne comparable à celle qu'ont reçue les États du Golfe après la mise en valeur de leurs ressources pétrolières. Mais l'enrichissement de la population devrait être encore plus spectaculaire dans un archipel aussi peu peuplé que les Malouines, d'autant que le niveau de vie y est déjà élevé. Les Malouines affichent un PIB de 75 millions de livres (98 millions d'euros), ce qui représente l'un des revenus par habitant les plus importants de la planète.

La capitale, Port Stanley, prévoit ainsi un réaménagement de la zone des docks et la construction de 350 maisons autour des pipelines. Entre-temps, les autorités des Malouines modifient leur politique d'immigration pour faciliter l'arrivée de nouveaux immigrants.

Des responsables élaborent déjà une liste de projets dans lesquels investir leur pactole. Ainsi, les deux écoles et l'hôpital de Port Stanley doivent être parmi les premiers à en bénéficier. Un projet d'aménagement de routes est à l'étude, de même que l'amélioration des liaisons aériennes vers le reste du monde et entre différentes zones de l'archipel. « Je ne pense pas que l'on voit apparaître des gratte-ciel », estime Jenny Cockwell, rédactrice en chef du *Penguin News*, le journal de l'île, « mais les gens aimeraient bien avoir un cinéma ou une salle de bowling à Stanley ».

Le gouvernement des Malouines recevra 26 % des bénéfices des compagnies pétrolières, ainsi qu'une redevance de 9 % sur chaque baril vendu. De nombreux îliens vont aussi s'enrichir individuellement après avoir investi dans les compagnies pétrolières.

Le Trésor (britannique) a des visées sur ces revenus attendus, mais le gouvernement des Malouines a insisté sur le fait qu'aucun accord n'était possible. Entre-temps, l'Argentine, qui revendique toujours les « Malvinas » (le nom argentin), observe la situation d'un œil jaloux. Buenos Aires a accusé Londres et les

vu de LONDRES

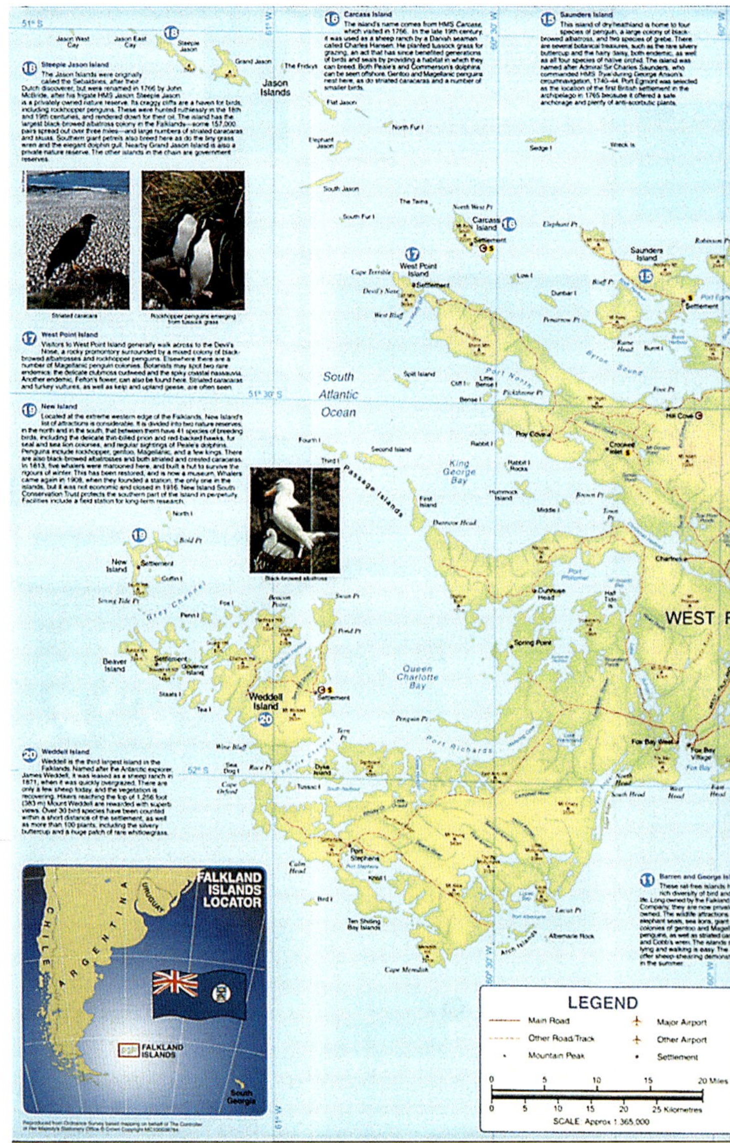

La grande majorité des toponymes, sur cette carte britannique, sont anglo-saxons, à l'exception de quelques noms de montagnes, de baies ou de rivières (le mont Maria, à l'est de West Falkland, ou la ria de San Carlos, à l'est d'East Falkland), qui conservent leurs noms en souvenir de l'occupation espagnole.

Certains toponymes français tels que Cape Bougainville, au nord d'East Falkland, ou, au nord-est, Port Louis (capitale des Malouines avant d'être détrônée, en 1845, par Stanley) sont des héritages des comptoirs établis par les Français en 1764. Les commentaires qui accompagnent la carte britannique relatent l'histoire de l'occupation des îles, qui sont successivement passées entre les mains des Français, des Espagnols, puis des Sud-Américains (on évite soigneusement de parler des Argentins !) et des Anglais.

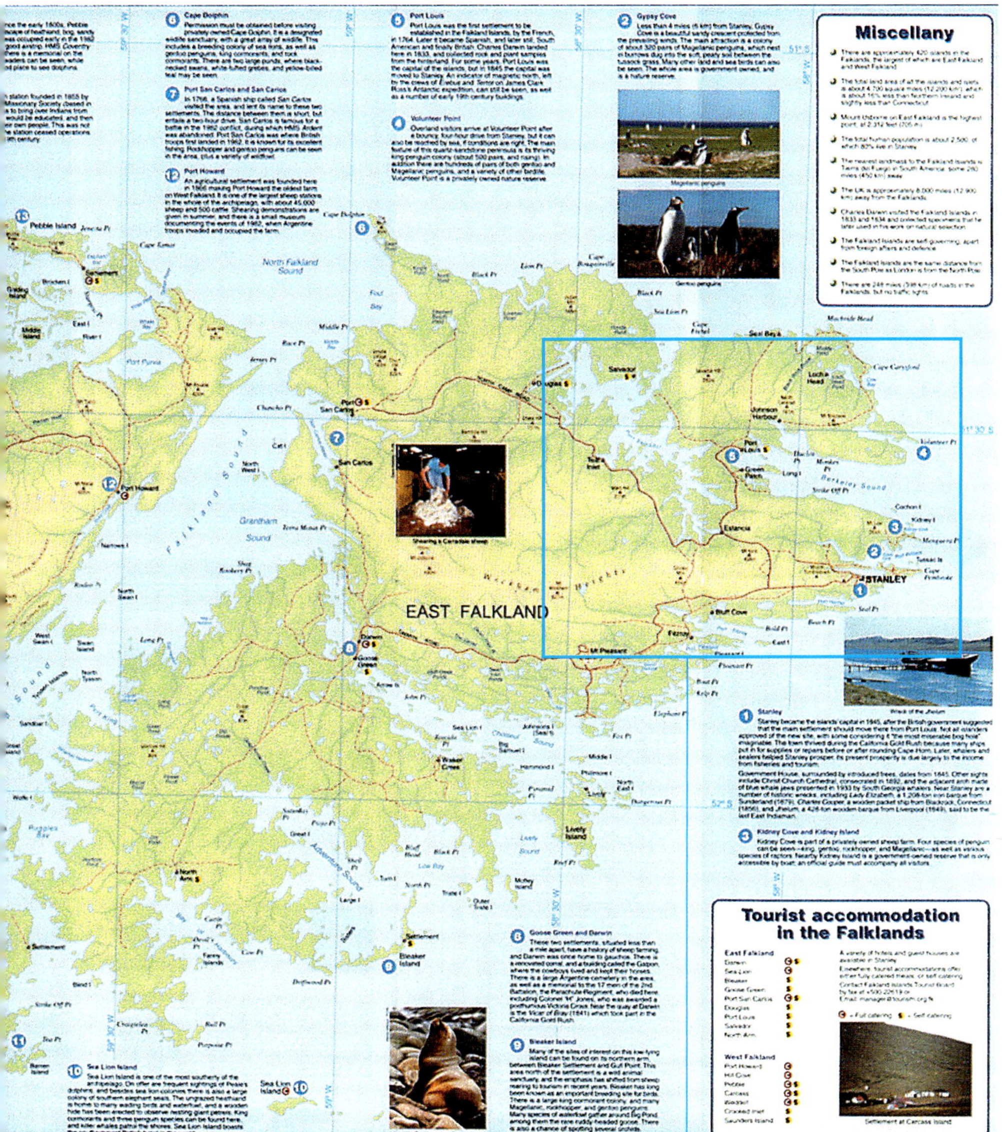

> traduction >

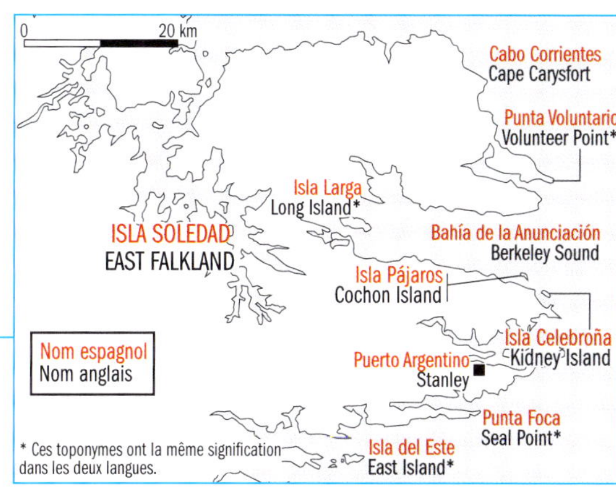

vu de BUENOS AIRES

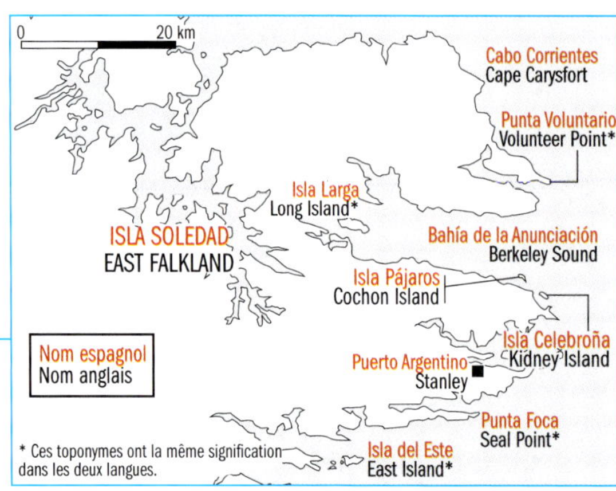

< traduction <

La grande majorité des toponymes sont hispaniques. Les îles principales ont toutes été rebaptisées. Les noms français, bien que rares, sont plus nombreux à avoir été conservés que dans la version britannique. Exemples : péninsule de Freycinet (à l'est de Isla Soledad), Port Duperrey ou île de Bougainville... La capitale est appelée Puerto Argentino et de nombreux lieux-dits font référence aux dates et aux grands noms de l'histoire argentine ; ainsi la baie 9 de Julio (9 juillet, date de l'indépendance). Exceptionnellement, certains lieux – comme ceux de la côte sud-est de Isla Soledad – conservent leurs noms anglais (Port Egg, Port Wharton, Port Findlay...).

Malouines de ne pas respecter un accord de 1995 portant sur la coopération en matière de prospection des réserves *offshore* et d'avoir résisté à toutes ses tentatives de pourparlers sur la question. Le même porte-parole dénonce « l'intransigeance du Royaume-Uni » dans cette affaire.

La recherche de pétrole au large des Malouines a commencé en 1998, quand un consortium de six grandes compagnies a foré une série de six puits. Cinq d'entre eux ont révélé la présence de pétrole ; l'un a même craché de l'or noir à la surface. On estimait alors que cette zone pourrait receler des réserves équivalant à 60 milliards de barils de pétrole – soit autant que les réserves évaluées à l'origine en mer du Nord –, toutes comprises dans la zone économique des Malouines, qui s'étend sur 320 kilomètres au-delà des côtes.

Malgré de telles possibilités, les compagnies ont alors conclu que cette découverte n'était pas viable sur le plan commercial, dans la mesure où le prix du pétrole – descendu à un moment en dessous de 10 dollars le baril – était trop faible pour couvrir les coûts d'extraction, particulièrement importants. Toutefois, cinq petites compagnies pétrolières ont poursuivi la prospection, sondant les fonds marins pour tenter de réunir davantage d'informations sur l'emplacement et la quantité de pétrole.

Ces compagnies n'ont pas les moyens d'extraire le pétrole elles-mêmes, mais leurs résultats ont été suffisamment prometteurs pour attirer de nouveau l'attention des plus grandes compagnies. Et, à l'heure où les prix pétroliers atteignent un nouveau record à 106 dollars le baril (plus de 111 dollars le 17 mars 2008), forer autour des Malouines devient bien plus intéressant.

Le mois dernier, Desire Petroleum, l'une des petites compagnies en question, annonçait qu'elle s'était associée avec une major pétrolière dont le nom n'a toujours pas été révélé. Elle prévoit d'acheminer sur place une plate-forme flottante pour commencer à forer dès l'automne. De leur côté, Falkland Oil & Gas et BHP Billiton ont signé un accord analogue afin d'effectuer des forages dans une autre zone.

Phil Richards, du British Geological Survey (BGS, Service géologique britannique), qui a joué un rôle de conseil auprès des autorités des Malouines, incite toutefois à la prudence. « Il est impossible d'évaluer les réserves tant que les forages n'auront pas commencé, assure-t-il. Ce sera peut-être un succès total ou un énorme fiasco, à moins que ce ne soit ni l'un ni l'autre. »

Jasper Copping, *The Sunday Telegraph*

STATUT : TERRITOIRE D'OUTRE-MER

L'archipel des îles Malouines (Falkland Islands en anglais, Islas Malvinas en espagnol), situé à 480 kilomètres des côtes argentines, a le statut de territoire d'outre-mer britannique. Dans les faits, il est indépendant, sauf en matière de défense et de politique étrangère – ces deux domaines relèvent de la Couronne britannique. Si l'Union européenne (UE) ne les considère pas comme un territoire britannique, les îles sont cependant associées au processus décisionnel. Les habitants des Malouines jouissent de la citoyenneté britannique : ils peuvent donc librement vivre et travailler dans l'UE.

L'archipel est toujours revendiqué par l'Argentine, qui a perdu en 1982 la guerre des Malouines. Un gouverneur assure le pouvoir exécutif ; le pouvoir législatif est constitué d'une Assemblée de huit conseillers élus pour quatre ans.

Chili/Pérou

UNE VIEILLE QUERELLE REFAIT SURFACE

Cambio

Le dernier conflit frontalier entre deux pays d'Amérique latine a eu lieu en 1995. Mais le spectre de la discorde refait son apparition dans la région.

Il y a douze ans, pendant la guerre dite « du Cenepa » (du nom du district péruvien contesté), l'Équateur et le Pérou avaient pris les armes pour se disputer un territoire frontalier délimité en 1942 par le protocole de Rio. Face au coût humain et financier du conflit, mais surtout à son inutilité, les uns comme les autres avaient fini par reconnaître que la guerre était le pire mode de résolution des différends territoriaux.

Depuis plusieurs mois, les tensions hier apaisées n'ont cessé de se raviver, en raison notamment de l'arrivée au pouvoir de gouvernements populistes qui ont placé ces enjeux limitrophes au cœur de leur campagne, mais aussi parce que subsistent des haines et des rancœurs de longue date.

Dans ce dernier « round », le Chili et le Pérou se disputent 35 000 kilomètres carrés dans l'océan Pacifique, une zone riche en anchois, poisson qui entre dans la fabrication d'une farine dont le Pérou est le premier producteur mondial. Le gouvernement du président péruvien, Alan García, vient donc de déposer devant la Cour internationale de justice de La Haye une plainte contre son voisin, exigeant que cette zone soit reconnue comme faisant partie du Pérou. Le Parlement péruvien a d'ailleurs entériné son intégration l'année dernière en adoptant une loi *ad hoc* et a réalisé des cartes où la frontière est délimitée de façon unilatérale.

Le Pérou se fonde pour cela sur la convention des Nations unies sur le droit de la mer de 1982, en vertu de laquelle les pays peuvent réclamer la souveraineté sur 320 kilomètres de plateau continental à partir d'un point de leur territoire. Les autorités de Lima ont ainsi défini leur frontière maritime avec le Chili suivant une diagonale qui part de leur frontière terrestre.

[> DÉCRYPTAGE <]

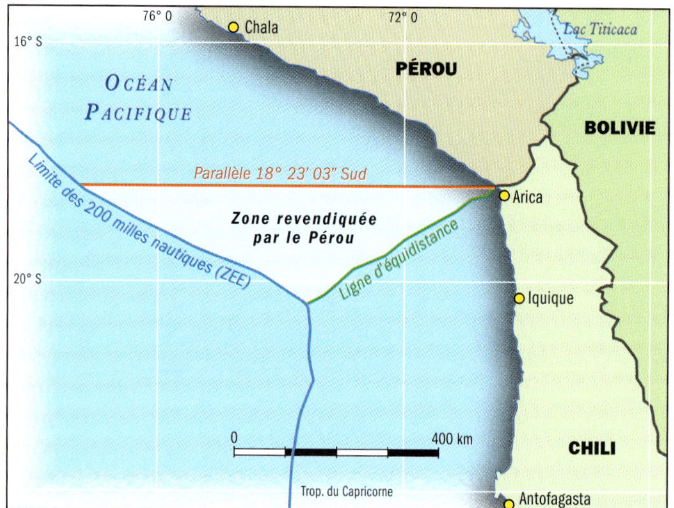

Pour délimiter leurs espaces maritimes, en 1952, le Chili et le Pérou ont eu recours à la technique qui consiste à s'appuyer sur un parallèle, à savoir celui de latitude sud 18° 23' 03". Cette situation plutôt défavorable au Pérou pousse ce dernier à revendiquer maintenant la ligne d'équidistance comme nouvelle limite.

Il s'agit en fait d'un conflit beaucoup plus profond : il y a près d'un siècle et demi déjà, les deux pays, ainsi que la Bolivie, s'étaient violemment affrontés et la guerre du Pacifique avait été remportée par le Chili ; le Pérou comme la Bolivie perdirent de larges pans de leur territoire tant maritime que terrestre. Aujourd'hui, pour les Péruviens, cette revendication est une question d'orgueil. Et plus encore pour les Boliviens, qui ont dû tirer un trait sur leur seul accès à la mer.

La querelle péruano-chilienne actuelle est compliquée par l'offre faite par le gouvernement de (la présidente du Chili) Michelle Bachelet à la Bolivie : Santiago a proposé de mettre fin à la dispute en donnant aux Boliviens des droits d'exploitation (mais pas la souveraineté) sur un corridor qui leur permettrait un accès au Pacifique. Pour le Pérou, cela déboucherait sur une reconnaissance des frontières que les Chiliens tiennent pour acquises. Pour l'universitaire Antonio Rengifo, la façon dont on résoudra ce conflit et d'autres querelles territoriales sera décisive, car elle créera un précédent pour tout le XXIe siècle.

Femme d'origine indienne, Pérou, vers 1875.
Photographe : Courret.

77 ASIE

EN SOUVENIR DU PRINCE

L'ancienne principauté de Junagadh est une pomme de discorde moins connue que le Cachemire entre l'Inde et le Pakistan. Aujourd'hui intégrée à l'État indien du Gujarat, elle est revendiquée par le Pakistan depuis 1947.

Rappelons que la partition de l'Inde s'est effectuée à partir du choix qu'ont fait les différentes entités de se rattacher soit à l'Inde, soit au Pakistan. La principauté de Junagadh fut l'une de celles, aux côtés d'Hyderabad et du Cachemire, qui eurent du mal à se décider.

Le prince de Junagadh finit par opter pour le Pakistan, malgré une absence totale de contiguïté géographique, mais surtout contre l'avis de la population, qui était majoritairement hindoue. Lorsque le souverain de Junagadh annonça formellement son choix, le 15 août 1947, jour de l'indépendance de l'Inde, la population se souleva et mit au pouvoir un gouvernement provisoire, forçant le prince à fuir. Son Premier ministre, Shah Nawaz Bhutto (le père d'Ali Bhutto, qui dirigea ensuite le Pakistan de 1973 à 1977) demanda alors à l'Inde d'intervenir et d'envoyer ses troupes. Le 10 février 1948, les habitants de Junagadh plébiscitèrent le rattachement à l'Inde.

Mais officiellement, le Pakistan s'en tient toujours à la décision initiale du prince et refuse de reconnaître l'appartenance de ce petit territoire à l'Union indienne. Ce contentieux, très peu connu en Inde, est souvent associé à la question du Cachemire (voir page 80).

Une enclave en territoire indien

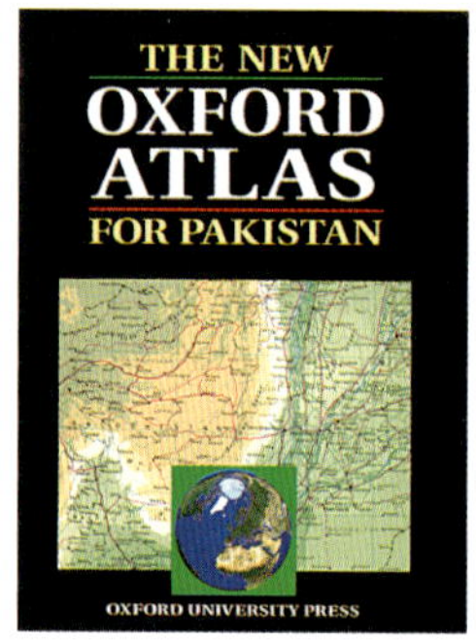

Extraite du *New Oxford Atlas for Pakistan*, cette carte du pays ajoute aux six régions reconnues par la communauté internationale l'ancien territoire princier de Junagadh, qui est présenté comme une enclave pakistanaise en plein territoire indien. Côté indien, Junagadh est officiellement rattachée au Gujarat, et ses anciennes limites ont totalement disparu des cartes de l'Union.

[> DÉCRYPTAGE <]

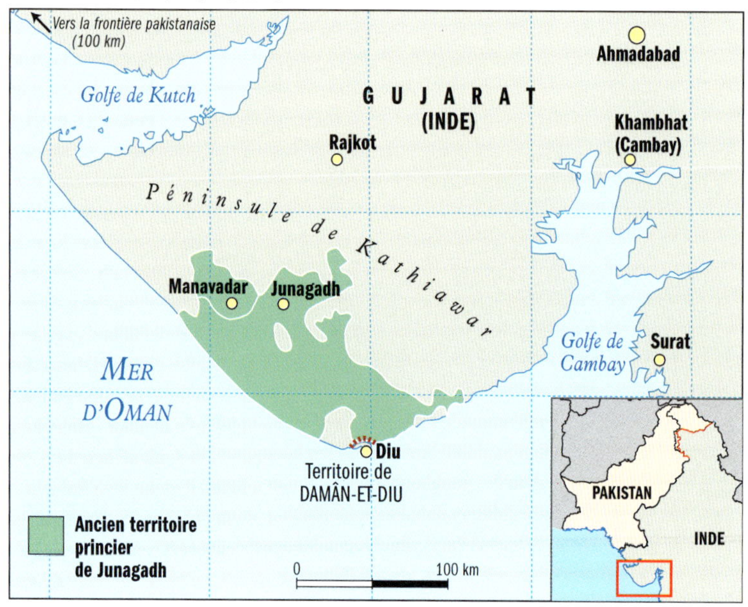

AFGHANISTAN
CHINA
IRAN
INDIA
NORTHERN AREAS
JAMMU and KASHMIR
(Disputed Territory)
BALOCHISTAN
PUNJAB
SINDH
Arabian Sea
CHITRAL
Chitral
Gilgit
Dasu
KOHISTAN
SWAT
Saidu
BATGRAM
Batgram
MANSEHRA
Mansehra
BAJAUR
MOHMAND
Ghallanay
Landi Kotal
KHYBER
Parachinar
ORAKZAI
KURRAM
Kalaya
Kohat
ISLAMABAD
Rawalpindi
Attock City
ATTOCK
RAWALPINDI
NORTH WAZIRISTAN
Miran Shah
SOUTH WAZIRISTAN
Wana
Lakki Marwat
LAKKI MARWAT
TANK
Tank
Dera Ismail Khan
DERA ISMAIL KHAN
CHAKWAL
Chakwal
Jhelum
JHELUM
GUJRAT
Gujrat
Sialkot
SIALKOT
MIANWALI
Mianwali
KHUSHAB
Mandi Bahauddin
Jauharabad
SARGODHA
Sargodha
GUJRANWALA
Gujranwala
NAROWAL
Narowal
Hafizabad
HAFIZABAD
Shekhupura
SHEKHUPURA
Lahore
LAHORE
JHANG
Faisalabad
Jhang
FAISALABAD
Bhakkar
BHAKKAR
Kasur
KASUR
Leiah
LEIAH
Toba Tek Singh
Okara
OKARA
Sahiwal
SAHIWAL
MUZAFFAR GARH
KHANEWAL
Khanewal
Multan
MULTAN
Vihari
VIHARI
Dera Ghazi Khan
Muzaffargarh
Bahawalnagar
BAHAWALNAGAR
LODHRAN
Lodhran
Bahawalpur
BAHAWALPUR
RAJANPUR
Rajanpur
Rahimyar Khan
RAHIMYAR KHAN
ZHOB
Zhob
MUSA KHEL
Musa Khel Bazar
PISHIN
Pishin
QILA SAIFULLAH
Qila Saifullah
Qila Abdullah
QILA ABDULLAH
Quetta
QUETTA
Loralai
LORALAI
BARKHAN
Barkhan
Kohlu
KOHLU
Mastung
MASTUNG
Nushki
SIBI
Sibi
Dadhar
BOLAN
Kalat
KALAT
Dera Bugti
DERA BUGTI
CHAGAI
Kharan
KHARAN
Gandava
Dera Murad Jamali
Jacobabad
JACOBABAD
JHAL MAGSI
Shikarpur
SHIKARPUR
Ghotki
GHOTKI
Sukkur
SUKKUR
Larkana
LARKANA
Khairpur
KHAIRPUR
Khuzdar
KHUZDAR
Panjgur
PANJGUR
Awaran
AWARAN
KECH
Turbat
Dadu
DADU
Naushara Firoz
NAWABSHAH
Nawabshah
Sanghar
SANGHAR
Uthal
LASBELA
GWADAR
Gwadar
HYDERABAD
Hyderabad
Mirpur Khas
MIRPUR KHAS
UMARKOT
Umarkot
KARACHI DIVISION
Karachi
Thatta
THATTA
BADIN
Badin
THAR
Mithi
Manavadar
Junagadh
36 N
32 N
28 N
64 E
68 E
72 E
76 E
Scale 1 : 7 500 000
0 50 100 150 200 km
0 50 100 miles

LA TERRE SACRÉE DES NATIONALISTES HINDOUS

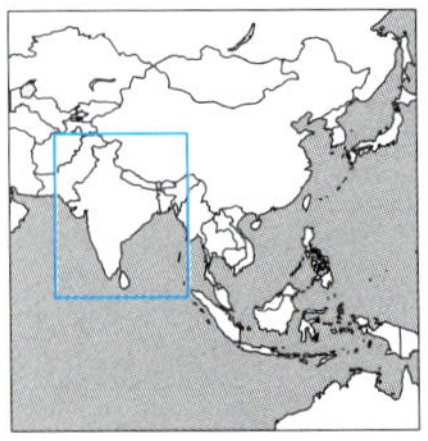

L'extrême droite hindoue n'a jamais pu se satisfaire de la taille actuelle de l'Inde et rêve de l'Akhand Bharat, littéralement l'Inde indivise. Malgré ce que l'on pourrait penser, cette grande Inde ne fait pas uniquement référence au pays d'avant la partition et la création du Pakistan, en 1947, mais à une unité nationale principalement fondée sur l'influence de l'hindouisme. Cette vision impériale et impérialiste de la géographie nationale n'est évidemment pas consensuelle et cette carte, où toute la toponymie est dérivée du sanskrit et qui inclut tous les pays d'Asie du Sud en plus de l'Afghanistan, du Tibet et du Myanmar, était difficile à trouver en Inde, du moins jusqu'à l'arrivée au pouvoir du BJP (Bharatiya Janata Party, Parti du peuple indien, parti nationaliste hindou), en 1998. Éditées par le Rashtriya Swayamsevak Sangh (Association des volontaires nationaux, groupe d'extrême droite très puissant fondé en 1925), ces représentations fortement idéologiques ont été introduites dans de nombreux manuels scolaires. Le Parti du Congrès, qui a remporté les élections législatives de mai 2004, tente aujourd'hui avec plus ou moins de succès de mettre fin à cette dérive. Il existe deux cartes de l'Inde très populaires chez les fondamentalistes hindous : celle-ci, bien sûr, et une autre représentant à l'intérieur du pays une divinité portant le drapeau de l'hindouisme. La première, extraordinaire par son audace géographique, est paradoxalement moins connue.

[> DÉCRYPTAGE <]

vu par LES FONDAMENTALISTES

Cette carte, titrée « Terre sacrée », occulte une grande partie de l'héritage musulman et colonial de l'Inde et des autres pays avoisinants. Par exemple, le golfe du Bengale devient ici le Ganga Sagar, littéralement « la mer du Gange », la mer d'Oman devient Sindhu Sagar, tandis que des villes comme Ahmedabad et Hyderabad deviennent respectivement Kamati et Bhagyanagar.

PUNYABHOOMI
BHARAT
(North of the Ocean and South of the Himalayas is the Country known as BHARAT VARSHA where live the people 'BHARATI')
Upaganasthan
(Afghanisthan)
Hindukush
Trivishtap (Tibet)
Kandahaar
Kabul
Purushpur (Peshwar)
Bolan Pass
Harappa
Mohanjodaro
Karachi
Hyderabad (Sindh)
Hinglaj
Sadhuvela
Jaisalmer
Barmar
Jodhpur
Pushkar
Ajamer
Bikaner
Ganganagar
Kurushetra
Sthaneshwar
Panipat
Hastinapur
Indraprastha (Delhi)
Gurugram
Mathura
Agra
Bharatpur
Jaipur
Sawai Madhopur
Gwalior
Jhansi
Khajuraho
Tikamgarh
Chitrakoot
Naimisharanya
Lakshmanpur (Lucknow)
Ayodhya (Saket)
Shravasti
Kushinagar
Kapilvastu
Lumbini
Gorakhpur
Kaushambi
Prayag
Sarnath
Kashi
Pataliputra (Patna)
Gaya
Rajgriha
Nalanda
Pawapur
Vaidyanath
Vaishali
Sitmarhi
Janakpur
Madhuvani
Mahishi
Kathmandu
Pashupatinath
Muktinath
Gauri Shankar
Saragmatha (Everest)
Kanchanjangha
Darjeeling
Kamakhya
Barpeta
Guahati
Shillong
Jayantia
Dimapur
Kohima
Imphal
Tejpur
Itanagar
Shivsagar
Dibrugarh
Parashuramkund
Vatadrava
Agartala
Udaipur
Komilla
Dhaka
Yshohar
Chattgram
Mandalay
Brahmadesh (Mayanmar)
Rangoon
Shantiniketan
Navdweep
Calcutta
Khulna
Gangasagar
Jamshedpur
Ranchi
Parasnath
Raurkela
Bellor
Jaipur
Cuttak
Sambalpur
Bhuvaneshwar
Konark
Jagannathpuri
Chilka Lake
Chhatrapur
Jagdalpur
Mahendra Pravat
Shrikakulam
Vashakhapattanam
Vijaywada
Guntur
Machhalipattanam
Shrishalam
Udaygiri
Bhagyanagar (Hyderabad)
Warangal
Bidar
Gulbarga
Nanded
Parbhani
Yavatmal
Nagpur
Bhilai
Bolangir
Mahanadi (river)
Mandala
Amarkantak
Jabalpur
Bhandara
Panchmarhi
Sevagram
Amaravati
Remtek
Bhopal
Sanchi
Vidisha
Avantika (Ujjain)
Omkareshwar/Amaleshwar
Indore
Vindhyachal
Reva (Narmada) river
Vaitool
Ajanta
Ellora
Vashim
Ghrishneshwar
Devagiri
Paithan
Trayambakeshwar
Nasik
Shivneri
Bhimshankar
Bombay
Pune
Sinhgarh
Raigarh
Mahabaleshwar
Pandharpur
Bhima river
Krishna river
Godawari river
Dabami
Sahyadri
Pampasar (lake)
Panji
Shringeri
Udupi
Dharmasthala
Shravanbegol
Bangalore
Lepakshi
Kalhasti
Tirupati
Shri Harikola
Madras
Mahabalipuram
Kanchi
Mysore
Kaveri river
Tiruvannamalai
Pandya Chery
Tiruchirapalli
Shrirangam
Tanjavoor
Kumbhakonam
Madurai
Kozhikod
Guruvayur
Kaladi
Kavarati
Kochchi (Cochin)
Shabarimalai
Verkala
Tiruanantapuram
Rameshwaram
Dhanushkoti
Kanyakumari
Trincomalai
Anuradhapur
Shri Lanka
Malayagiri
Lakshadweep
Andaman & Nicobar
Port Blair
SINDHU SAGAR
GANGA SAGAR
HINDU MAHA SAGAR
Dwarika
Nageshwar
Porbandar
Junagarh
Somnath
Palitana
Surat
Kamawati (Ahmedabad)
Rana of Kachchha
Narayan Sarovar
Abu
Eklingaji
Nathdwara
Chittorgarh
Haldighati
Boondi
Kota
Ranthambhor
Guna
Narsinghgarh
Sarasvati river
Kweta
Khaibar Pass
Attak
Takshashila
Punja Saheb
Varahmool (Baramoola)
Amarnath
Shrinagar
Vaishnavi Devi
Jammu
Katasraj
Jvala Devi
Amritsar
Nanakana Saheb
Lavapur (Lahore)
Anandpur
Naina Devi
Shimla
Chandigarh
Yamunotri
Gangotri
Shiv Kila
Kailas
Niti Pass
Manasarovar
Badrinath
Nanda Devi
Rishikesh
Haridwar
Sarhind
Shatadru (Satalu) river
Vitasta (Jhelam) river
Sindhu river
Himalaya
Brahmaputra river
Ganga river
Dhaulagiri
Dhangarhi
Index
Jyotirlinga
Dhaama
Peak
Historical/Holi Place
Pass
Mountain
River
Lake

Cachemire

UN DEMI-SIÈCLE D'AFFRONTEMENTS

Le conflit du Cachemire remonte à la partition de l'Inde britannique, en 1947. Le prince hindou qui dirige alors cet État où vit une majorité de musulmans refuse de choisir entre l'Inde et le Pakistan. Depuis, les deux pays revendiquent leur souveraineté sur ce territoire. En 1948, les armées indienne et pakistanaise s'affrontent. À la demande de l'Inde, l'ONU négocie un cessez-le-feu entre les belligérants en 1949. Une ligne de contrôle est établie, qui divise *de facto* le Cachemire en deux. Les deux tiers orientaux forment l'État fédéré indien du Jammu-et-Cachemire, tandis que le Pakistan administre le dernier tiers, qui comprend deux entités : le Cachemire « libre » et les Territoires du Nord. Une nouvelle guerre éclate en 1965, mais ne change pas fondamentalement la situation sur le terrain. L'Inde n'a jamais organisé le référendum d'autodétermination tel qu'il était prévu dans l'accord signé avec les Nations unies, et, depuis 1989, des militants islamiques mènent des actions de guérilla contre les intérêts indiens. Plusieurs dizaines de milliers de personnes ont été tuées dans les attentats et dans les opérations de répression lancées par l'armée indienne. L'Inde accuse le Pakistan de soutenir et d'encourager ces militants islamistes. En 1999, les deux armées se sont à nouveau combattues, dans les neiges du plateau de Kargil. Depuis début 2004 et la mise en application d'un accord de cessez-le-feu, les deux pays se sont rapprochés. Le « train de l'amitié » qui traverse la frontière est d'ailleurs le symbole de ce réchauffement, malgré l'attentat qui y a été commis en 2007. Cette évolution est notamment liée à un déplacement de la violence, de nombreux groupes djihadistes ayant gagné les zones tribales frontalières de l'Afghanistan.

[> DÉCRYPTAGE <]

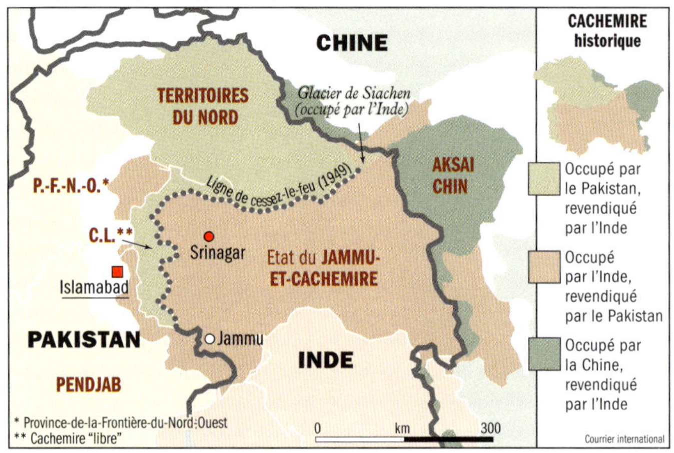

vu d'ARABIE SAOUDITE

Tirée d'un manuel scolaire saoudien, cette carte montre le Cachemire comme un État indépendant à part entière. Traduction du texte qui l'accompagne : « Cher étudiant, tu sais que notre céleste guide a toujours défendu les causes de l'islam sans limites et tu sais aussi que l'impérialisme anglais a vendu le Cachemire aux hindous. »

Plusieurs détails significatifs sont à relever sur cette carte pakistanaise. Le district de Gilgit, qui fait partie intégrante du Cachemire historique, est intégré au territoire pakistanais. On y voit tout d'abord une province du Jammu-et-Cachemire (dénomination également utilisée par les Indiens) qui est associée au Pakistan avec la mention « territoires disputés », sans qu'apparaisse la ligne de cessez-le-feu ni que soit montrée la partie contrôlée par l'Inde. Curieusement, les noms des deux provinces contrôlées par le Pakistan – le Cachemire « libre » et les Territoires du Nord – ne sont pas mentionnés. Quant aux parties du Cachemire historique qui ont été annexées par la Chine, elles sont indiscernables. L'Aksai Chin est habilement caché par un encadré de texte !

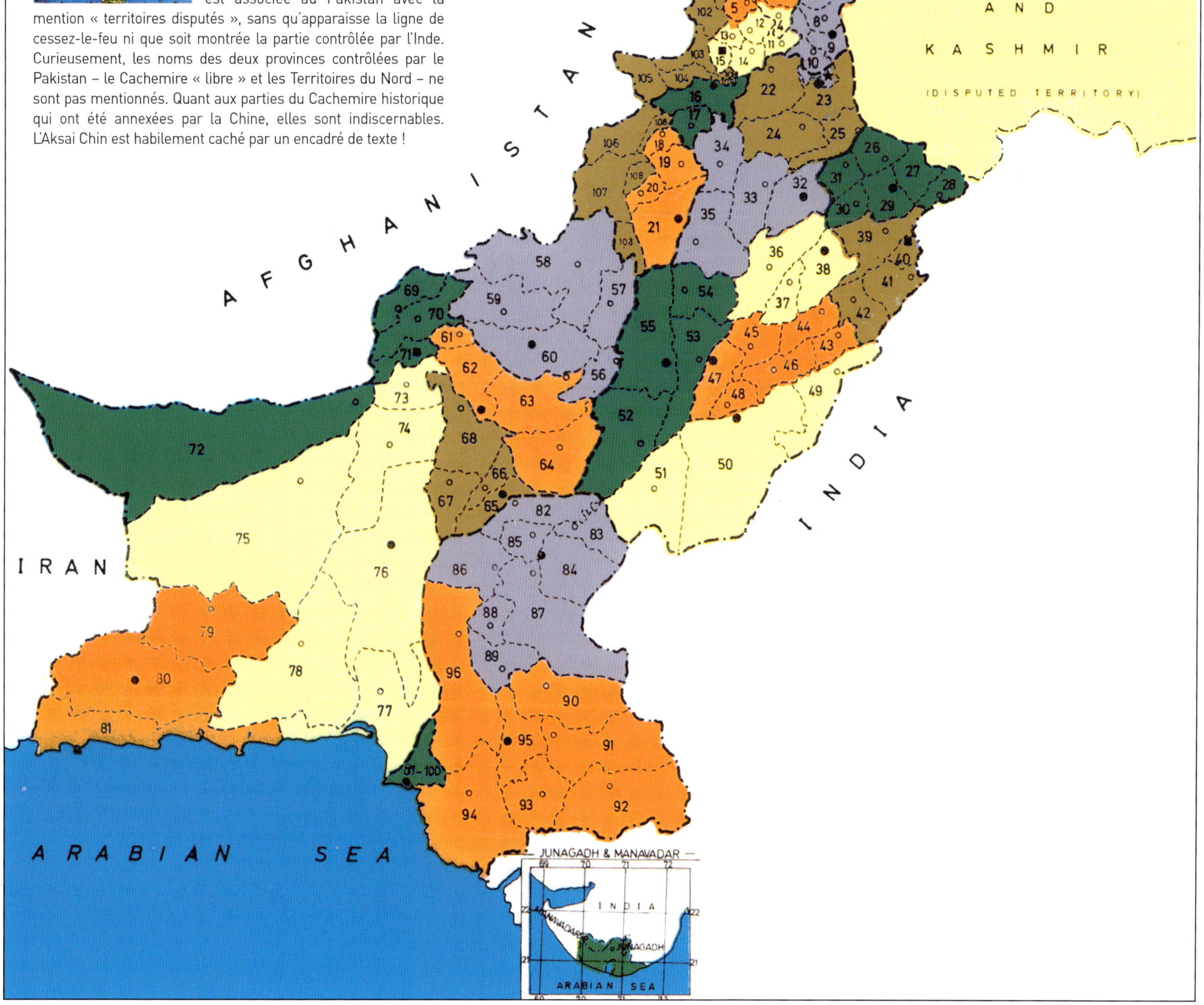

vu d'INDE

STATEWISE AREAS
Total Area – 32,87,263 sq. km.
Scale : 1 : 14,000,000
Kilometres 100 50 0 100 200 300 Kilometres
1cm = 140 km.
REFERENCES
Boundaries : international, state, district
Headquarters : country, state, district
TAJIKISTAN
AFGHANISTAN
KABUL
PESHAWAR
ISLAMABAD
PAKISTAN
LAHORE
CHINA
TIBET
NEPAL
KATMANDU
THIMPU
BHUTAN
BANGLADESH
DHAKA
MYANMAR
MANDALAY
AKYAB
INDIA
JAMMU AND KASHMIR
SRINAGAR
HIMACHAL PRADESH
SHIMLA
PUNJAB
CHANDIGARH
HARYANA
UTTARANCHAL
DEHRA DUN
DELHI
NEW DELHI
UTTAR PRADESH
LUCKNOW
RAJASTHAN
JAIPUR
GUJARAT
GANDHINAGAR
Tropic of Cancer
MADHYA PRADESH
BHOPAL
CHHATTISGARH
RAIPUR
BIHAR
PATNA
JHARKHAND
RANCHI
WEST BENGAL
KOLKATA
ORISSA
BHUBANESHWAR
MAHARASHTRA
MUMBAI
HYDERABAD
ANDHRA PRADESH
GOA
PANAJI
KARNATAKA
BANGALORE
CHENNAI
TAMIL NADU
PONDICHERRY(PUDUCHCHERI)
KERALA
THIRUVANANTHAPURAM
SIKKIM
GANGTOK
ARUNACHAL PRADESH
ITANAGAR
ASSAM
DISPUR
MEGHALAYA
SHILLONG
NAGALAND
KOHIMA
MANIPUR
IMPHAL
MIZORAM
AIZAWL
TRIPURA
AGARTALA
DIU
DAMAN
SILVASSA
DADRA & NAGAR HAVELI
LAKSHADWEEP (INDIA)
KAVARATTI I
Minicoy I
ANDAMAN & NICOBAR ISLANDS (INDIA)
PORT BLAIR
North Andaman
Middle Andaman
South Andaman
Little Andaman
Car Nicobar I
Little Nicobar
Great Nicobar
Indira Point
SRI LANKA
COLOMBO
JAFFNA
ANURADHAPURA
MALDIVES
ARABIAN SEA
BAY OF BENGAL
INDIAN OCEAN
GULF OF KACHCHH
GULF OF KHAMBHAT
GULF OF MANNAR
NINE DEGREE CHANNEL
EIGHT DEGREE CHANNEL
TEN DEGREE CHANNEL
DUNCAN PASSAGE
GREAT CHANNEL
Palk Strait
Cape Comorin (Kanniyakumari)
INDUS
E of Greenwich

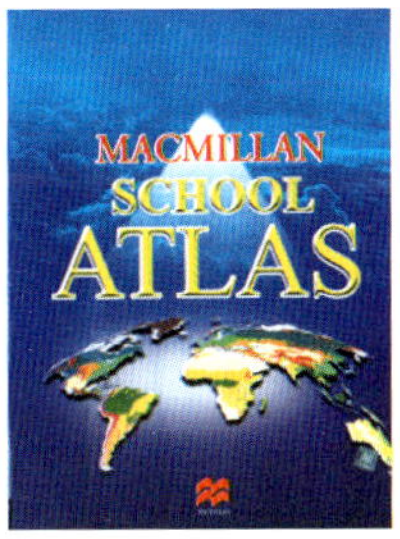

Cette carte indienne, tirée du *Macmillan School Atlas*, attribue l'ensemble du Cachemire historique à l'Union indienne. Dès lors, elle n'indique pas la ligne de cessez-le-feu (« ligne de contrôle ») et ne mentionne pas les territoires effectivement contrôlés depuis longtemps par le Pakistan et par la Chine.

Il n'est pas fait mention du district chinois de l'Aksai Chin, revendiqué par l'Inde.

> traduction >

vu de CHINE

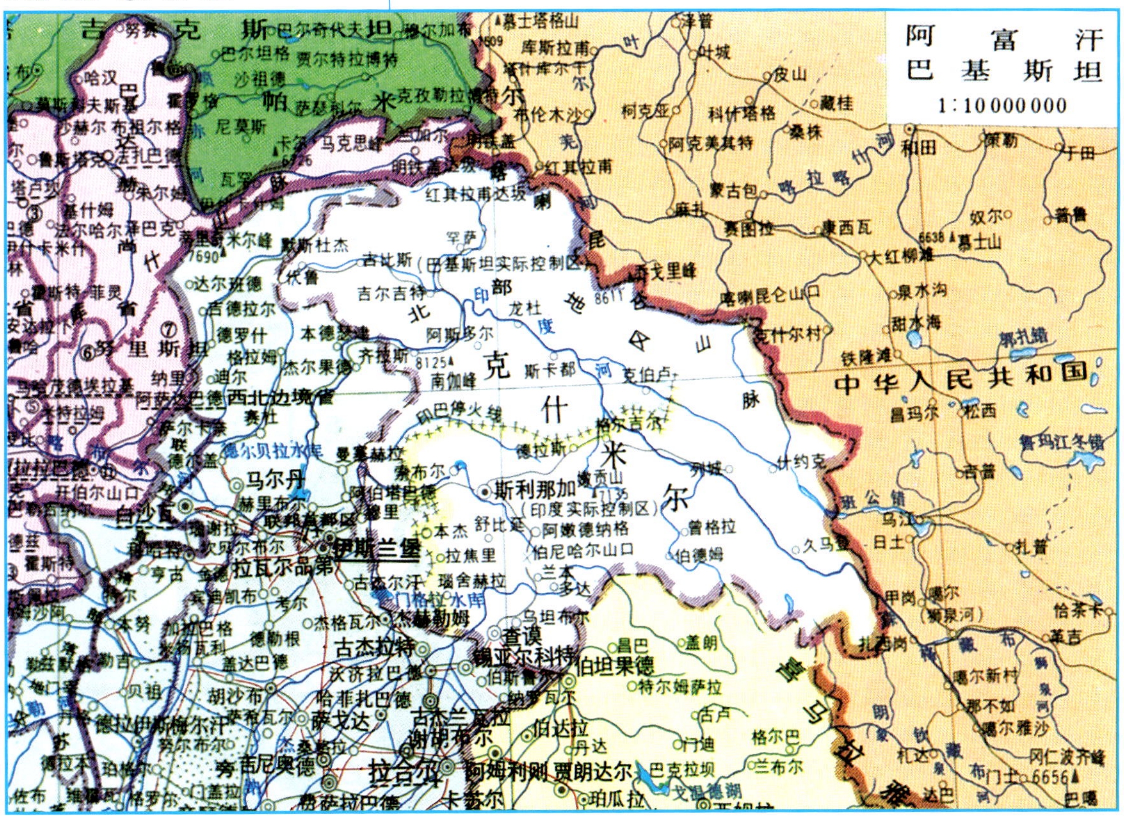

La carte chinoise « Zuixin Shijie Dituji » figure le Cachemire historique sous forme de surface blanche, afin de ne pas l'attribuer « graphiquement » à l'Inde ou au Pakistan. Cette zone non attribuée est toutefois divisée par la ligne de cessez-le-feu. Et elle est bien évidemment privée des deux territoires qui ont été annexés par la Chine : celle-ci s'est emparée du plateau de l'Aksai Chin au terme d'un conflit qui l'a opposée à l'Inde en 1962. Et elle a acquis auprès du Pakistan les quelque 5 000 kilomètres carrés de la vallée de Shaksgam, dans la chaîne du Karakoum, afin d'établir une liaison entre le Xinjiang et le Tibet.

ENTRE DEUX GÉANTS

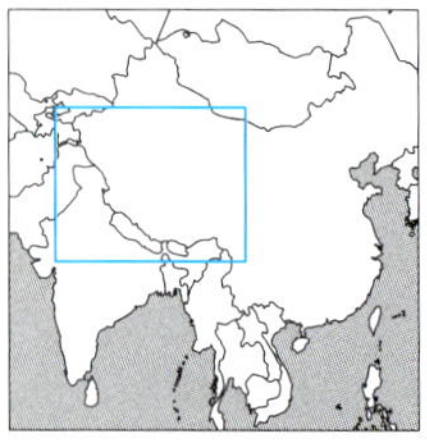

À la fin du XIXe siècle et pendant toute la première moitié du XXe siècle, l'Inde coloniale et la Chine ont considéré le Tibet comme une zone tampon. Faible et isolé, celui-ci semblait condamné à être englouti par l'un ou par l'autre. De fait, les troupes chinoises y sont entrées en 1950 pour l'intégrer au territoire de la République populaire de Chine, au nom d'une suzeraineté séculaire. L'Inde, qui a longtemps rechigné à prendre position sur cette annexion, a accueilli en 1959 le dalaï-lama et son gouvernement en exil, qui se sont installés à Dharamsala, dans le nord du pays. New Delhi ne s'est pas pour autant prononcé en faveur de l'indépendance du Tibet, alors réclamée par la communauté de réfugiés vivant sur son sol. Depuis la guerre sino-indienne de 1962, à l'issue de laquelle la Chine a annexé l'Aksaï Chin, une portion de territoire du Cachemire indien stratégiquement importante pour Pékin dans la mesure où elle permet de relier le Tibet au Xinjiang par une route, les relations se sont considérablement améliorées entre Pékin et New Delhi.

Le fait que le dalaï-lama ait abandonné, en 1989, la revendication d'une indépendance complète pour son pays et ne réclame plus désormais qu'une autonomie élargie au sein de la République populaire de Chine a simplifié la situation diplomatique des Indiens et a favorisé le dialogue avec les Chinois. Le gouvernement indien a fini par reconnaître, en 2003, que la région autonome du Tibet (RAT) faisait partie intégrante de la Chine. La Chine, pour sa part, a reconnu que l'ancien protectorat anglais du Sikkim était bel et bien un État de l'Union indienne. Des pourparlers frontaliers ont débouché sur la réouverture du col de Nathu La, en juillet 2006, qui sépare l'état indien du Sikkim de la région autonome du Tibet. Ce geste symbolise le réchauffement des relations entre Chine et Inde. Les deux géants asiatiques sont condamnés à s'entendre et ont réglé définitivement le tracé de leurs frontières.

Toutefois, le plateau de l'Aksaï Chin perdu par les Indiens durant la guerre de 1962 demeure litigieux. Si le *statu quo* politique existe, sur le terrain, dans les hauteurs de l'Himalaya, la situation est plus complexe. Les Indiens redoutent les incursions et le grignotage du territoire par les troupes chinoises situées à la frontière.

Le Népal (par où transitent pratiquement tous les Tibétains qui se réfugient en Inde) a également maintenu pendant des décennies une position ambiguë afin de préserver de bonnes relations avec Pékin, tout en restant fidèle à ses affinités culturelles avec les Tibétains. Katmandou avait toujours fermé les yeux sur le passage des réfugiés par son territoire, mais cette attitude pragmatique a changé au cours des dernières années. C'est ainsi que des réfugiés tibétains ont été refoulés vers le « sol chinois ». En janvier 2005, le bureau de représentation du gouvernement tibétain à Katmandou a été fermé, de même que les services d'aide aux réfugiés tibétains, probablement sous la pression chinoise.

[> DÉCRYPTAGE <]

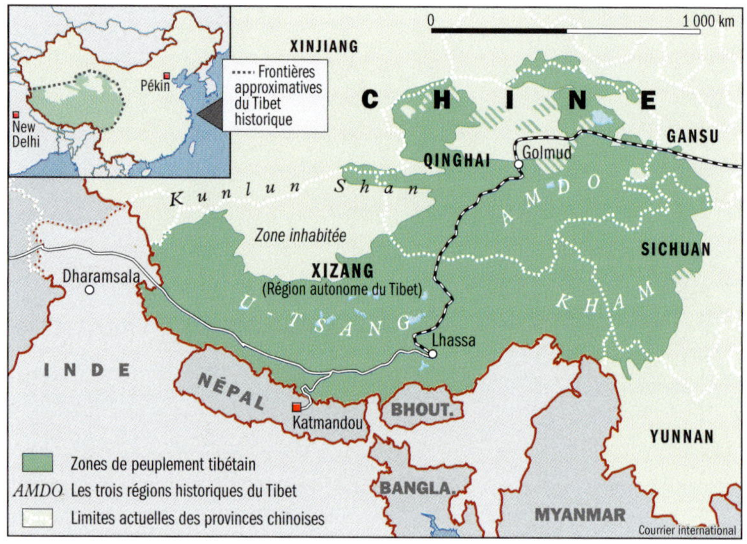

< traduction <

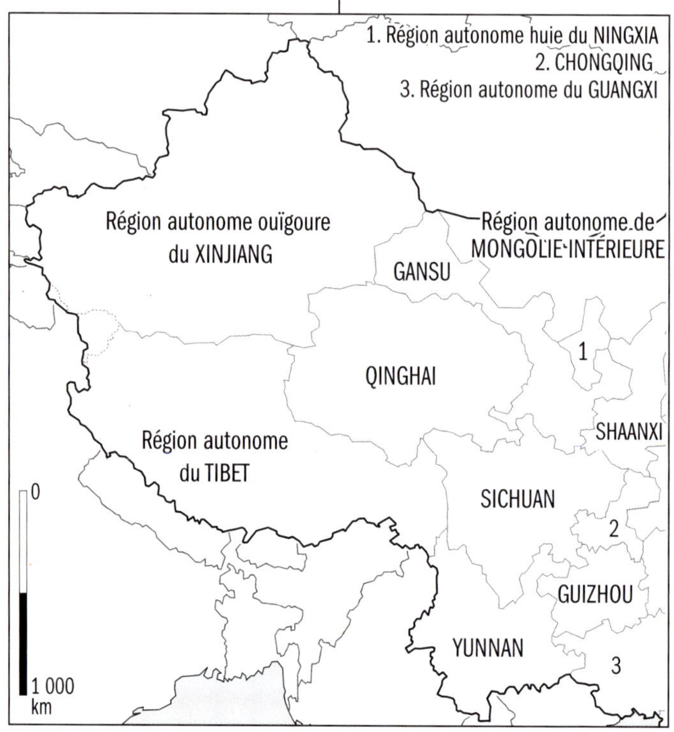

vu de CHINE

La carte de la République populaire de Chine que l'on peut trouver dans le *Zhongguo Dituji* (« Atlas de Chine ») comporte dans sa partie ouest une « région autonome du Tibet » (RAT), qui a été créée par les autorités de Pékin en 1965. Cette entité administrative ne recouvre aujourd'hui qu'une portion du Tibet historique, à savoir essentiellement le Tibet central, ainsi qu'une petite partie de l'Amdo, au nord, et du Kham, à l'est. Le reste du territoire de ces provinces traditionnelles tibétaines est actuellement éclaté et incorporé dans des « préfectures autonomes tibétaines », qui sont des sous-divisions administratives des provinces chinoises du Qinghai, du Gansu, du Sichuan et du Yunnan.

vu d'INDE

La carte indienne replaçant l'Union dans sa région montre des frontières nord-est bien définies avec le grand voisin chinois, alors que les conflits frontaliers sont nombreux (voir Cachemire). Sous le mot Chine, on peut voir « Tibet ». L'ambiguïté de cette représentation permet de considérer le Tibet comme partie intégrante de la Chine (lecture prochinoise) ou bien comme une entité dominée par la Chine (lecture pro-indépendantiste).

Carte extraite du Macmillan School Atlas.

vu par LES INDÉPENDANTISTES

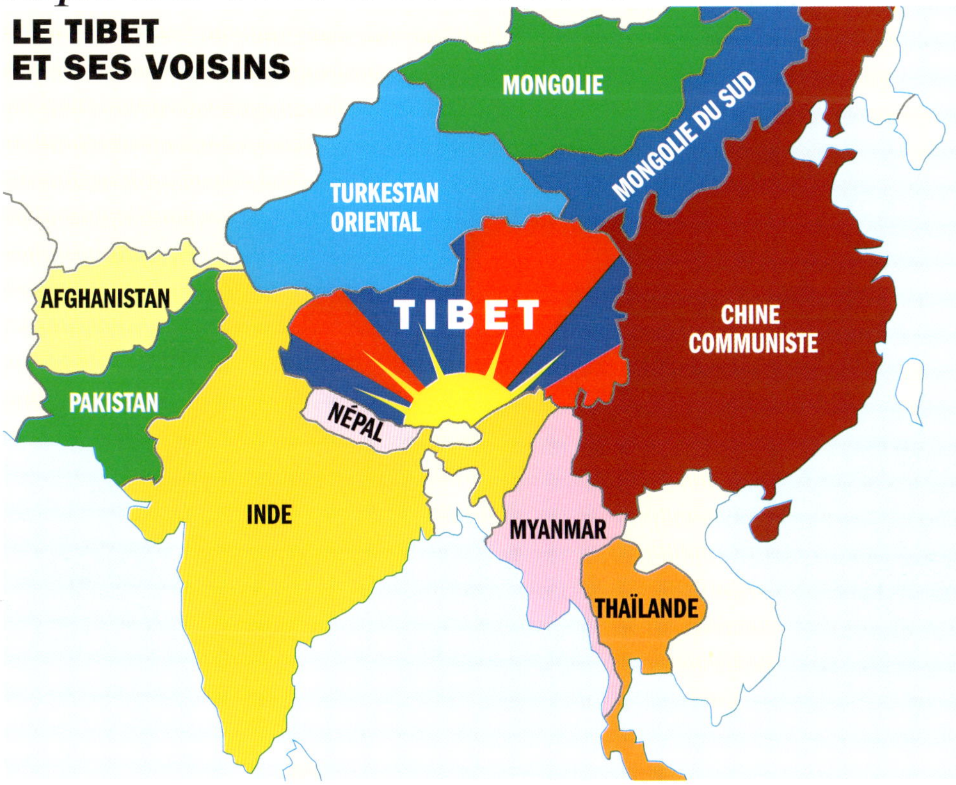

Le territoire du Tibet historique est ici replacé dans le contexte régional d'un point de vue militant, radicalement indépendantiste et opposé à la « voie moyenne » d'une possible autonomie dans le cadre de la Chine, désormais acceptée par le gouvernement en exil. Cette carte montre « la Chine et ses colonies : Mongolie du Sud, Turkestan oriental et Tibet » (correspondant aux régions autonomes de Mongolie-Intérieure, ouïgoure du Xinjiang, et au Tibet historique de la République populaire). La « Chine communiste » ici représentée est peu ou prou le territoire chinois majoritairement peuplé de Han.

vu de DHARAMSALA

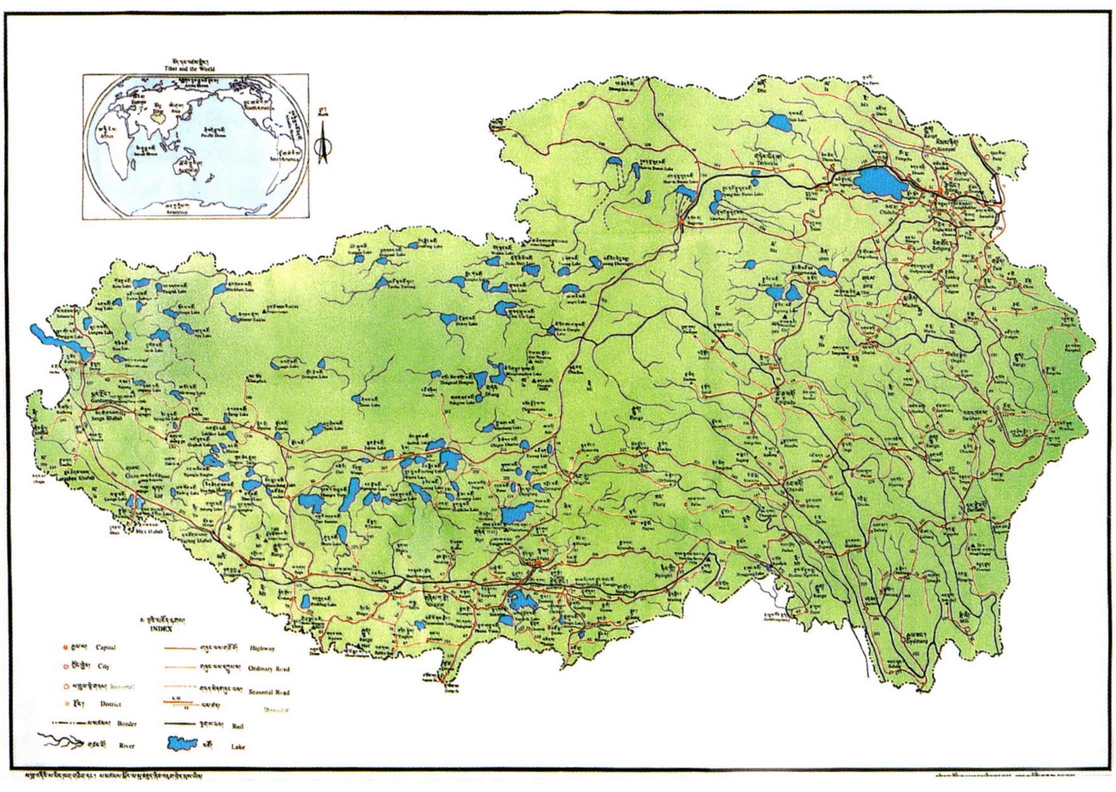

Cette carte produite par le Research and Analysis Centre du gouvernement en exil présente le découpage administratif traditionnel du Tibet historique avec ses trois régions : U-Tsang (Tibet central), comprenant la capitale Lhassa ; l'Amdo, au nord ; et le Kham, à l'est. Avant 1959, le gouvernement de Lhassa, avec le dalaï-lama à sa tête, était en principe le siège du pouvoir central. Son autorité était toutefois nettement moindre dans les provinces de l'Amdo et du Kham, où il était représenté par un gouverneur. Ce découpage correspond plus ou moins à des particularismes culturels et linguistiques.

Mer de Chine

DES BOUTS DE ROCHERS TRÈS CONVOITÉS

Les minuscules archipels des Spratly et des Paracel, en mer de Chine méridionale, font rêver les grands pays qui les entourent. La Chine, le Vietnam, les Philippines, Taïwan et la Malaisie, sans oublier le richissime sultanat de Brunei, prétendent tous avoir des droits sur tout ou une partie de ces quelque deux cents îlots et récifs coralliens. Pourquoi un tel intérêt ? Parce qu'ils ont une localisation stratégique – non loin des principales routes maritimes de la région – et parce que leur possession permet de s'approprier un immense espace océanique, avec des eaux très poissonneuses et surtout des fonds marins que l'on soupçonne d'abriter des réserves pétrolières abondantes.

La Chine au XVᵉ siècle, puis le Vietnam au XVIIᵉ siècle ont été les premiers à revendiquer la souveraineté sur l'ensemble de ces îlots. Il faut attendre la défaite japonaise en 1945 pour que la dispute territoriale rebondisse avec l'occupation des différentes îles par des troupes venues de Chine, de Taïwan, des Philippines ou du Vietnam. C'est ainsi que l'on passe du stade de la revendication – qui, certes, prend parfois un ton menaçant – à celui de la confrontation militaire, lorsque des forces militaires chinoises délogent les Vietnamiens des Paracel, en janvier 1974, puis s'établissent dans les îles Spratly l'année suivante. Pendant une décennie, Chinois et Vietnamiens s'affronteront militairement sur le terrain, tandis que les autorités de Hanoi tenteront sans succès de s'entendre avec leurs homologues philippines.

En 1991, la reprise des relations diplomatiques entre Pékin et Hanoi amène les deux pays à réduire les risques de confrontation militaire, sans pour autant apporter de solutions satisfaisantes à la question territoriale. Dès lors, chacune des parties se comporte en puissance souveraine. En 1992, la Chine accorde un permis de recherches pétrolières à une entreprise américaine. Et, deux ans plus tard, en avril 1994, la marine vietnamienne escorte un navire d'exploration pétrolière chinois hors de « ses » eaux territoriales des Spratly – sans entraîner de réaction virulente de la part de Pékin. Afin d'apaiser les tensions, la Chine et les dix pays membres de l'Association des nations de l'Asie du Sud-Est (ANASE) ont signé un code de bonne conduite en novembre 2002. Mais aucune obligation légale ne découle de cette déclaration. La preuve : le Vietnam a depuis lors entamé la rénovation d'un aéroport sur l'une des îles de l'archipel des Spratly, Taïwan y a installé des constructions légères, la Chine a continué à placer des bornes frontalières et la marine philippine a multiplié les manœuvres dans ces eaux contestées. À la fin de 2007, la décision de Pékin de créer une ville nouvelle responsable de l'administration des archipels des Spratly et des Paracel a réactivé les tensions avec le Vietnam et les Philippines.

[> DÉCRYPTAGE <]

Revendications maritimes en mer de Chine méridionale

- brunéiennes
- chinoises et taïwanaises
- malaisiennes
- philippines
- vietnamiennes

- Limites ayant fait l'objet d'accord entre les Etats
- Lignes d'équidistance (approximatives)

Abréviation :
BR. Bruneï

vu du VIETNAM

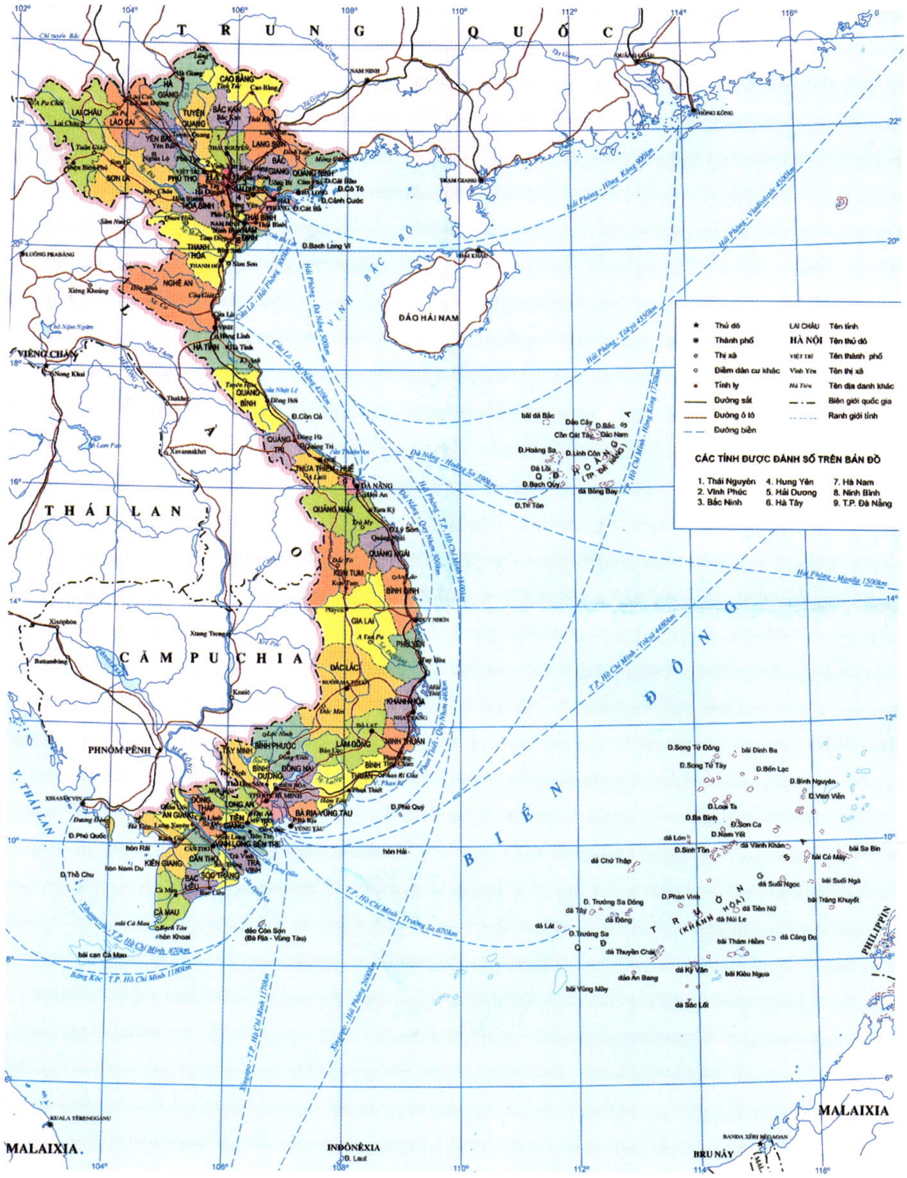

Comme la Chine, la république socialiste du Vietnam estime avoir depuis plusieurs siècles des droits sur ces îlots situés à 450 kilomètres de ses côtes. Les Spratly, qui figurent sur la carte politique du Vietnam, sont considérées comme une extension *offshore* de la province de Khanh Hoa. Le Vietnam estime également que la France, ancienne puissance colonisatrice, lui a transmis ses droits sur cette zone. Mais le traité de paix signé en 1954 ne mentionne pas ces îles et la position vietnamienne est affaiblie par la reconnaissance, en 1958, de la souveraineté chinoise par le Premier ministre Pham Van Dong. Signalons en outre que le Vietnam a organisé en 2004 des voyages touristiques sur l'île de Truong Sa (ou Grande Spratly).

*vu d'*INDONÉSIE

La souveraineté de l'Indonésie sur les îles de Natuna est demeurée longtemps incontestée – jusqu'à la publication par la Chine, au début des années 1990, d'une carte pouvant laisser supposer que les Chinois avaient des revendications sur ces îles. Malgré les déclarations rassurantes de Pékin, l'Indonésie a organisé par la suite des manœuvres militaires autour de Natuna et mis en place un programme de peuplement des îles qui délimitent ses frontières. « Nous allons repeupler ces îles pour assurer notre souveraineté sur ces territoires », affirmait ainsi, en juin 2003, un fonctionnaire du ministère indonésien de la Main-d'œuvre et des Migrations au *Jakarta Post*.

Carte extraite d'Indonesia dan Dunia (« L'Indonésie et le monde »)

vu de CHINE

Dès la page de garde, l'Atlas chinois *Zhongguo Dituji* (« Atlas de Chine ») affiche la couleur. Les archipels des Spratly et des Paracel sont indiqués sous forme de petites taches noires soulignant que la souveraineté de la République populaire de Chine sur ces zones est sans équivoque. Les revendications chinoises se fondent sur des manuscrits qui évoquent ces îles comme étant chinoises et sur le fait que des pièces de monnaie et des poteries datant de la dynastie Han ont été trouvées sur ces îlots. L'armée chinoise patrouille régulièrement dans ces zones et y place des bornes frontalières.

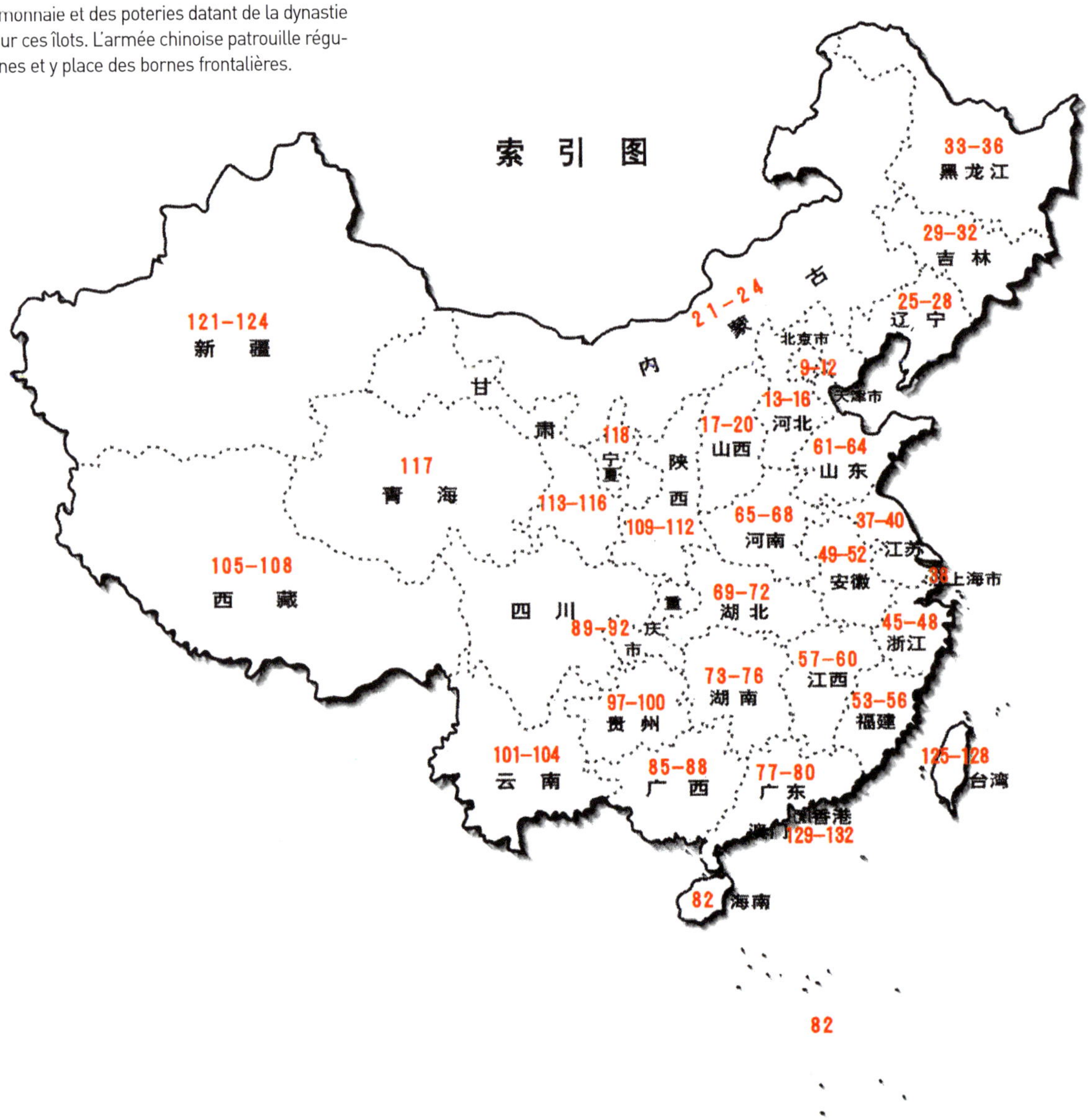

Archipel des Spratly
En mer de Chine méridionale, le commando de la République populaire de Chine marquant le territoire.

Chine/Taïwan

UN PAYS, DEUX VISIONS

Qu'elles soient imprimées à Pékin ou à Taipei, les cartes de la Chine présentent l'île de Taïwan comme partie intégrante du territoire national. Ce traitement est conforme à la politique de Pékin, qui désire récupérer l'île où se réfugia le gouvernement nationaliste de Chiang Kai-shek après sa défaite face aux troupes communistes, en 1949. Et il satisfait le dogme taïwanais selon lequel l'île abrite le siège « provisoire », en attendant la réunification, du gouvernement légitime de la Chine.

En accord avec cette fiction, la carte taïwanaise donne une représentation des territoires qui remonte aux années 1930. Elle présente un espace continental sensiblement plus étendu que dans la réalité actuelle. Une partie des frontières terrestres avec le Tadjikistan, l'Afghanistan, le Pakistan, l'Inde et la Birmanie y reste indéfinie (alors que la République populaire de Chine estime avoir pour l'essentiel fixé ces frontières). Au sein même de la Chine, le découpage administratif, presque identique à celui de la Chine populaire pour ce qui est des provinces « de l'intérieur », varie nettement en ce qui concerne les régions ethniquement non chinoises que sont la Mongolie et le Tibet.

[> DÉCRYPTAGE <]

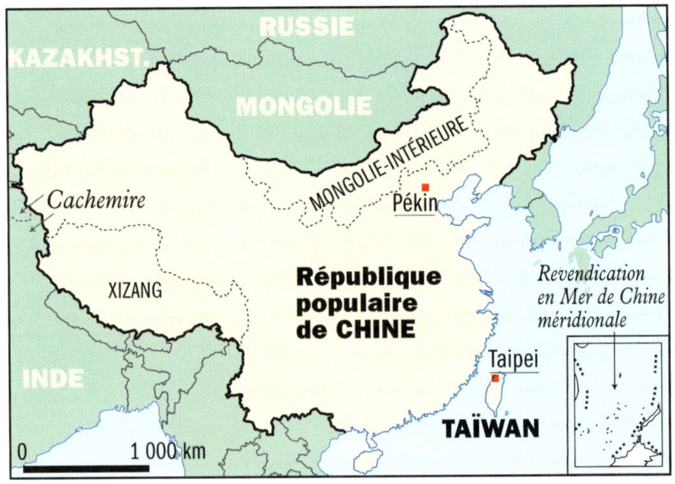

vu de CHINE POPULAIRE

Ce puzzle éducatif, réalisé en mousse, se fonde sur le découpage administratif actuel de la République populaire de Chine. Sous chaque nom de province et de région autonome est porté le nom traditionnel de la région. Le titre *Ai wo Zhonghua* peut se traduire par « Aimer la patrie chinoise ». L'île de Taïwan, au sud-est du continent, est traitée comme celle de Hainan, plus au sud, c'est-à-dire comme une province faisant partie intégrante du territoire de la République populaire.

vu de TAÏWAN

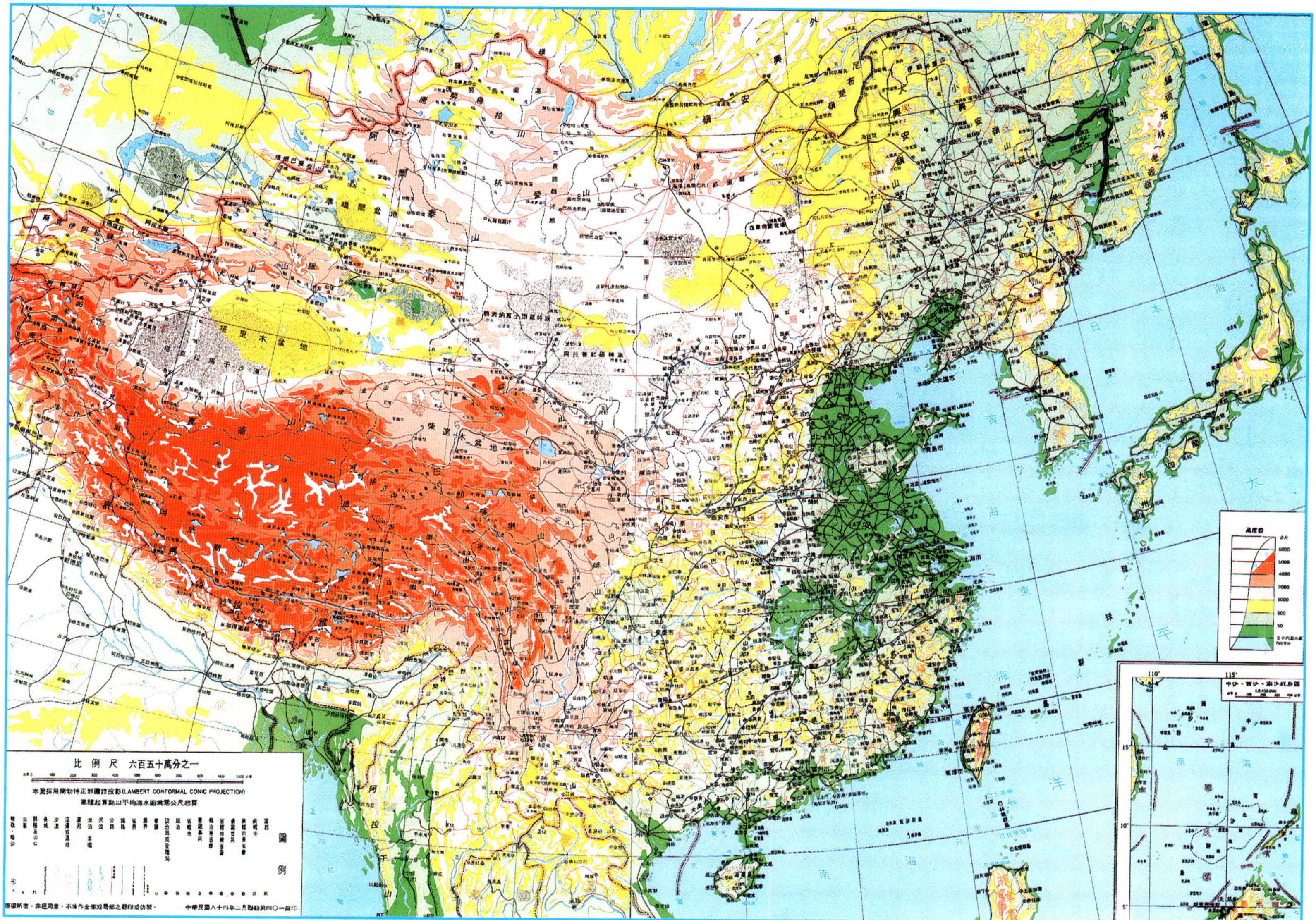

Cette carte, publiée à Taïwan en 1995, définit les frontières de la Chine et le découpage administratif de la Chine en incluant Taïwan, ainsi que les archipels de la mer de Chine méridionale (voir page 88). Elle inclut également le territoire de la Mongolie, dont le gouvernement nationaliste n'a jamais reconnu l'indépendance. Aucune ville n'est marquée comme capitale, mais Pékin est notée de deux manières : Beijing (son nom actuel en chinois) et Beiping, nom donné à la capitale par Sun Yat-sen aux premiers temps de la République de 1911. On observe en outre la présence de deux « provinces » tibétaines, dénommées Xizang et Xikang, dont le tracé date de la fin des années 1920, après la création de la province du Qinghai, en 1928, sur le territoire de l'Amdo .

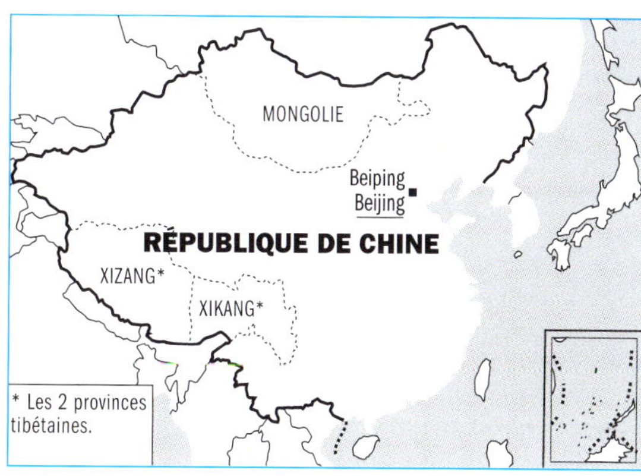

< traduction <

LA CORÉE DU NORD EXISTE-T-ELLE VRAIMENT ?

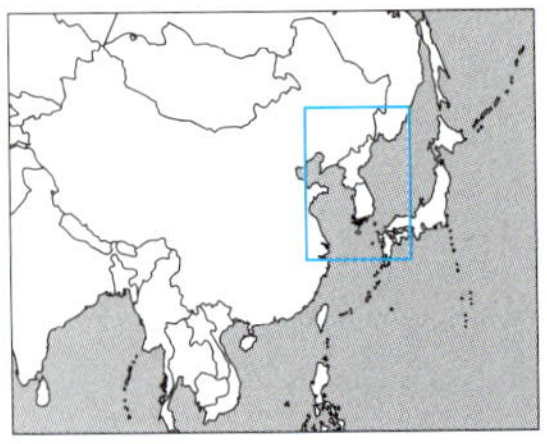

La partition de la Corée s'est amorcée avec la défaite du Japon, en 1945, à l'issue de la Seconde Guerre mondiale, lorsque le pays, libéré d'une colonisation japonaise qui durait depuis trente-six ans, a été placé sous la tutelle des grandes puissances victorieuses : le contrôle militaire de la zone sud a été attribué aux États-Unis et celui de la zone nord à l'Union soviétique. La république de Corée est ensuite proclamée le 15 août 1948, tandis que la République démocratique populaire de Corée, au nord du 38e parallèle, voit le jour un mois plus tard. L'armistice de juillet 1953, qui met fin aux trois années de la guerre de Corée, pérennise la ligne de démarcation déjà tracée entre les deux États et y crée une zone démilitarisée.

Mais, aujourd'hui encore, la loi sur la sécurité nationale sud-coréenne ne reconnaît pas la Corée du Nord comme un État. Cette loi – qui est quelque peu déconnectée des réalités, du fait de la détente amorcée en 2000 entre les deux pays – définit en effet le gouvernement de Pyongyang comme une « organisation antiétatique ». C'est pour cette raison que certaines cartes à caractère officiel conçues dans le Sud (et généralement titrées « Géographie de notre pays ») représentent l'ensemble de la péninsule, sans indiquer la frontière intercoréenne. La même logique explique que, sur ces cartes, les divisions administratives de la Corée du Nord sont celles qui étaient en vigueur avant la guerre, et non pas celles qui existent réellement. C'est ainsi que la partie nord, sur ces documents, est divisée en cinq provinces, alors qu'en fait il y en a neuf et que certains noms de lieux ne correspondent pas à ceux des cartes nordistes…

[> DÉCRYPTAGE <]

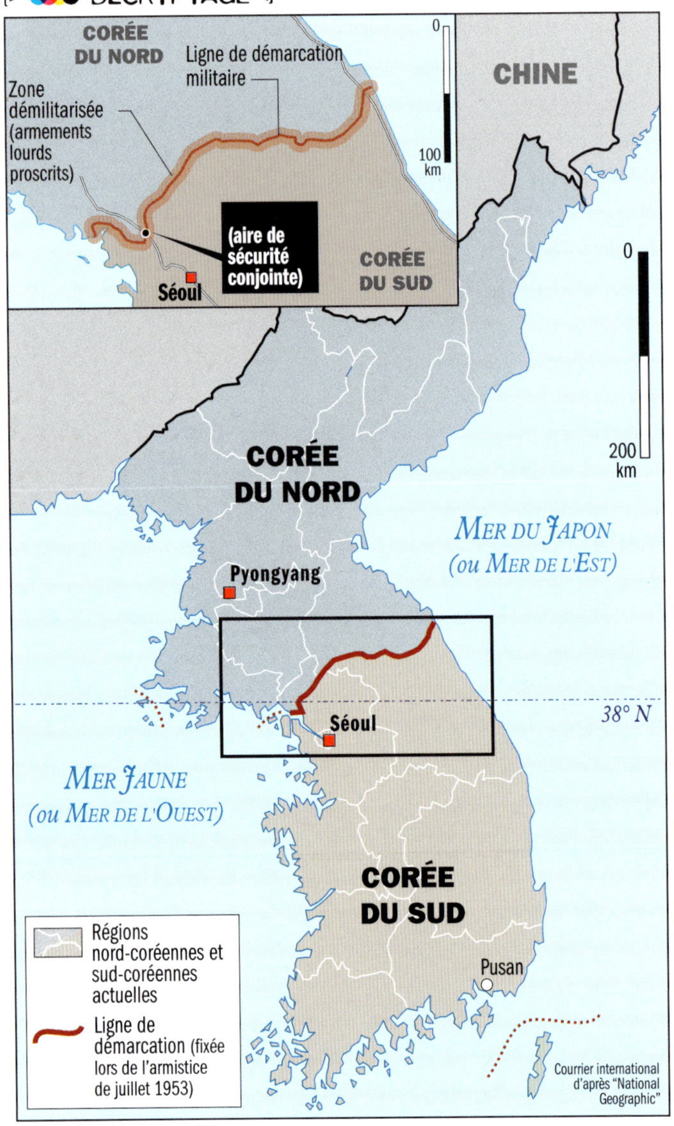

vu de SÉOUL

Sur cette carte sud-coréenne extraite du *Yoksabudo* (« Atlas historique »), les deux Corées sont rassemblées sous l'appellation unique de Taehan-min'guk, nom qui a été adopté en 1948 par le gouvernement de Séoul. Ce dernier ne reconnaissant pas son homologue du Nord, la frontière intercoréenne a été « oubliée ». Quant aux divisions administratives de la partie nord, elles reprennent l'organisation de 1944, avec cinq provinces, alors qu'il y en a actuellement neuf (Hwanghae-Sud, Hwanghae-Nord, Kangwon, Pyongan-Sud, Pyongan-Nord, Chagang, Yanggang, Hamgyong-Sud, Hamgyong-Nord).

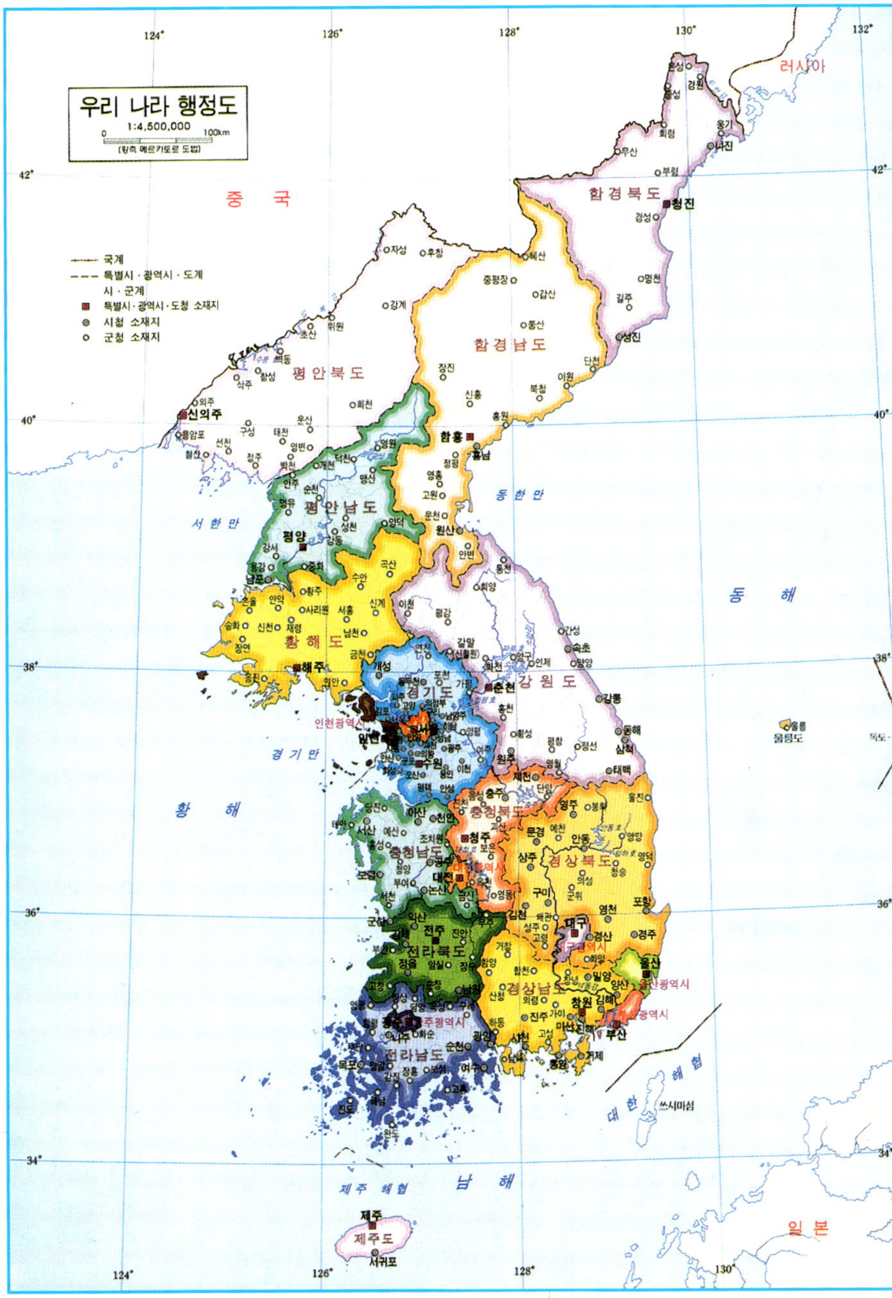
우리 나라 행정도
1:4,500,000
국계
특별시 · 광역시 · 도계
시 · 군계
특별시 · 광역시 · 도청 소재지
시청 소재지
군청 소재지
중 국
러시아
함 경 북 도
함 경 남 도
평 안 북 도
평 안 남 도
황 해 도
강 원 도
경 기 도
충 청 북 도
충 청 남 도
경 상 북 도
경 상 남 도
전 라 북 도
전 라 남 도
제주도
동 해
황 해
남 해
서 한 만
동 한 만
경 기 만
대 한 해 협
제 주 해 협
일 본
평양
청진
함흥
춘천
대구
부산
제주

> traduction >

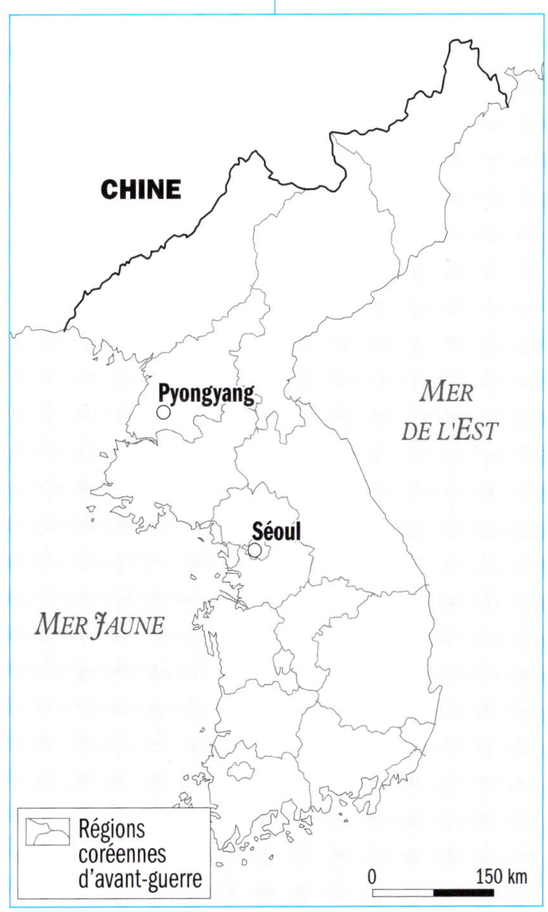
CHINE
Pyongyang
Séoul
MER DE L'EST
MER JAUNE
Régions coréennes d'avant-guerre
0
150 km

Mer de l'Est

DEUX NOMS POUR LA MÊME MER

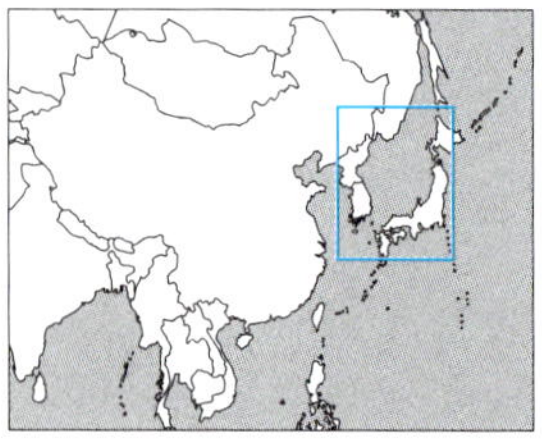

Quel est le nom de la mer qui sépare l'archipel japonais du continent asiatique et de la péninsule coréenne ? « Mer du Japon » ou « mer de l'Est » ? Cette querelle oppose les diplomates japonais à leurs homologues des deux Corées depuis plus d'une décennie. C'est en 1992, lors de la conférence des Nations unies sur la normalisation des noms géographiques, que la république de Corée et la République populaire démocratique de Corée (Corée du Nord) ont proposé pour la première fois l'adoption de l'appellation mer de l'Est. Et l'affaire a connu un rebondissement en 2002, lorsque l'Organisation hydrographique internationale (OHI) a adressé à ses 72 pays membres un courrier demandant leur opinion sur cette question délicate, en vue d'établir une nouvelle édition de l'atlas des *Limites des océans et des mers* (qui n'a toujours pas été finalisée). Le gouvernement sud-coréen explique que la dénomination « mer du Japon » s'est imposée dans le monde à l'époque où la péninsule était colonisée par le Japon impérial. Et que les expressions « mer de l'Est », « mer Orientale » ou encore « mer de Corée » sont plus anciennes (on les trouve, surtout les deux dernières, sur les cartes européennes du XVIIIe siècle). Les Coréens font notamment remarquer que l'OHI a officiellement enregistré « mer du Japon » en 1929, en pleine période coloniale, c'est-à-dire à une époque où toute protestation de la part des Coréens était impossible.

Tokyo, de son côté, estime que le terme « mer du Japon » est au moins aussi ancien que les expressions défendues par les Coréens. Il s'est particulièrement imposé sur les cartes européennes – comme celle de l'explorateur Jean-François de La Pérouse – dès la fin du XVIIIe siècle. Donc bien avant la période expansionniste du Japon.

Avec un tel argumentaire, la querelle a de beaux jours devant elle…

vu de CORÉE

Notons que la mer située à l'est de la péninsule est baptisée Tonghae, c'est-à-dire « mer de l'Est ». Cette dénomination figure sur toutes les cartes coréennes. Documents historiques à l'appui, les Coréens militent pour que soit révisée l'appellation « mer du Japon ». À défaut de l'obtenir, ils réclament une formule mixte au minimum, « mer de l'Est – mer du Japon ».

vu du JAPON

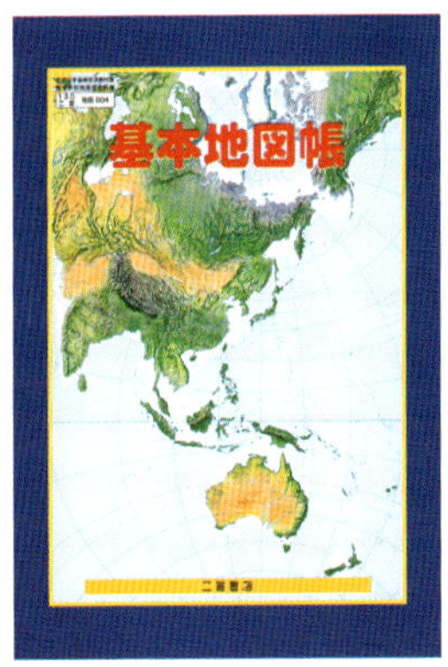

Pour les Japonais, la mer qui s'étend entre leur archipel et le continent asiatique s'appelle depuis toujours « mer du Japon ». Et cette appellation est d'usage de manière consensuelle dans le monde entier depuis le XIXe siècle, excepté en Corée. S'appuyant sur cette constatation, Tokyo a rejeté en 2002 la proposition des deux Corées d'adopter la double mention « mer du Japon – mer de l'Est ». Argument supplémentaire : en 1986, lors d'une réunion de l'Organisation hydrographique internationale, dont la Corée du Sud est membre depuis 1957, celle-ci avait officiellement admis le nom de « mer du Japon ».

Carte extraite du Kihon chizu-cho *(« Atlas de base » japonais).*

Japon

LES ÎLES DE LA DISCORDE

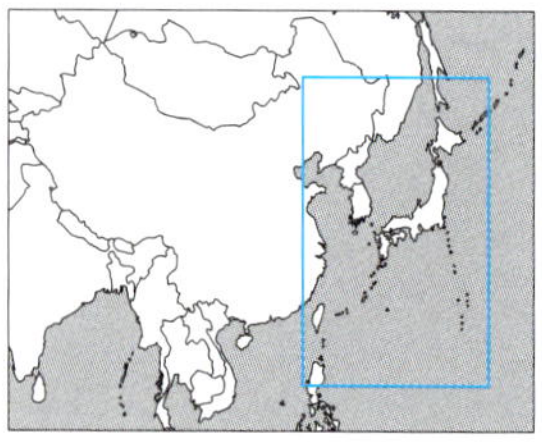

Que ce soit au nord, au sud ou à l'est, le Japon a quelques soucis avec ses voisins quant à la souveraineté sur les îles qui entourent son archipel. Au nord, soixante ans après la fin de la Seconde Guerre mondiale, le gouvernement japonais n'a toujours pas signé de traité de paix avec la Russie. L'un des principaux obstacles à la conclusion officielle d'un accord en bonne et due forme est le différend qui oppose les deux États au sujet de la souveraineté sur les Kouriles du Sud (Etorofu, Kunashiri, les Habomai et Shikotan), que les Japonais désignent comme leurs Territoires du Nord (Hoppo ryodo). Occupées en 1945 par l'Armée rouge, qui entendait participer à l'occupation du Japon au même titre que les États-Unis, les Kouriles du Sud font l'objet depuis cette époque d'intenses négociations entre les deux pays. Le Japon rappelle que ces îles lui ont été cédées par la Russie tsariste en 1875, cession confirmée en 1905, après la défaite russe face au Japon, tandis que Moscou estime que ces territoires sont une partie inaliénable de la Russie. Leur valeur stratégique – une zone d'accès toujours dégagée entre la mer d'Okhotsk et l'océan Pacifique – et des richesses naturelles encore peu exploitées expliquent également le blocage entre les deux pays.

Un autre conflit territorial empoisonne les diplomates japonais. C'est celui des îles Senkaku – ou Diaoyu, pour les Chinois. Tokyo et Pékin revendiquent depuis des décennies la souveraineté sur ces îlots, dont les fonds marins seraient riches en ressources pétrolières. Les Japonais affirment que les Senkaku leur appartiennent depuis 1895, date à laquelle les îles (alors inoccupées) furent rattachées à Okinawa, sans susciter de protestations de la part de la Chine. Les Chinois, quant à eux, rétorquent qu'elles ont été découvertes en 1372 et incorporées au système de défense maritime de leur pays en 1556. Pékin estime que les Diaoyu auraient dû lui être rendues en 1945, après la défaite du Japon. La dispute territoriale entre les deux pays a pris un tour nouveau au cours des dernières années, avec l'intervention répétée de groupuscules nationalistes japonais et chinois qui se sont défiés les uns les autres en tentant d'y débarquer et de s'y implanter, dans l'espoir d'imposer un règlement.

Située à mi-chemin entre la Corée du Sud et le Japon, l'île de Tokdo, pour les Coréens, ou Takeshima, pour les Japonais, empoisonne les rapports entre Séoul et Tokyo, même si ce dossier n'est pas aussi brûlant que les Kouriles du Sud ou les Diaoyu. Occupée depuis juillet 1954 par les Sud-Coréens, l'île est, selon les Japonais, partie intégrante de leur territoire depuis 1618. Cinquante ans après, la question n'est toujours pas réglée. Mais, dans le climat de détente actuel entre les deux pays, l'île de Tokdo ne figure pas au centre des discussions, lesquelles sont plutôt axées sur l'amélioration des échanges culturels, économiques et politiques.

[> DÉCRYPTAGE <]

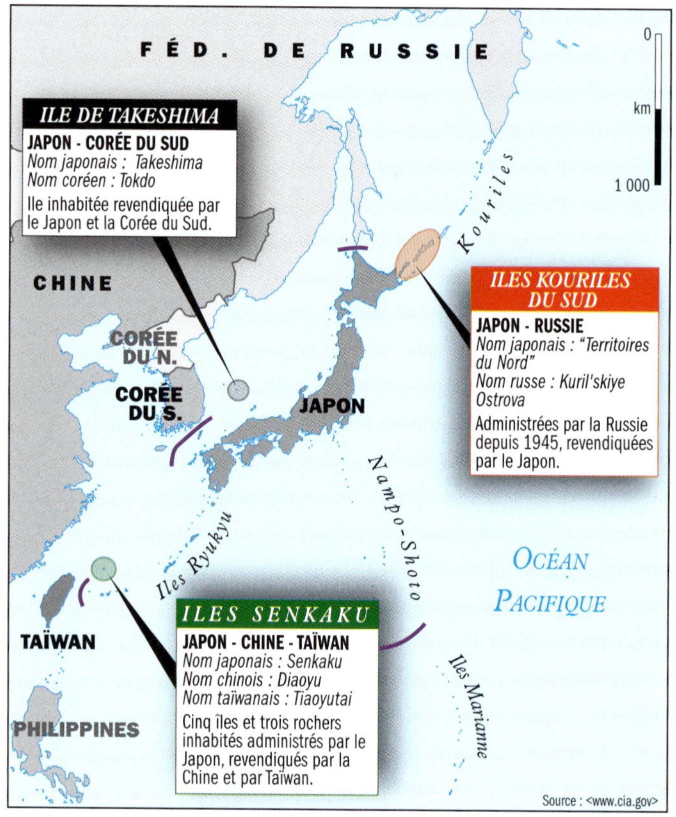

vu du JAPON

Sur cette carte extraite du *Kihon Chizu-cho* (« Atlas de base »), la zone économique exclusive du Japon (délimitée par une ligne bleue) est d'autant plus étendue qu'elle inclut, très logiquement, tous les territoires revendiqués : les « Territoires du Nord » ou îles Kouriles du Sud (au nord), l'île de Takeshima (à l'ouest) et le minuscule archipel de Senkaku (au sud). Les fréquentes incursions de sous-marins chinois dans ces eaux nippones, autour de l'archipel de Senkaku et de l'île d'Okinoshima, constituent depuis quelques mois une grande source d'inquiétude pour Tokyo.

> traduction >

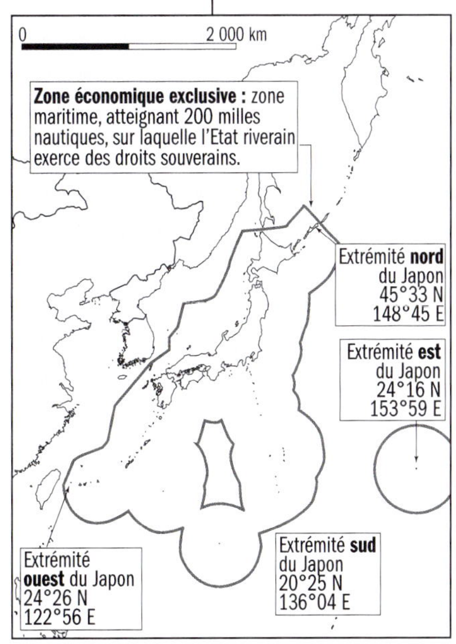

vu de RUSSIE

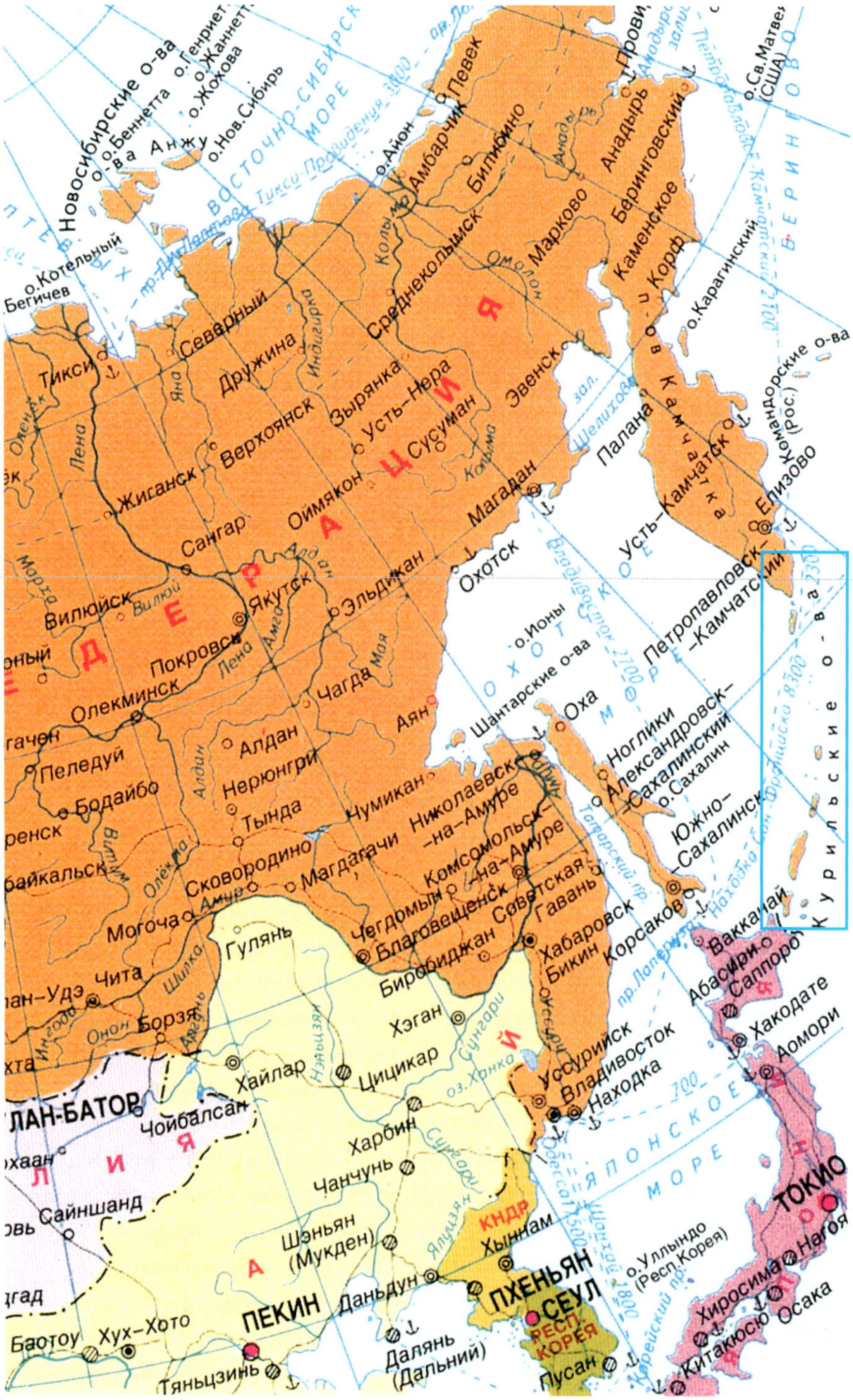

Sur cette carte russe, extraite de l'*Atlas Mira* (« Atlas du monde »), l'ensemble de l'archipel des Kouriles – comprenant donc les Kouriles du Sud, qui sont revendiquées par le Japon – est intégré au territoire de la Fédération de Russie (couleur orange). Sur le plan administratif, il fait partie de la région de Sakhaline.

vu de CORÉE

Sur cette carte sud-coréenne, l'île Tokdo (ou Dokdo) est incluse dans les eaux territoriales coréennes. Outre sa valeur stratégique et sa richesse en ressources naturelles, l'île possède une forte valeur sentimentale pour les Coréens. D'autant que son appartenance constitue un sujet de polémique récurrent avec le Japon.

vu de CHINE

Les îles Diaoyu constituent l'un des rares sujets mettant tous les Chinois – qu'ils soient de Chine, de Taïwan ou de Hong Kong – d'accord : elles sont chinoises ! Position logique, si l'on estime qu'elles font partie du territoire de Taïwan, que durent quitter les Japonais après la capitulation de 1945. C'est donc un point de focalisation nationaliste et antijaponais qui peut rassembler tous les Chinois. Planche extraite de l'atlas chinois *Zhhongguo Dituji* (« Atlas de Chine »).

104

MOYEN-

ORIENT

Monde arabe

LE MYTHE DE LA NATION ARABE

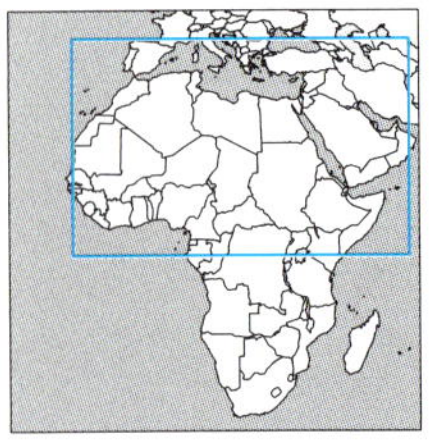

Conformément à l'idéologie panarabe que défend le parti Baas, au pouvoir à Damas depuis mars 1963, et qui s'exprime par l'omniprésente devise officielle « Une nation arabe porteuse d'une mission éternelle », les écoliers et les étudiants syriens apprennent la géographie dans un *Atlas des nations du monde arabe*. Leur pays n'y figure guère que comme une sorte de province d'une grande « patrie arabe » qui s'étale de l'Atlantique au golfe Arabo-Persique. En tête d'ouvrage, de larges planches thématiques sont consacrées à l'industrie, à l'agriculture, aux ressources minières et pétrolifères et aux conditions climatiques de cette vaste zone. Ce monde arabe se présente comme une entité géographique où les ressources et les économies sont complémentaires et où aucune rivalité, aucun mode de développement différent ne viendrait briser l'harmonie souhaitée. Les pays apparaissent comme des sortes de provinces. Et les sujets qui pourraient poser des problèmes idéologiques sont soigneusement oubliés par l'atlas. Aucune carte politique où serait indiquée la nature du régime (royaume, émirat ou république) des divers États. Les conflits sont également passés sous silence. Le Sahara occidental est intégré au Maroc. Pas de Kurdistan autonome en Irak. Et une vaste Palestine idéalisée recouvre le territoire d'Israël, dont il ne reste aucune trace…

La géographie humaine est aussi absente de cet ouvrage dominé par l'idéologie baasiste. Ses lecteurs ne sauront rien de la variété ethnique et religieuse qui fait la richesse du monde arabe. Berbères, Kurdes, Coptes et autres groupes minoritaires n'apparaissent jamais sur ses planches. Un oubli d'autant plus étonnant que la Syrie est sans doute le pays qui présente la plus grande diversité de populations. On y trouve en effet des minorités kurde, turkmène, arménienne, assyrienne, tcherkesse, etc. Et, côté religion, des musulmans sunnites, alaouites, ismaéliens (chiites), druzes, mais également diverses communautés chrétiennes.

L'idéologie nationaliste panarabe puise aussi sa légitimité dans cette littérature anticoloniale et tiers-mondiste qui vécut ses heures de gloire au milieu du siècle précédent avec le mouvement des non-alignés. C'est pourquoi l'Atlas des nations du monde arabe s'intéresse bien plus à l'Afrique et à l'Asie qu'à l'Europe. Même si la majorité des Syriens préféreraient visiter Paris, Londres ou Madrid plutôt que Cotonou ou Saigon. Enfin, seules les dernières pages de l'atlas syrien sont consacrées au continent américain, où des centaines de milliers de Syriens ont pourtant émigré au cours du XXe siècle…

[> DÉCRYPTAGE <]

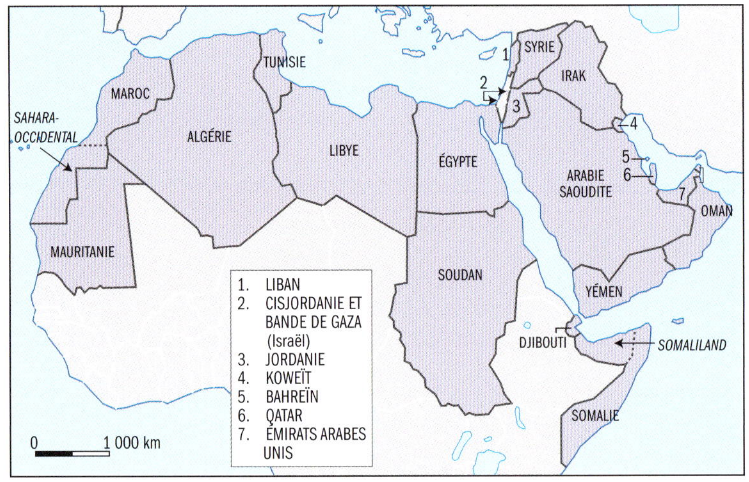

Force économique

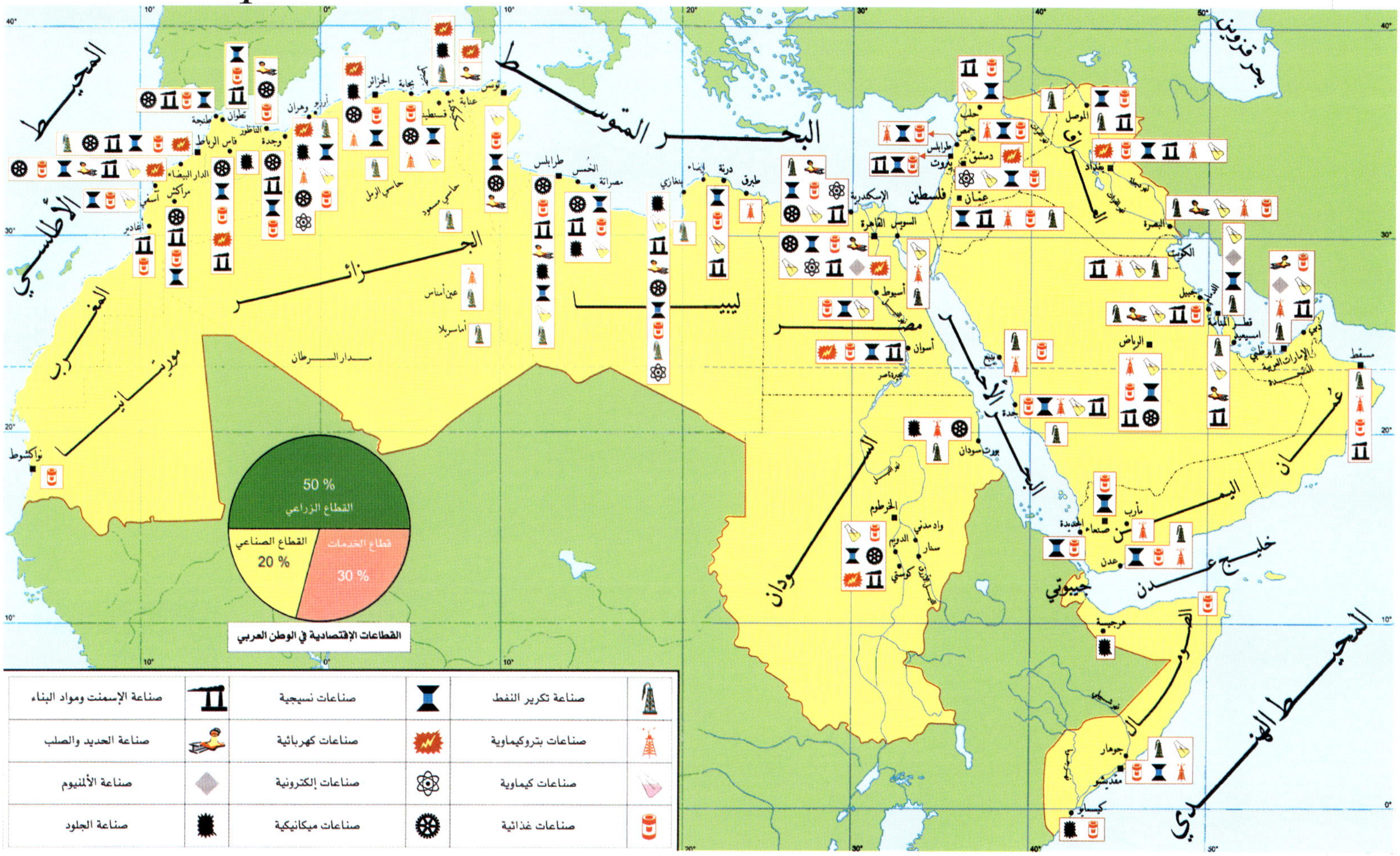

L'Atlas *al watan wal alam* (« **Atlas de la patrie arabe et du monde publié à Alep en 2003** ») **propose une carte de l'économie dans le monde arabe** : hydrocarbures, pétrochimie, chimie, industries alimentaires, électriques, électroniques, textiles et mécaniques, BTP, sidérurgie, aluminium, tanneries. Cette carte montre un monde arabe riche de ses matières premières. Le diagramme en camembert indique une répartition sectorielle globale des économies arabes : 50 % pour l'agriculture, 20 % pour l'industrie et 30 % pour les services. L'écolier doit se demander comment, avec tant de ressources, le monde arabe peut être si pauvre et désorganisé. Aucune allusion n'est faite aux rivalités entre les pays arabes pour écouler leur production d'hydrocarbures, voire leurs produits agricoles. Seul le territoire de la Palestine est étrangement vide de richesses.

Kurdistan

UNE NATION FANTÔME

Quelle est l'importance des populations kurdes ? La réponse varie considérablement selon les sources : entre 25 millions et 40 millions de personnes. Le dénombrement est d'autant plus difficile que le peuple kurde est écartelé entre quatre pays : la Turquie, l'Iran, l'Irak et la Syrie. Jamais, malgré son poids démographique, il n'a réussi à se regrouper dans un État national. La première tentative provient de l'Iran, avec l'éphémère république kurde de Mahabad qui ne dura que quatorze mois entre janvier 1946 et avril 1947.

Les Kurdes irakiens obtinrent de meilleurs résultats avec la création d'une région autonome kurde à la suite de la première guerre du Golfe (1991). Cette « zone administrative kurde », quasiment indépendante, couvre une grande partie des provinces du nord du pays. Elle est centrée autour des villes d'Erbil – où siège un Parlement autonome kurde – et de Suleimanieh. Mais elle ne comprend pas Kirkouk, ville largement peuplée de Kurdes et de Turkmènes que Saddam Hussein a tenté d'arabiser au maximum et qui dispose de précieuses ressources pétrolières. Depuis l'invasion de l'Irak par les troupes américaines, la question de l'administration de la cité, revendiquée par les Kurdes, demeure conflictuelle.

En Turquie, en revanche, les perspectives sont bouchées. Le terme de Kurdistan fut utilisé très officiellement dans les premiers mois qui ont suivi la fondation de la République turque, en 1923, mais il est par la suite devenu tabou. Les régions à majorité kurde d'Anatolie sont pudiquement désignées sous le nom de « Sud-Est ». Le gouvernement turc craint que la réussite de l'expérience menée par les Kurdes irakiens n'exerce une force d'attraction sur les Kurdes de Turquie et, par conséquent, porte atteinte à l'intégrité de la nation et du territoire turcs.

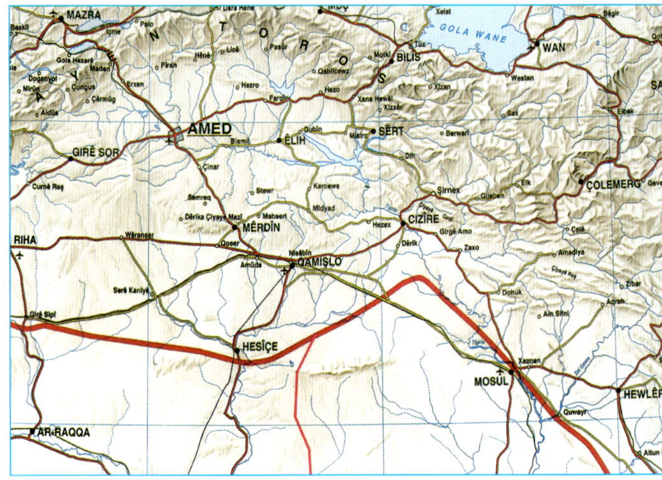

La mouvance indépendantiste kurde en Turquie a créé sa propre historiographie en procédant à une « kurdisation » des noms de villes. Elle a souvent choisi pour cela des appellations remontant à l'Antiquité et n'ayant en fait que peu de choses à voir avec les traditions orales et littéraires kurdes. C'est notamment le cas de Diyarbakir, sorte de capitale symbolique des Kurdes de Turquie, que les nationalistes ont rebaptisé Amed (voir carte), en s'inspirant de son nom antique, Amida. Autres exemples, ceux de la ville d'Urfa – qui a été renommée Riha, un terme d'origine syriaque –, de la grande ville pétrolière de Batman, rebaptisée Elih, ou encore de Bingöl qui figure sur la carte nationaliste sous le nom de Çewlik (voir carte). Cette tentative de créer une toponymie proprement kurde est une réaction à la « turquisation » systématique des noms de lieux qui avait été opérée par le régime kémaliste dans les régions kurdes, en particulier à la suite de soulèvements locaux. Ce fut le cas du Dersim, une région montagneuse de l'est de l'Anatolie peuplée de Kurdes Alevis (les Alevis sont environ 15 millions, dont 5 millions de Kurdes) qui fut le théâtre d'une révolte en 1937 et 1938 et qui reçut ensuite le nom très turc de Tunceli.

[> DÉCRYPTAGE <]

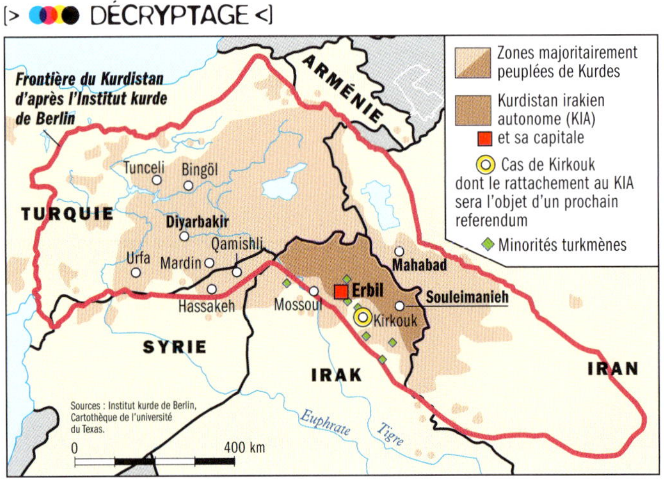

Écartelé entre quatre pays

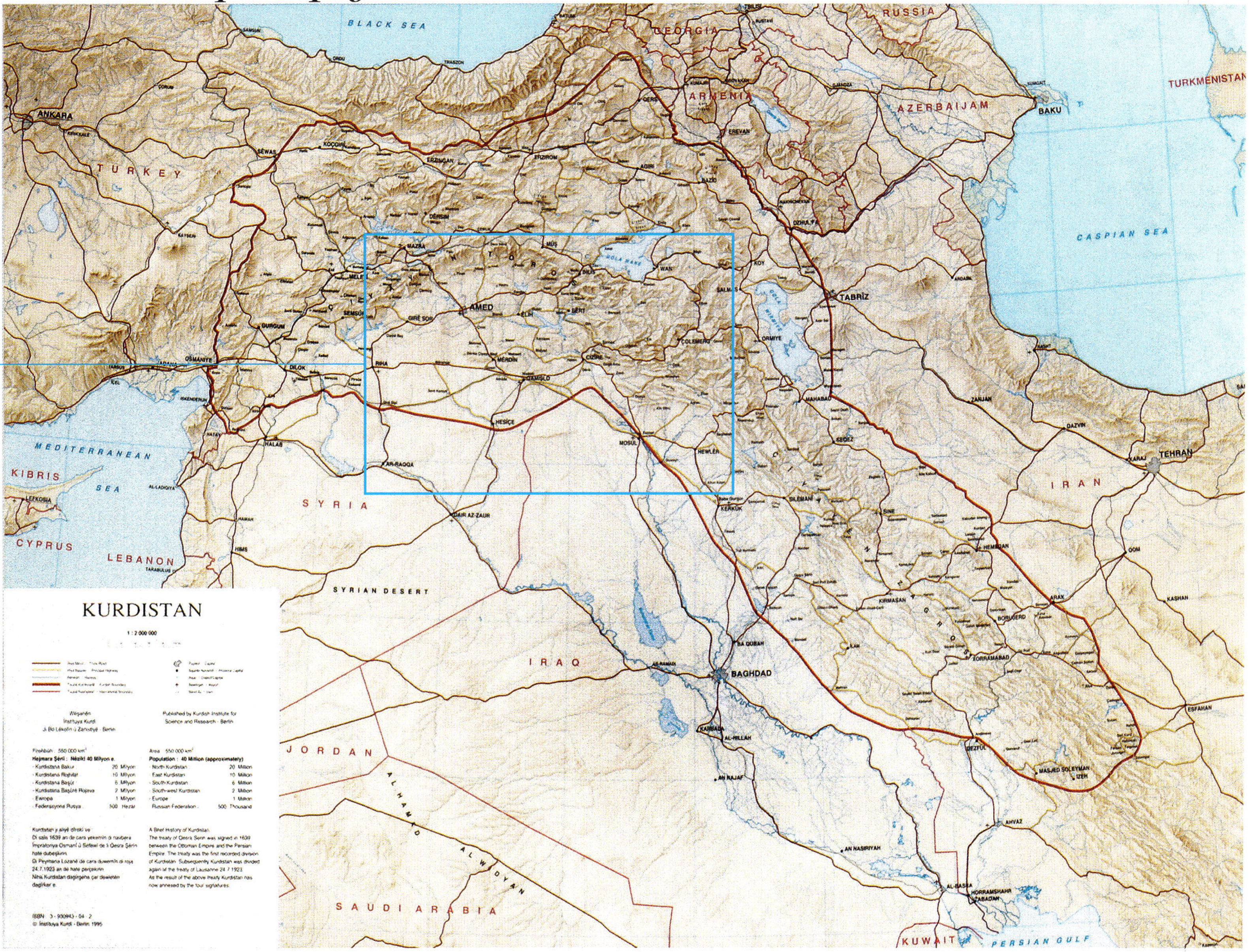

Éditée par l'institut kurde de Berlin, cette carte militante attribue un territoire de 550 000 kilomètres carrés au Grand Kurdistan. Aucune frontière internationale ne coupe ce pays virtuel. La carte englobe largement toutes les villes et zones de peuplement kurde, même quand les données démographiques de celles-ci sont sujettes à polémique (par exemple : Kirkouk). La légende précise la répartition géographique de la population kurde (estimée ici à 40 millions de personnes) entre Kurdistan Nord, Sud, Est, Sud-Ouest. Des zones qui se conforment en fait parfaitement au découpage actuel entre la Turquie, l'Irak, l'Iran et la Syrie (les noms de ces pays sont d'ailleurs soigneusement placés à l'extérieur des régions kurdes). À noter que la ville turque de Mardin s'appelle Merdin sur la carte. Et que les villes syriennes de Qamishli et Hassakeh deviennent respectivement Qamislo et Hesîçe.

DAMAS A-T-IL RENONCÉ À REPRENDRE ANTIOCHE ?

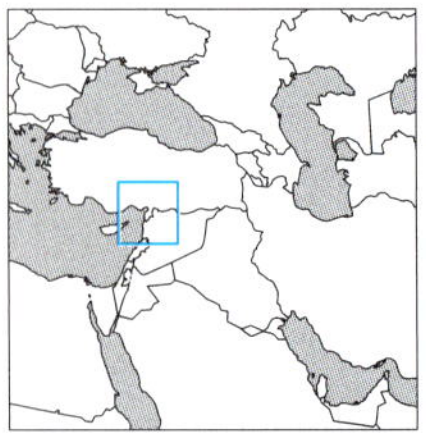

L'ex-éditorialiste vedette du quotidien populaire turc *Hürriyet* utilisait au début de 2005 la vieille controverse sur le statut du territoire de Hatay pour flatter les passions nationalistes de ses lecteurs…
Une diversité des communautés vivait à Alexandrette (aujourd'hui Iskenderun), ville fondée par Alexandre le Grand puis successivement conquise par les Arabes, les Byzantins, les croisés fondateurs de la principauté d'Antioche, les Mamelouks et les Ottomans. Les Turcs y étaient majoritaires, mais les activités des Kurdes, des Arabes et des Arméniens faisaient de ce port un centre de commerce dynamique. Le *sandjak* (province) d'Alexandrette a été rattaché en 1920 à la Syrie sous mandat français. Après des protestations de la Turquie auprès de la Société des Nations sur le statut de la communauté turque de la région, la province a bénéficié d'un statut d'autonomie renforcé. À la veille de la Seconde Guerre mondiale, la France, soucieuse de s'assurer les faveurs turques, a cédé la province, rebaptisée Hatay, à l'État turc. Mais les Syriens n'ont pas reconnu cette décision.

[> DÉCRYPTAGE <]

vu de PALESTINE

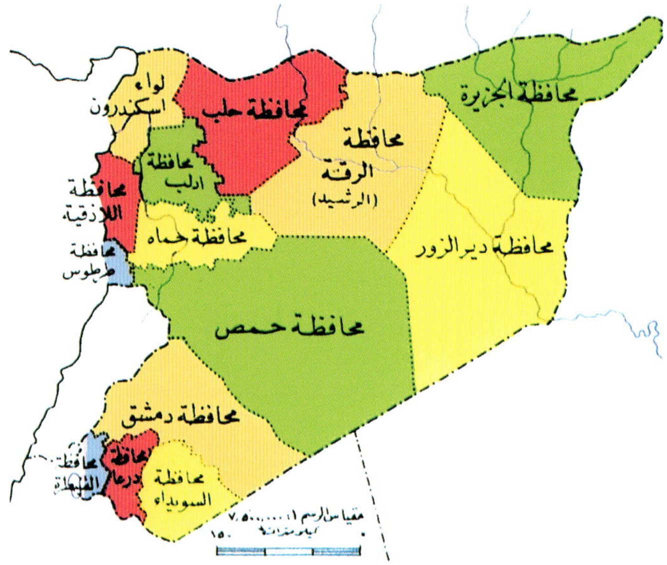

Cette carte détaillée de la Syrie, extraite de l'*Atlas al watan al arabi wal alam* (« Atlas de la patrie arabe et du monde », publié à Naplouse, en Cisjordanie), ne représente pas la province d'Alexandrette comme partie de la Turquie, ni d'ailleurs comme occupée par la Turquie. C'est un non-sujet qui ne mérite pas de débats. On se contente de la position officielle syrienne. Seule distinction, toutes les circonscriptions syriennes se nomment « gouvernorats », le territoire d'Alexandrette est une « province ». Tous les écoliers palestiniens étudient ainsi une carte syrienne erronée.

vu de SYRIE

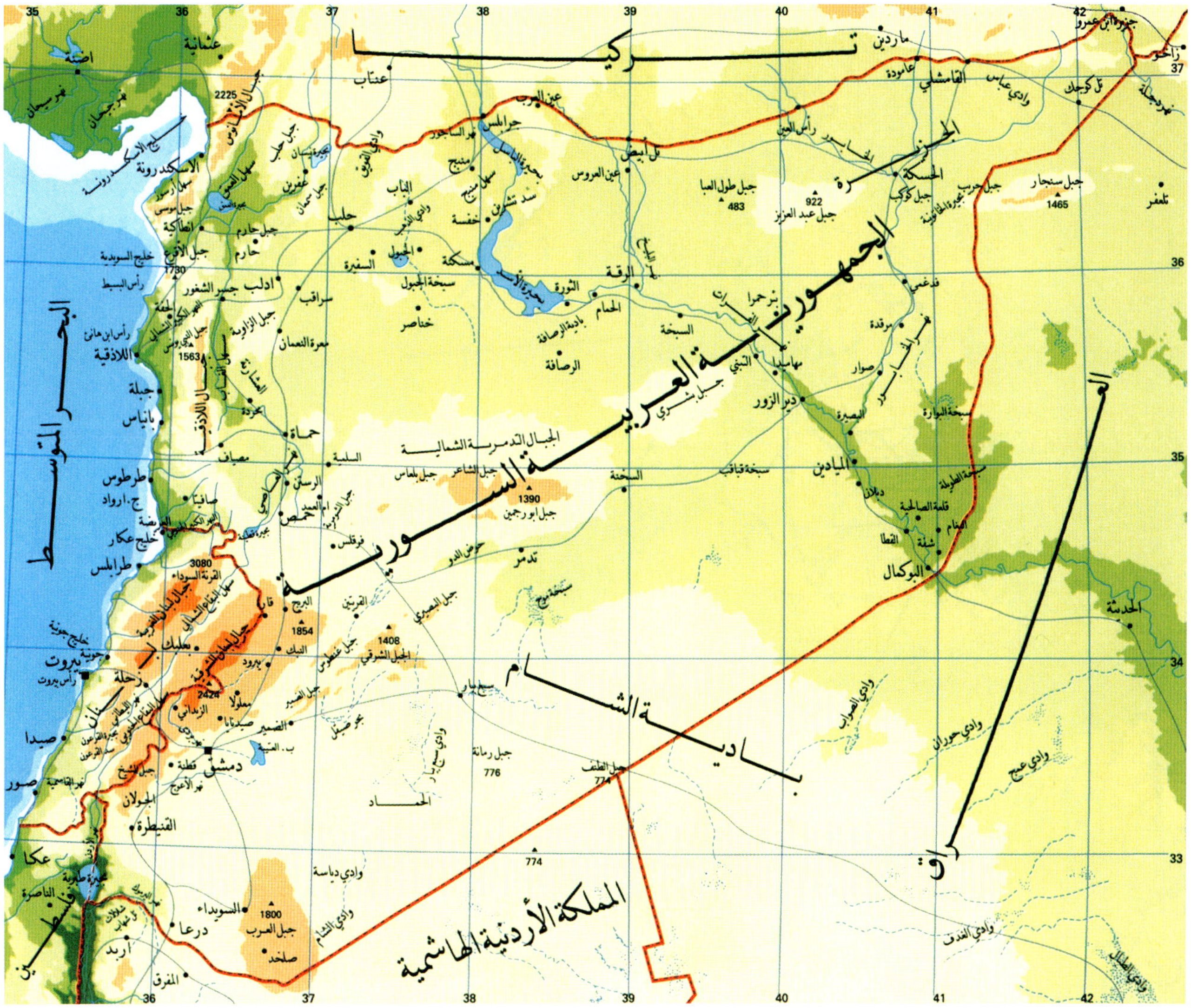

Extraite de l'Atlas *al watan al arabi wal alam* (« Atlas de la patrie arabe et du monde ») publié à Alep, cette carte montre la Syrie avec la province d'Alexandrette. Il est impossible de trouver une carte syrienne qui représente la Syrie réelle, c'est-à-dire amputée de cette province. Même si un nombre important d'hommes d'État syriens en sont originaires, la population arabe d'Alexandrette ne manifeste pas le désir de retour à la mère patrie syrienne.

vu de TURQUIE

Carte des provinces turques extraites du *Cografya Atlasi* (« Atlas géographique »).
La province de Hatay est traitée de la même façon que les autres.

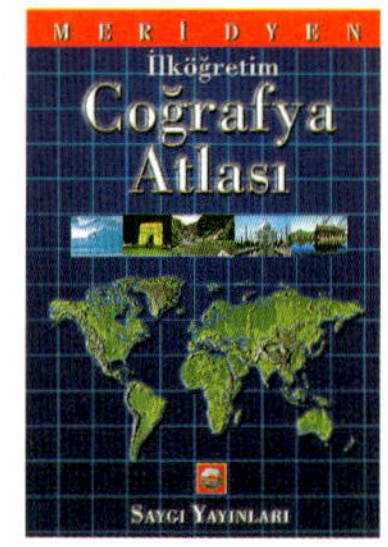

Emin Cölasan, *Hürriyet* Istanbul

Lors d'une visite qu'il vient d'effectuer en Syrie, le Premier ministre turc Recep Tayyip Erdogan a annoncé que les deux pays avaient signé un accord par lequel ils reconnaissaient officiellement leur frontière commune. La Syrie a donc reconnu que Hatay faisait partie intégrante du territoire turc ! Selon les services du Premier ministre, « la Syrie a renoncé à ses prétentions sur Hatay. Les Syriens ne reviennent plus sur ce sujet dans aucune réunion officielle. De plus, ils ne nous présentent plus de cartes concernant ce contentieux. »

Pourtant, chers lecteurs, allez aujourd'hui faire un petit tour en Syrie. Vous serez bien en peine de trouver la moindre carte qui indique que la province se situe à l'intérieur des frontières de la Turquie. Et pour cause : toutes ces cartes ont inclus la région de Hatay dans le territoire syrien. En somme, rien n'a changé.

J'ai reçu à ce propos un courrier d'un ancien sous-secrétaire d'État au Tourisme, qui a tenu à me raconter son voyage à Damas en 1976 dans le cadre d'un projet d'accord dans le domaine touristique entre la Turquie et la Syrie : « Nous nous trouvions à Damas pour signer cet accord. Nous avons pris place autour d'une table où étaient disposés les drapeaux turc et syrien. Mon attention a été attirée par la carte qui était accrochée derrière moi. Hatay y figurait à l'intérieur du territoire syrien. Je fus donc dans l'obligation d'adresser une sévère mise en garde à mon homologue syrien. Je lui ai dit : "Vous n'avez qu'une chose à faire. Ou bien vous nous prenez Hatay par la force, ou bien vous enlevez tout de suite cette carte du mur. Dans le cas contraire, cette réunion ne durera pas plus longtemps." Nous avons alors quitté la salle. La partie syrienne a paniqué. Ils nous ont rattrapés, ont retiré la carte du mur et la réunion a pu commencer. Toutefois, je n'ai jamais entendu dire que par la suite un officiel turc, y compris nos ministres des Affaires étrangères, ait eu une pareille attitude. Une fois même, l'un de nos ministres a déclaré à un de ses conseillers qui lui montrait la carte : "Laisse tomber, ce n'est pas une carte qui fera en sorte que cette région leur appartienne." »

Un autre lecteur, colonel à la retraite celui-ci, m'a également envoyé un courriel explicite à ce sujet : « Il n'y a pas qu'en Syrie que les cartes représentent Hatay comme faisant partie du territoire syrien, c'est aussi le cas dans tous les autres pays arabes. Lorsque j'étais en fonction en Arabie saoudite, entre 1986 et 1988, la carte du Moyen-Orient qui se trouvait au siège de la défense aérienne saoudienne ne dérogeait pas à cette règle. Je m'en étais confié au commandant saoudien en ces termes : "Je comprends à la limite que les Syriens aient des illusions à ce sujet, mais que vous leur emboîtiez le pas là-dessus, j'ai vraiment du mal à le comprendre." »

Ainsi donc, la Syrie aurait reconnu officiellement que Hatay est bien un territoire turc. On voudrait bien voir cet accord. Quel est son contenu exact ? Le toponyme Hatay y est-il explicitement mentionné ? Si les Syriens ont accepté, alors pourquoi utilisent-ils toujours les mêmes cartes ? Est-ce le tour maintenant de la Syrie de nous manipuler comme un jouet ? Pauvre de nous ! Hatay, qui est une terre turque depuis mille ans, fut le dernier grand cadeau que fit Atatürk à la République turque avant sa mort. Ne l'oublions pas !

Tempête de sable au-dessus de l'Égypte et de l'Arabie saoudite, 14 mai 2005.

DEUX PEUPLES, UNE TERRE

Comparer les cartes des manuels israéliens, palestiniens ou arabes qui reproduisent ce territoire exigu, coincé entre la Méditerranée et le Jourdain, est un exercice instructif. Aucun terme n'y est inscrit au hasard. Aucune neutralité n'est possible. Chaque mot connote une prise de position, traduit une réalité différente. Car, en dépit des progrès enregistrés au cours des dernières décennies – que ce soit dans les cercles universitaires ou dans le cadre politique (reconnaissance de l'État d'Israël par les Palestiniens et reconnaissance de l'existence d'un peuple palestinien par les Israéliens) –, à chaque regain de tension, l'alternative redevient inexorablement : « C'est toi ou moi. »

Dans un long article publié dans *Al-Hayat* (et reproduit dans CI n° 653, du 7 mai 2003), l'éditorialiste Hazem Saghieh s'interrogeait : « Comment interpréter ce conflit ? S'agit-il d'un conflit entre des Palestiniens misérables, sous occupation, et des Israéliens plus riches et colonialistes ? Vu sous cet aspect, ce conflit ressemble à la guerre d'Algérie, surtout si l'on considère sa dimension coloniale. Mais ce schéma n'explique rien. Car, vu leur proximité géographique, Israéliens et Palestiniens ressemblent beaucoup plus à la France et à l'Allemagne durant leurs longues années d'inimitié qu'à la France et à l'Algérie. Ou aux protestants et aux catholiques d'Irlande, qui, en dépit de différences sociales moins accusées, sont géographiquement tout aussi intriqués que les Israéliens et les Palestiniens. Voilà qui rend la fin de l'occupation israélienne et l'évacuation des colons sans règlement global très difficiles. Voilà qui explique aussi cette impatience palestinienne à se débarrasser d'une occupation d'autant plus pénible qu'elle est le fait du voisin. Ce conflit se caractérise par une charge symbolique que l'on a rarement observée avec une telle intensité. S'il est vrai que le conflit israélo-palestinien porte d'abord sur la terre (ce qui le distingue des conflits historiques entre juifs et chrétiens en Europe), c'est aussi un conflit qui porte sur le ciel. Et les chemins qui mènent au ciel sont toujours pavés de mythologie. »

En septembre 2000, alors que les négociations qui avaient échoué à Camp David arrivaient à leur conclusion à Taba, des solutions avaient été trouvées pour la plupart des questions essentielles (le partage de la terre et des ressources en eau, les problèmes des réfugiés et des colons, etc.). Mais aucun accord ne fut conclu sur le sujet le plus chargé d'émotion, à savoir l'épineuse question de la souveraineté sur les Lieux saints à Jérusalem, qui comprennent le mont du Temple et l'esplanade des Mosquées. Un espace qui n'occupe pourtant que 136 000 mètres carrés…

*vu d'*ISRAËL

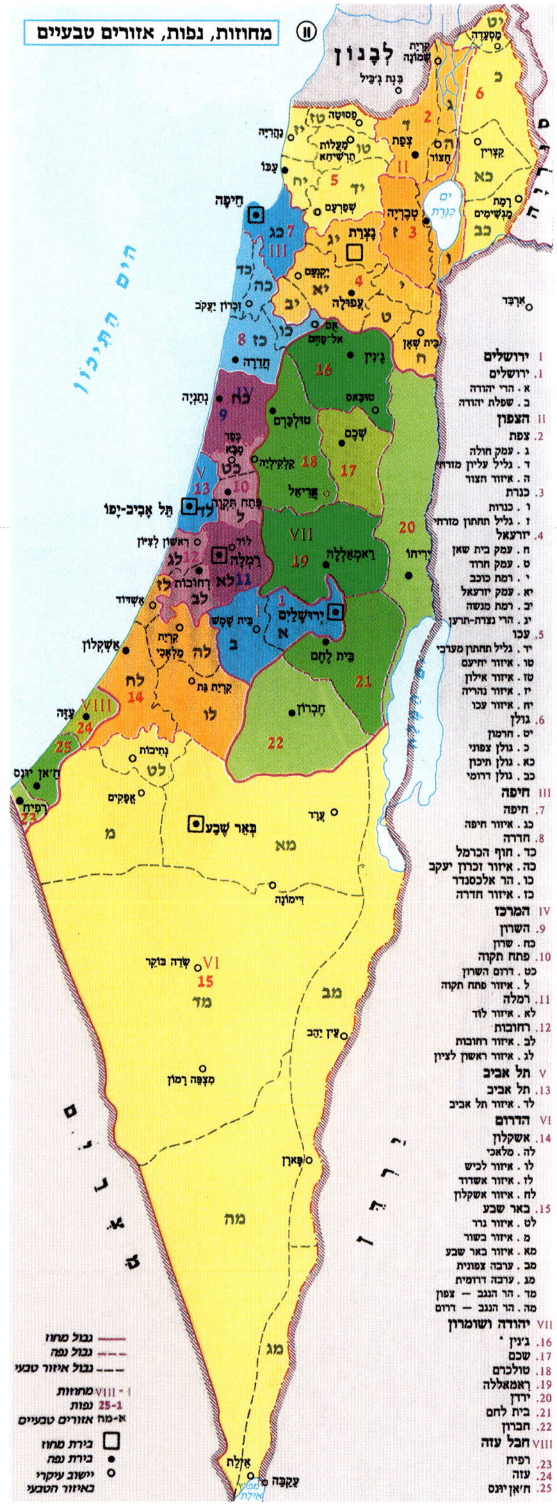

Sous le titre « Provinces, circonscriptions et régions », cette carte extraite de l'*Atlas universitaï h'adash* (« Nouvel atlas universitaire », publié à Tel-Aviv en 1999), indique explicitement et en chiffres romains que l'État d'Israël est composé de 8 provinces : les 6 provinces du 1er juin 1967 (plus Jérusalem-Est) et les 2 provinces d'après la guerre des Six-Jours : la Judée-et-Samarie (c'est-à-dire la Cisjordanie) et Gaza. En chiffres arabes, la carte indique tout aussi clairement que l'État d'Israël est composé de 25 circonscriptions : les 14 circonscriptions du 1er juin 1967 (plus Jérusalem-Est), augmentées, au nord, de l'arrondissement du Golan (n° 6, annexé sur la Syrie), ainsi que de 7 circonscriptions en Cisjordanie et de 3 circonscriptions dans la bande de Gaza.

[> DÉCRYPTAGE <]

vu de PALESTINE

L'Atlas *al watan al arabi wal akam* (« Atlas de la patrie arabe et du monde »), édité à Naplouse en 1999-2000, accomplit un exercice d'équilibrisme dans cette carte intitulée « la Palestine à l'ombre de l'occupation ». Israël n'est pas indiqué, alors que les noms de tous les pays limitrophes, Liban, Syrie, Jordanie, Égypte, sont portés sur la carte. L'atlas utilise une subtile différence de couleurs pour distinguer les territoires « aux mains des Israéliens » de la Cisjordanie et de Gaza. Cet *Atlas de Palestine* recourt à la terminologie officielle arabe de « territoires violés » pour désigner les territoires occupés. À noter que des villes créées par les Israéliens, comme Tel-Aviv ou Herzliya, sont néanmoins mentionnées.

1946

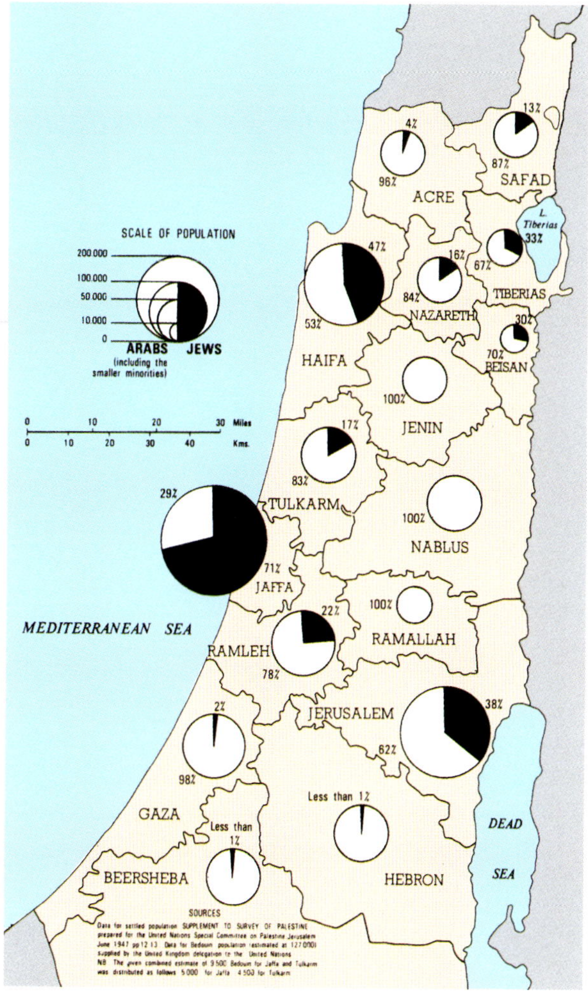

Cette carte du partage des populations juives et arabes est un fac-similé de celle établie en 1946 par les Nations unies. Le blanc représente la population arabe et le noir la population juive. La répartition démographique a évolué depuis (voir carte ci-contre).

1996

Sous le titre « Population juive et non juive en 1996 », cette carte extraite de l'*Atlas universitaï h'adash* (« Nouvel atlas universitaire », publié à Tel-Aviv en 1999) découpe le territoire en couleurs en fonction des populations. Régions à majorité juive : le jaune correspond à une population de plus de 90 % de Juifs ; le vert à une population comprise entre 70 et 90 % de Juifs ; le vert foncé à 51-70 % de Juifs. Régions à majorité arabe : le rose correspond à une population de plus de 90 % d'Arabes ; le rouge à une population comprise entre 70 et 90 % d'Arabes ; l'orange à 51-70 % d'Arabes ; l'ocre à moins de 5 % de Juifs.

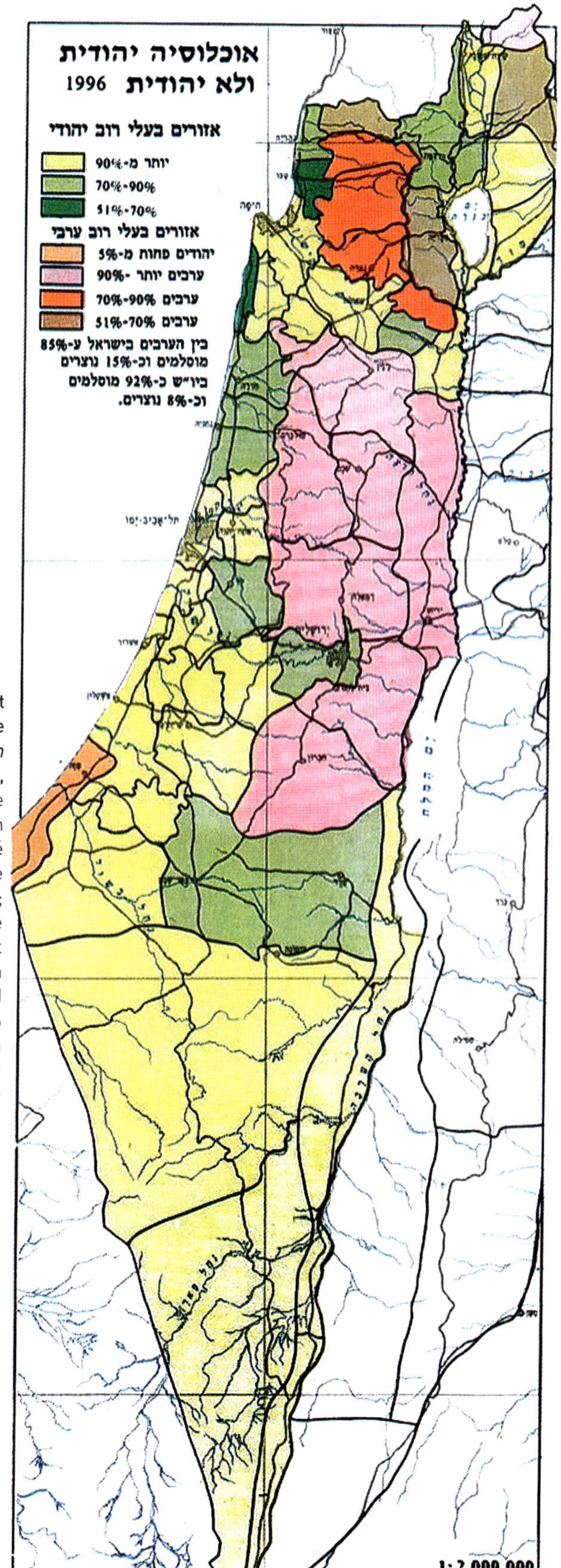

Rencontre de militaires israéliens et égyptiens pour la commission d'armistice, le 29 septembre 1950.
De gauche à droite : le colonel Raad, président de la délégation égyptienne, le major Jerucham Cohen, conseillé de la commission d'Israël, le brigadier Moshe Dayan, président de la délégation israélienne, et le capitaine Wahid en qualité d'observateur, étudient une carte où sont reportées les frontières.
Pour la première fois, des journalistes sont autorisés à assister à cette rencontre qui a pour but d'arrêter les violations des frontières.

MAIS OÙ EST DONC PASSÉE LA LIGNE VERTE ?

Israël accuse régulièrement les manuels scolaires palestiniens d'incitation à la haine. Mais une étude montre que le message diffusé par les cartes des écoles israéliennes est tout aussi tendancieux.

Akiva Eldar, *Ha'Aretz* (extraits), Tel-Aviv

Les hommes politiques israéliens s'appuient souvent sur les manuels scolaires palestiniens pour prouver que l'Autorité palestinienne (AP) s'acharne à inculquer à ses enfants la haine d'Israël. En novembre 2004, le Premier ministre Ariel Sharon déclarait que l'évolution du contenu des programmes scolaires palestiniens servirait de critère pour évaluer la nouvelle équipe dirigeante palestinienne. Ce à quoi Mahmoud Abbas (président de l'AP) s'est empressé de rétorquer que, si tel était le cas, en vertu du principe de réciprocité, les Palestiniens devraient alors eux aussi être habilités à juger des programmes scolaires israéliens.

Or, il n'est pas certain que le système éducatif israélien soit irréprochable. Bien au contraire. Pour Ruth Firer, chercheuse à l'université hébraïque de Jérusalem (HUJI), « les programmes scolaires israéliens se montrent seulement plus sophistiqués et moins grossiers » que leurs équivalents palestiniens. Mme Firer a codirigé, avec le Palestinien Sami Adwan, une étude intitulée *The Israeli-Palestinian Conflict in History and Civics Textbooks of Both Nations* (qui a été publiée par Eckert, en Allemagne). Autre précision : les manuels palestiniens sont de création récente, rappelle Eli Podeh, historien et orientaliste de la HUJI.

« Pour les Palestiniens, écrivent Firer et Adwan, le conflit porte sur la terre, tandis que pour les Israéliens il porte sur la sécurité. Les premiers affirment être les descendants des Cananéens et être ainsi des autochtones. Pour les Israéliens, les Palestiniens ne sont qu'une nation récente née en réaction à l'implantation sioniste et au mandat britannique, tandis que l'Israël moderne a droit à ce pays au nom d'un patrimoine religieux, historique et culturel qui englobe toutes les strates du passé, des Hébreux de l'Antiquité aux Juifs martyrs de la diaspora en passant par la renaissance sioniste. »

Pour Nourit Peled-Elhanan, professeur au département des sciences de l'éducation de la HUJI, l'étude de six manuels scolaires israéliens récemment approuvés par le ministère de l'Éducation révèle un effacement systématique de la Ligne verte (ligne de démarcation entre Israël et les territoires occupés depuis 1967). Le manuel scolaire Israël, l'homme et l'espace, édité par le Centre des techniques de l'éducation propose une carte des institutions éducatives en Israël qui va jusqu'à mentionner les organismes basés dans des implantations (juives) des Territoires comme Ariel, Elkana (en Cisjordanie), mais pas leurs homologues palestiniennes. Dans le même ouvrage, aucune cité arabe d'Israël n'est indiquée sur les cartes, pas même Nazareth, tandis que tous les lieux saints de Cisjordanie sont inclus en Israël. Pour Mme Peled-Elhanan, le message subliminal de ces ouvrages est que les implantations font partie intégrante de l'État d'Israël, une façon d'inculquer aux élèves certains présupposés politiques nationalistes.

« Lorsque les Palestiniens écrivent "Palestine" sur leurs cartes, c'est considéré comme une incitation à la violence, dit-elle. S'il en est ainsi, comment devrions-nous qualifier des manuels israéliens qui appellent la Cisjordanie "Judée et Samarie" et nomment le territoire sous mandat britannique (1922-1948) "Eretz-Israël", en omettant le nom officiel de "Palestine" ? » C'est ainsi que, sur la couverture du livre *Géographie de la terre d'Israël* (de Talia Saggi et Yinnon Aharoni, éditions Lilach), un manuel très prisé des enseignants, on peut voir une carte représentant le Grand Israël et omettant les territoires déjà transférés à l'Autorité palestinienne. « Cela introduit l'idée selon laquelle ces territoires sont "à nous" depuis des temps immémoriaux et que, lors de la guerre des Six-Jours, nous les avons "libérés" et "sauvés" de l'occupant arabe », écrit Nourit Peled-Elhanan. Sur une autre carte, bien que la Cisjordanie soit indiquée par une couleur distincte, on trouve néanmoins la légende suivante : « Suite aux accords d'Oslo, les frontières de la Judée et de la Samarie sont entrées dans une dynamique de changement. » Mais les territoires remis à l'Autorité palestinienne ne sont tout de même pas représentés.

Dans le cas de la Syrie, l'existence d'une frontière étatique qu'Israël ne nie pas n'empêche toutefois pas les auteurs de la garder secrète pour leurs jeunes lecteurs. Les élèves peuvent ainsi lire qu'Israël « a annexé le plateau du Golan en 1981 et y applique intégralement la loi israélienne ». Comment croire que cela n'aura pas d'effet sur leur position lorsqu'il est question de concessions à la Syrie selon le principe des « territoires contre la paix » ?

Pour le Pr Yoram Bar-Gal, directeur du département d'études géographiques et environnementales de l'université de Haïfa, « Israël applique un principe universel selon lequel "notre carte est de l'éducation et votre carte de la propagande" ». Il souligne également que, dans le regard du public et des écoliers, les cartes bénéficient d'une très grande crédibilité et sont, de ce fait, un instrument très efficace pour diffuser un message politique. Pour autant, M. Bar-Gal estime que les changements politiques inscrits sur une carte n'induisent pas forcément un changement de conscience chez l'enseignant ou l'élève. « La suppression de la Ligne verte ne la fait pas forcément disparaître de la conscience du grand public. »
Comme la Ligne verte, le substantif « Palestiniens » est absent de la plupart des manuels scolaires israéliens, tandis que, lorsqu'il s'agit d'aborder la question de Jérusalem et de son histoire, le mot « Arabes » n'apparaît jamais. Il n'y aurait donc ni quartier musulman, ni université palestinienne, ni hôpitaux palestiniens. Enfin, dans un manuel comme *Les Pays de la Méditerranée*, les cartes représentent ensemble Israël et les Territoires comme un îlot de juifs perdu au milieu d'un océan de chrétiens et de musulmans qu'aucune frontière politique ne différencie.
Contacté par nos soins, Yaakov Katz, président du secrétariat pédagogique au ministère de l'Éducation, explique que tous les manuels agréés par son administration ont d'abord fait l'objet d'un examen approfondi de la part d'un comité d'experts composé d'intellectuels ou d'hommes politiques : Ghassam Khamaisi, l'historien Benny Morris, Dan Méridor, les professeurs Yossef Katz, Arnon Sofer, Amnon Rubinstein, Arieh Shahar, Yossi Shelhav, etc. Des personnes que l'on ne peut, selon Yaakov Katz, accuser de favoriser une vision unilatérale et déséquilibrée.
Concernant les cartes et les atlas, Katz estime que la division cartographique du gouvernement israélien ne fait pas figurer la Ligne verte car elle n'est pas la frontière officielle de l'État d'Israël. De même, tant que l'Autorité palestinienne n'est pas reconnue comme État souverain, elle ne peut être représentée sur les cartes politiques. Comble de l'ironie, cette dernière réponse est identique, mot pour mot, à la position palestinienne, selon laquelle les manuels scolaires palestiniens n'indiqueront de frontière avec Israël que lorsqu'un accord de paix définitif aura été signé entre Israël et la Palestine.

vu de NAPLOUSE

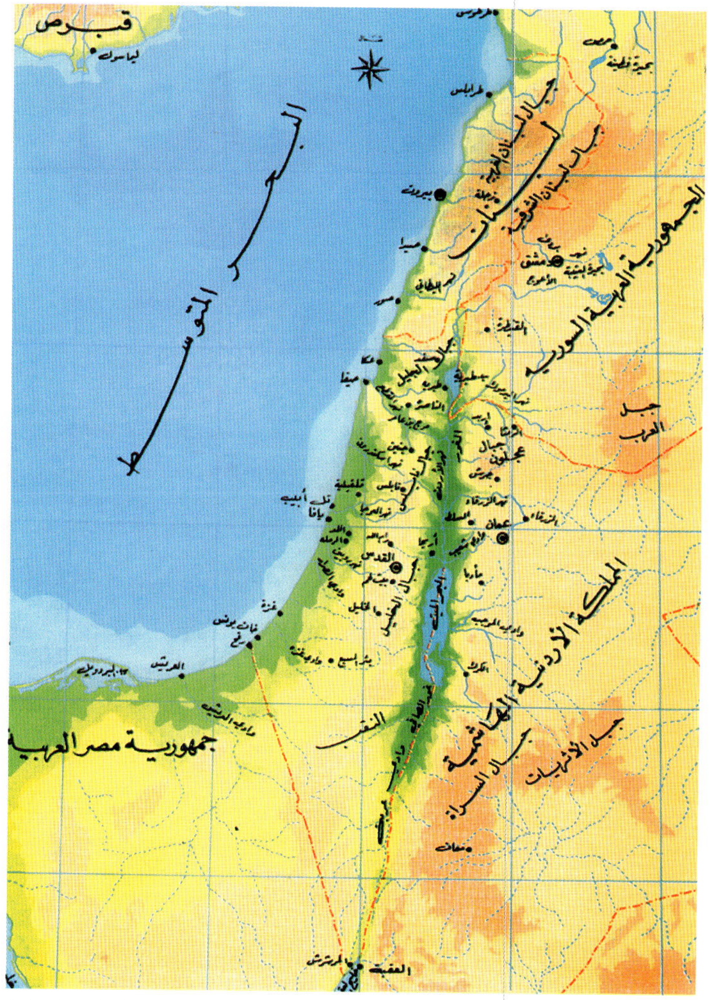

Palestine physique extraite de l'*Altas al watan al arabi wal alam* (« Atlas de la patrie arabe et du monde »), édité à Naplouse, en Cisjordanie, en 1999-2000.
Une carte physique de la Palestine peut faire abstraction de la politique et épargner aux Palestiniens de reconnaître les changements survenus ces cinquante dernières années. Si toutes les villes mentionnées sur cette carte ont gardé leur nom arabe, Tel-Aviv, ville créée sur la côte palestinienne par les immigrants juifs dans la première partie du XXe siècle, figure bien sur la carte.

À QUI ATTRIBUER LE GOLFE ?

Jusqu'aux années 1960, on ne parlait que de golfe Persique. Puis les Arabes ont voulu s'approprier ce bras de mer en le rebaptisant. La guerre sémantique qui s'est ensuivie est loin d'être achevée. Le point de vue argumenté d'un site iranien.

***Miras-é Farhangi*, Téhéran**

Il y a quarante-six ans, l'Iran avait exprimé très officiellement son opposition au choix effectué alors par l'Irak, par certains autres pays arabes ainsi que par le Royaume-Uni de remplacer le nom de golfe Persique par celui de golfe Arabique. Téhéran avait adressé ses protestations au gouvernement irakien, dirigé par Abdel Karim Qassem qui venait de prendre le pouvoir à la faveur d'un coup d'État. Le choix de ces pays quant à la toponymie de cette mer de 240 000 km² située au sud de l'Iran n'avait rien de naturel. Jusqu'au début des années 1960, le nom de golfe Persique n'avait jamais été remis en question. Il ne suscitait pas le moindre débat et figurait donc avec une belle unanimité sur toutes les cartes géographiques du monde.

L'expression « golfe Arabique » a été lancée pour la première fois par sir Charles Belgric, représentant politique du Royaume-Uni dans le golfe Persique à partir des années 1930. En 1966, dans son livre consacré à la côte méridionale du golfe Persique, il écrit, pour la première fois, que « les Arabes préfèrent nommer cette mer “golfe Arabique” » plutôt que golfe Persique. Avant de revenir en Angleterre et de publier cet ouvrage, il avait fait passer cette idée auprès des autorités des émirats de la côte sud du golfe Persique. En donnant cette mauvaise idée aux Arabes, Belgric voulait manifestement créer un différend entre l'Iran et le monde arabe. Ce n'est donc évidemment pas un hasard si, après la parution de cet ouvrage consacré à « la côte des Pirates », le terme de golfe Arabique va trouver un écho dans les documents publiés dans le monde arabe et notamment en anglais, où Arabian Gulf va supplanter rapidement la dénomination Persian Gulf.

On retrouve pourtant l'expression « golfe Persique » dans les plus anciennes sources, datant d'avant l'ère chrétienne et qui mentionnent le nom de Pars ou Fars, à savoir le nom du territoire iranien. Il suffit de se plonger dans les récits de voyage ou les livres d'histoire pour tomber sur des documents attestant que ce golfe était qualifié de « Persique » depuis l'Antiquité.

Le premier document historique relatif à cet espace maritime a été rédigé par Darius Ier (531-486), empereur de la dynastie achéménide, dont les navires descendirent l'Indus pour atteindre les côtes de l'océan Indien, de la mer d'Oman et du golfe Persique, et contourner la péninsule Arabique pour rejoindre la mer Rouge. Sur une épigraphe retrouvée sur les lieux du chenal que Darius voulait construire à l'endroit du canal de Suez actuel, il apparaît que l'empereur fait mention du golfe Persique en ces termes : « J'ai ordonné que soit creusé un canal qui reliera le fleuve qui coule en Égypte à la mer qui rejoint la Perse. »

Les Grecs utilisent déjà le nom de golfe Persique en le nommant Persicos Sinos ou Sinos persicos. Strabon, le géographe grec du Ier siècle de l'ère chrétienne, a évoqué à plusieurs reprises ce terme dans un ouvrage où il explique que « les Arabes vivent dans une région située entre la mer Rouge et le golfe Persique ». Le fait que ce nom apparaisse pour la première fois dans une source historique fiable, sérieuse et non iranienne ruine définitivement la thèse avançant qu'affirmer le caractère persan de ce Golfe relèverait d'un réflexe chauvin et raciste.

Arabique

Les atlas arabes ne mentionnent jamais le golfe Persique. Le golfe est « Arabique », comme c'est le cas sur cette carte extraite de l'*Atlas al watan al arabi wal alam* (« Atlas de la patrie arabe et du monde », publié à Alep). Dans le territoire iranien qui le borde, vit une minorité arabophone, et la carte nomme cette région Arabistan. À cause des crises pétrolières et des intérêts croissants des Occidentaux dans le monde arabe, on a vu émerger en France, à la fin des années 1970, la notion de golfe « Arabo-Persique ».

Persique…

… laconique

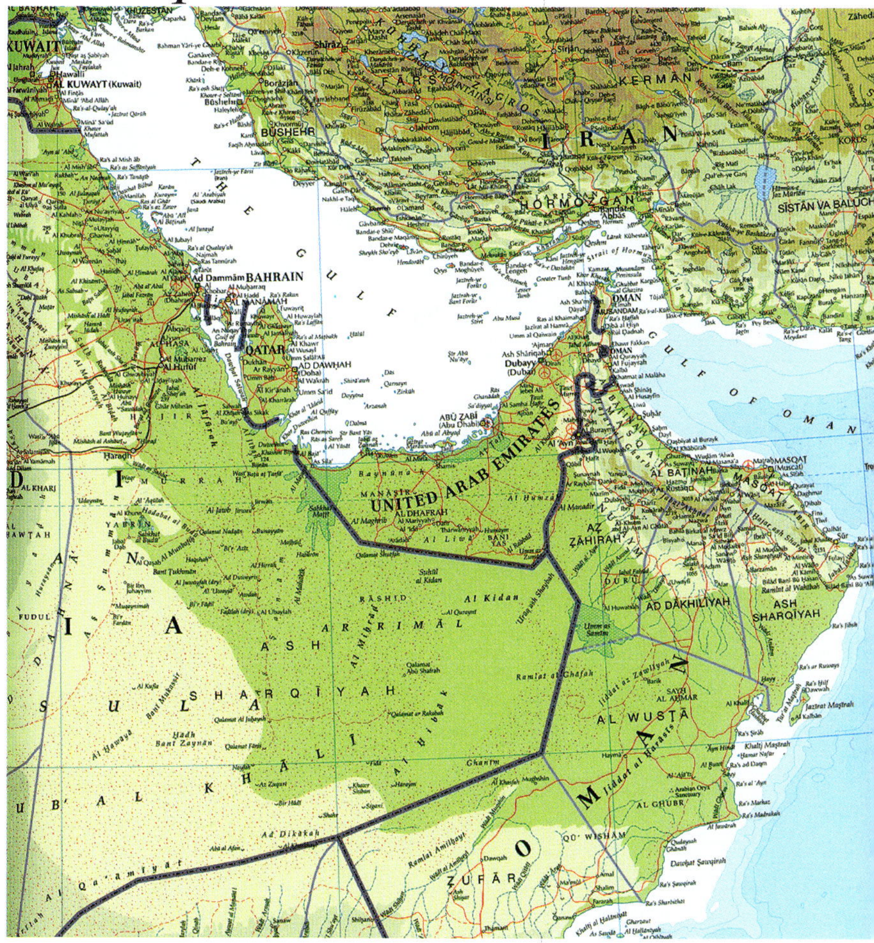

Dans les atlas, on trouve souvent la toponymie « golfe Persique », comme ci-dessus, ou « *Persian Gulf* ». Le *Concises Atlas of the World* (édition Times Book) préfère ne pas trancher et indique laconiquement « *The Gulf* », « le Golfe » (voir carte de droite).

Les sources arabes sont encore les meilleures et les plus riches pour apprécier la réalité de l'appellation de golfe Persique. C'est en effet parmi les œuvres en langue arabe, notamment celles d'Ibn Batouta, de Nasser Khosrow, d'Abu Rayhan Al-Birouni ou d'Ibn Balkhi (lettrés et explorateurs de langue arabe du Moyen Âge), qu'est mentionnée le plus grand nombre de fois la « mer des Perses », accompagnée de descriptions de cette région. Des auteurs arabes plus récents ont continué à écrire sur le golfe Persique en l'appelant par son nom.

Face au changement de toponymie adopté par les pays arabes et par les Anglo-Saxons, les autorités iraniennes ont réagi, notamment en refusant au niveau des postes et des douanes toute marchandise portant l'inscription « golfe Arabique ». Lors des réunions internationales, les représentants iraniens n'ont jamais hésité à s'opposer à l'utilisation de ce terme tendancieux par les représentants de pays arabes. Ainsi, lors d'une conférence des pays non alignés à Jakarta, le Premier ministre yéménite, qui avait parlé dans son discours de « golfe Arabique », a dû faire des excuses, face à la levée de boucliers des officiels iraniens.

Ce n'est finalement pas étonnant que les Britanniques aient été les premiers à introduire cet élément de discorde. Il faut dire qu'il y a bien longtemps qu'ils avaient l'intention de placer le golfe Persique sous leur influence. Par la suite, à partir des années 1980, les Américains ont repris le flambeau en tentant de transformer la région en zone d'influence américaine. Pour eux comme pour les Européens, cette région constitue l'artère vitale de l'Occident, leur « zone d'intérêts particuliers ». Mais, quoi qu'il en soit, la vérité, c'est que le golfe Persique constitue l'appellation la plus juste, celle qui a toujours été utilisée depuis le début et tout au long de l'histoire pour désigner cette mer, objet de toutes les convoitises, mais dont seuls les Perses ont assumé la véritable souveraineté.

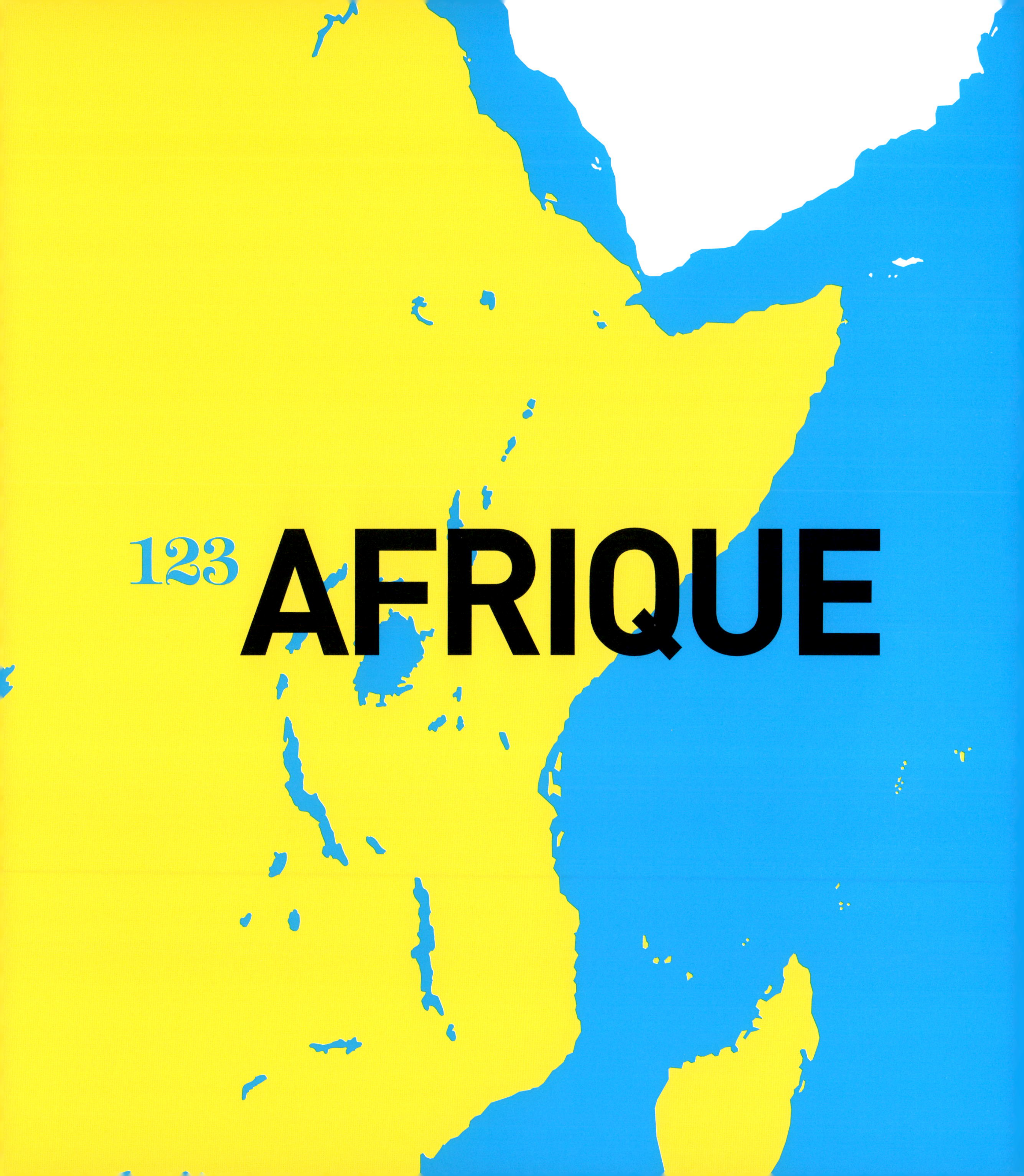

123 AFRIQUE

LA SPIRALE DU MORCELLEMENT

Lorsque le Nigeria a obtenu son indépendance, le 1er octobre 1960, la Fédération était divisée en trois grandes régions, chacune dominée par une des principales ethnies du pays : le Nord haoussa, le Sud-Ouest yoruba et le Sud-Est ibo. Mais ce découpage a très vite mécontenté les autres ethnies. Or le Nigeria en compte plus de 250, qui se livrent à une féroce compétition sur les plans économique et politique ainsi que sur celui des emplois, notamment dans l'administration. La presse parle d'ailleurs couramment de bataille pour le partage du « gâteau national ». Les ethnies de la Middle Belt (centre du pays), très influentes dans l'armée, ayant obtenu la création de leurs propres États, le « géant de l'Afrique de l'Ouest » en comprenait déjà douze après sept ans d'indépendance.

La tentative de sécession du Biafra, qui s'est soldée par 1 à 3 millions de morts entre 1967 et 1970, n'a pas freiné l'atomisation du pays. Chaque grande crise que traverse le pays s'accompagne de nouvelles créations d'États. À court terme, cela permet d'apaiser provisoirement les tensions. Mais, sur le long terme, cette politique entraîne l'apparition de nouveaux clivages, y compris au sein d'un même groupe ethnique. Lorsque l'État ibo d'Anambra a été scindé en deux, en 1991, pour créer l'Enugu (également peuplé d'Ibo), les emplois publics ont été attribués aux autochtones de chacun des deux États. Résultat : de très nombreux fonctionnaires ont perdu leur travail et ont dû déménager, sans pour autant trouver un nouvel emploi dans l'État voisin.

Aujourd'hui, les tensions sont surtout sensibles dans la région du delta du Niger, « l'éponge à pétrole du pays » (l'or noir représente 90 % des rentrées en devises du Nigeria). Les Ijaw, principale ethnie de la région, réclament la création d'un État bien à eux. Mais cette revendication est jugée inacceptable par les autres ethnies de la région, notamment par les Itsekiri et les Urobo, qui ne veulent pas se retrouver sous le joug des Ijaw. Du fait de leur nombre – plusieurs millions –, les Ijaw ont les moyens de plonger la région dans le chaos. Certains chefs de guerre ijaw attaquent en effet régulièrement les installations pétrolières en menaçant de faire sécession. Aussi il n'est pas exclu que le gouvernement fédéral, soucieux de rétablir le calme dans cette région économiquement stratégique, accepte de faire des concessions en redécoupant la carte fédérale.

[> DÉCRYPTAGE <]

1960 "THE BIG THREE" — 1967 DOUZE ÉTATS — 1976 DIX-NEUF ÉTATS — 1991 TRENTE ÉTATS

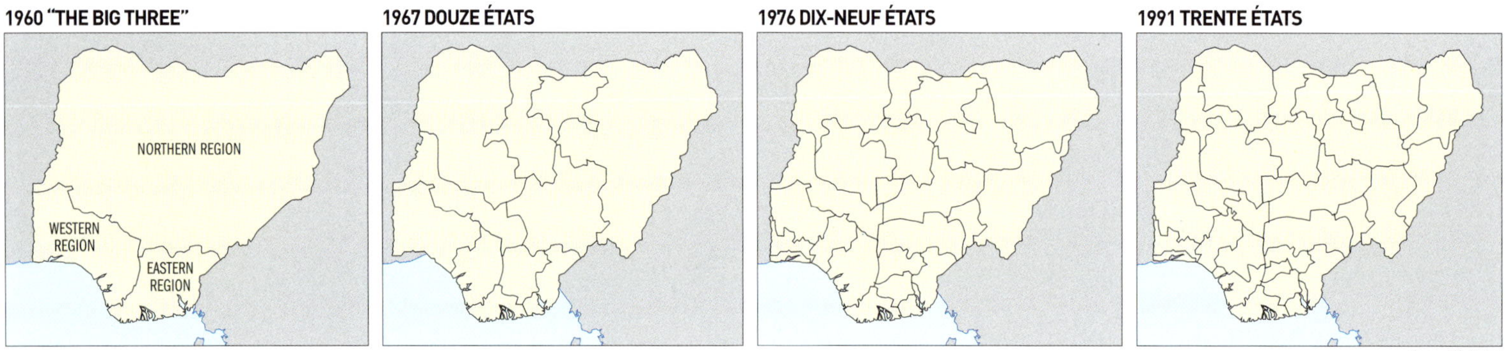

Source : IFRA (Ibadan)

Découpage géographique complexe

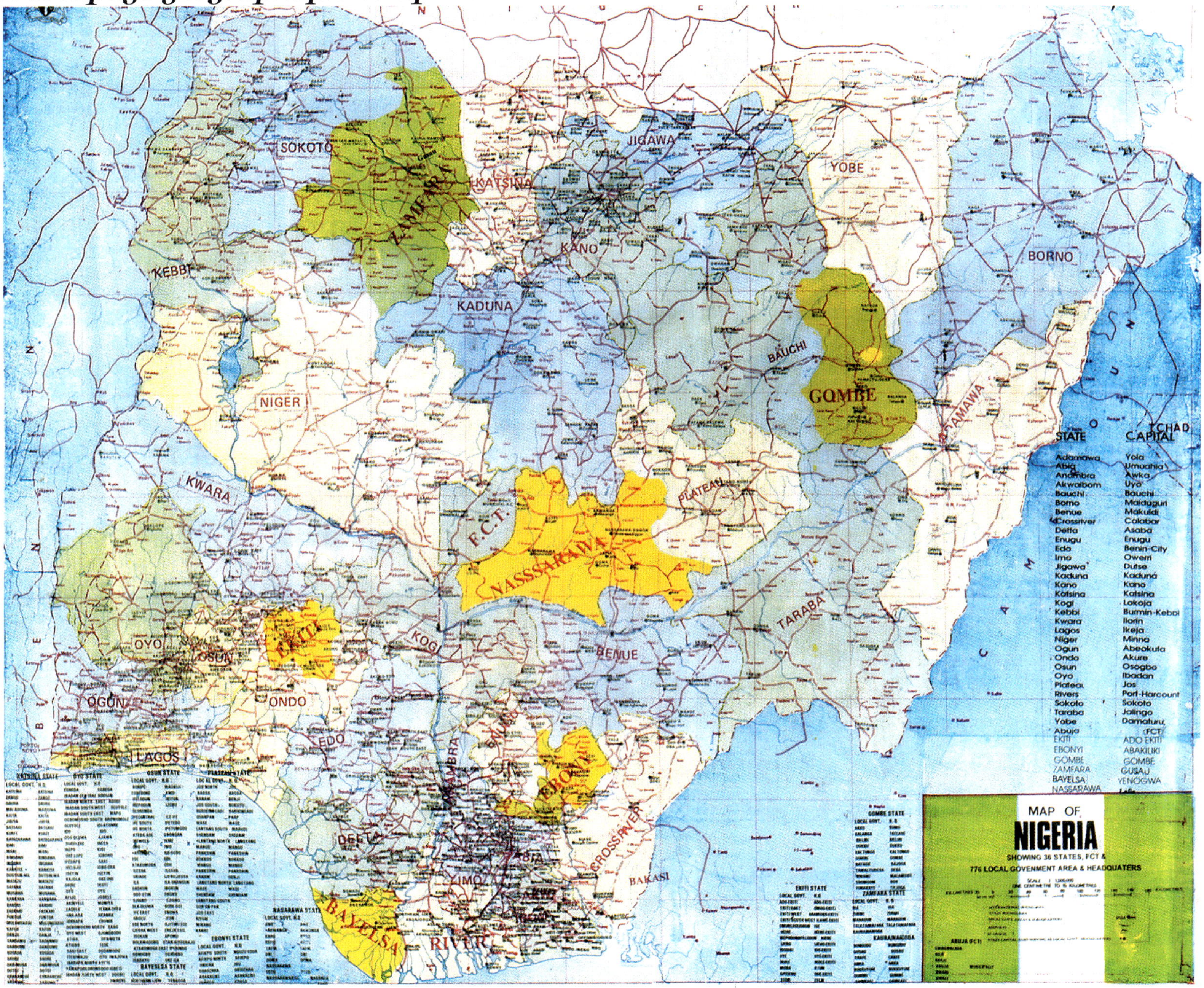

Réalisée au Nigeria et vendue dans les rues du pays le plus peuplé d'Afrique, cette carte met en relief la complexité du découpage géographique. Outre les 36 États de la Fédération, le cartographe a adjoint une partie des milliers de gouvernements locaux que compte le pays. Dès lors, la carte perd en clarté et illustre les tendances à l'éclatement géographique et politique d'un pays qui regroupe plus de 250 ethnies.

FAIRE RENAÎTRE LE PAYS IBO

Une vingtaine de sécessionnistes biafrais ont été arrêtés par la police nigériane le 10 janvier 2005 à Onuimo, dans le sud-est du pays. Au dire des autorités fédérales, ils s'apprêtaient à proclamer un État indépendant du Biafra. Les militants interpellés étaient des membres du MASSOB (Movement for the Actualization of the Sovereign State of Biafra), une nouvelle organisation sécessionniste qui milite ouvertement pour l'indépendance du pays ibo. Onuimo n'est autre que la ville natale de Ralph Uwazuruike, le dirigeant du MASSOB, qui passe le plus clair de son temps dans la clandestinité pour éviter de se faire arrêter par la police nigériane. Le MASSOB souhaite recréer l'éphémère république du Biafra, née en 1967. Rappelons que la proclamation de l'indépendance avait provoqué une guerre de trente-deux mois dont le bilan humain varie, selon les sources, entre 1 million et 3 millions de victimes. Soutenu par la France et par la Côte-d'Ivoire, le Biafra avait finalement été vaincu par les troupes de la Fédération nigériane, qui bénéficiaient de l'appui du Royaume-Uni, des États-Unis et de l'Union soviétique. Pendant près de quarante ans, la guerre du Biafra est restée un sujet tabou au Nigeria. Peu d'Ibo osaient se prononcer publiquement en faveur de l'indépendance. Même si presque tous les hommes politiques ibo se plaignent de la « marginalisation politique de leur ethnie ». Depuis la guerre du Biafra, le Nigeria n'a jamais été dirigé par un Ibo, alors que ce groupe ethnique est le troisième en importance dans le pays, après les Haoussa et les Yoruba.
La question du Biafra est revenue dans l'actualité avec l'apparition du MASSOB, à la fin des années 1990. D'abord modestes – essentiellement des levées de drapeau biafrais –, les actions du MASSOB sont de plus en plus audacieuses. En août 2004, il a organisé une journée de grève qui a considérablement perturbé l'activité économique du Nigeria. Ce jour-là, le mouvement a prouvé que son action rencontrait l'adhésion d'un grand nombre de personnes. Les commerçants ibo font d'ailleurs circuler sous le manteau des cartes du « Biafra », qui glorifient le combat pour la guerre d'indépendance et présentent une vision extensive du pays ibo, en incluant dans le Biafra la région du delta du Niger, « l'éponge à pétrole » du Nigeria. Pour que leur État soit viable économiquement, les sécessionnistes souhaiteraient faire passer sous leur contrôle les zones pétrolières du Sud-Est, alors même que les populations ibo y sont minoritaires.
Au-delà du MASSOB, des intellectuels ibo comme la jeune écrivaine Chimamanda Ngozi Adichie se déclarent désormais favorables à l'indépendance du Biafra. L'instauration de la loi islamique dans une dizaine d'États de la Fédération nigériane, à la fin des années 1990, a creusé le fossé entre le Nord musulman et le pays ibo du Sud, très majoritairement catholique. Mais la majorité des Nigérians restent hostiles à une sécession, car ils pensent qu'elle entraînerait nécessairement une nouvelle guerre civile, tout aussi traumatisante que la précédente.

[> DÉCRYPTAGE <]

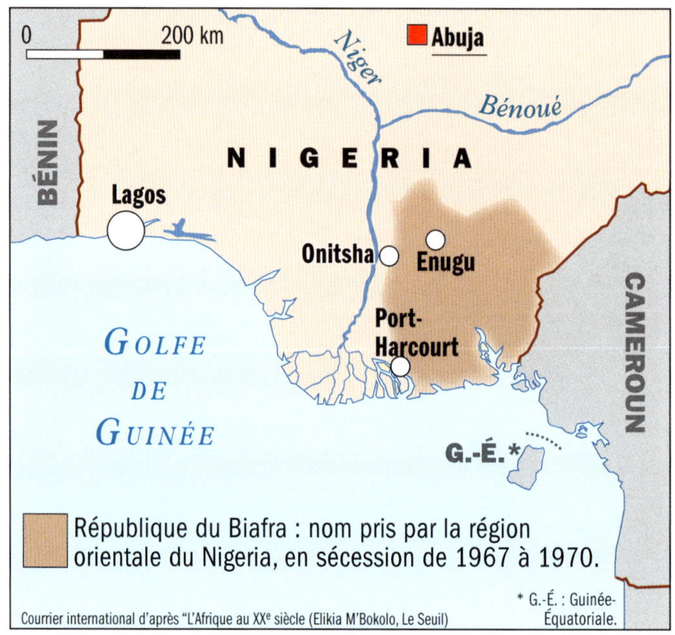

Courrier international d'après "L'Afrique au XXe siècle (Elikia M'Bokolo, Le Seuil)

L'espoir des nationalistes ibos

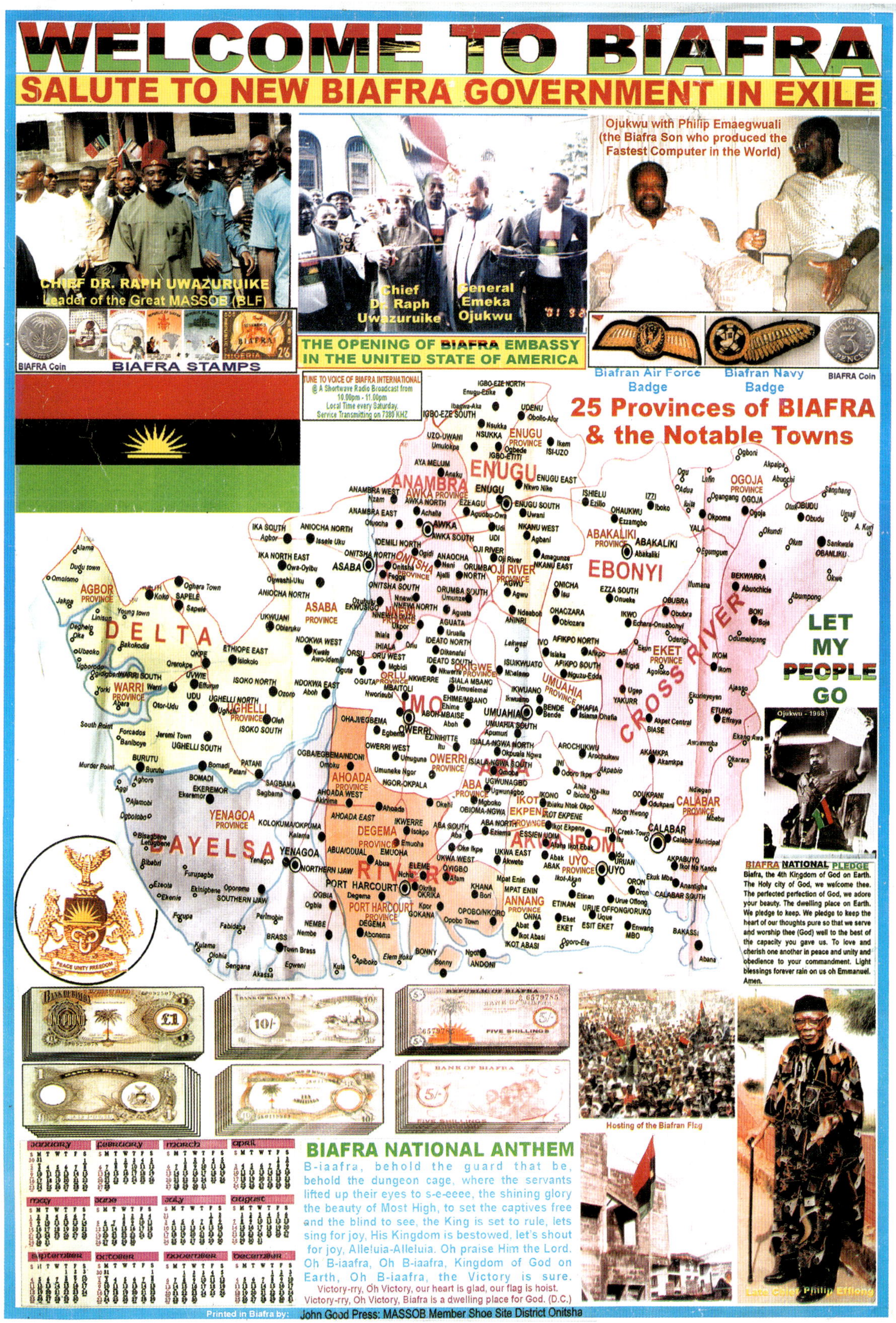

Conçue par le Movement for the Actualization of the Sovereign State of Biafra (MASSOB), cette carte illustre la volonté d'indépendance des Ibo, ethnie du sud-est du Nigeria, qui avait mené une guerre de sécession de 1967 à 1970. Elle inclut le littoral du Sud-Est (zone pétrolière), où les Ibo sont minoritaires. Cette carte est vendue sous le manteau au Nigeria, car ses auteurs sont pourchassés par les autorités fédérales.

LE CLIVAGE NORD-SUD

Malgré leur petite taille, le Bénin et le Togo sont des pays où le Nord et le Sud présentent de forts contrastes. Chacun de ces pays regroupe une quarantaine d'ethnies. Beaucoup d'ethnies sont représentées des deux côtés de la frontière. Comme au Nigeria et en Côte-d'Ivoire, les musulmans sont très présents dans le Nord, alors que le Sud est dominé par les chrétiens et les animistes. Les capitales (Porto-Novo au Bénin et Lomé au Togo) sont situées dans le Sud, sur la côte atlantique. Dans ces pays, qui vivent en grande partie du commerce, les ports (Cotonou et Lomé) sont une source essentielle de richesses. Industries et administrations sont traditionnellement concentrées dans le Sud, alors que le Nord est resté très agricole.

À l'époque de l'esclavage, les royaumes de la zone côtière, notamment le Dahomey, s'étaient enrichis grâce à la traite négrière. Encore aujourd'hui, ce passé douloureux engendre des tensions entre le Sud et les régions du Nord, qui ont été les principales victimes de la traite. Alors que le pouvoir économique revient traditionnellement au Sud, le pouvoir politique est généralement détenu depuis l'indépendance par des hommes du Nord. Ainsi, le président Mathieu Kérékou, qui a dirigé le Bénin de 1996 à 2006, est natif de la région de Natitingou, dans le Nord. Il avait déjà dirigé le pays de 1972 à 1991. Son successeur, Yayi Boni, élu en 2006, est lui aussi originaire du nord du Bénin.

Nombre de Béninois considèrent qu'il est plus « juste » d'élire un homme du Nord, pour éviter que tous les pouvoirs – économiques et politiques – soient concentrés entre les mains des mêmes familles ou des mêmes ethnies. Au Nigeria voisin aussi, le pouvoir politique est resté entre les mains des « nordistes » jusqu'en 1999. Les présidents originaires du Nord ont profité de leurs fonctions pour « investir » dans leurs régions, souvent beaucoup moins développées que celles du sud.

Au Togo aussi, un natif du Nord, Gnassingbé Eyadéma, a dirigé le pays de 1967 à 2005. Son fils, Faure Gnassingbé, lui a succédé en 1996. L'ex-président togolais, Eyadéma, avait transformé Kara, une ville de sa région d'origine, en capitale bis, allant jusqu'à la doter d'un aéroport international. L'ethnie de Eyadéma, les Kabyé, concentre entre ses mains un grand nombre de postes clés, en particulier dans l'armée, le pilier du régime.

Outre la volonté de démocratisation, de nombreux opposants au régime Eyadéma invoquent la nécessité de « donner le pouvoir à un homme du Sud ». Il en va de même au Bénin. De plus en plus de voix se font entendre à Cotonou pour demander que le prochain président soit un sudiste.

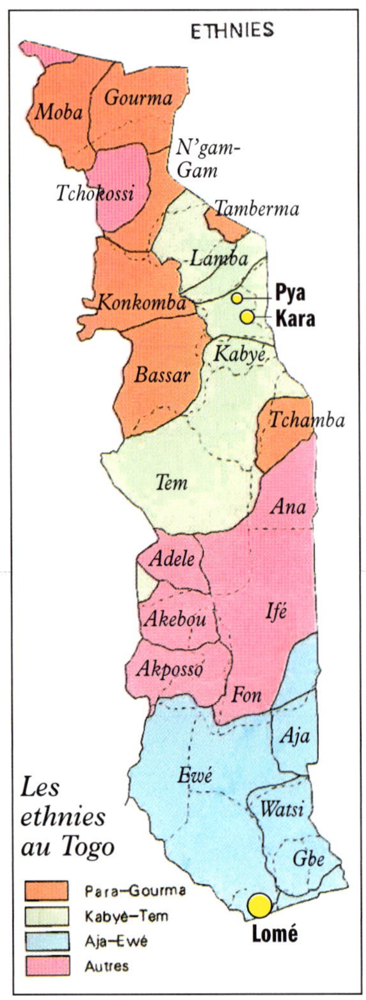

Pouvoir ethnique au Togo

Cette carte, réalisée par des géographes togolais, montre l'importance des clivages ethniques au Togo. Dans la région dominée par les Kabyé, l'ethnie de la famille Eyadéma, l'ex-président Gnassingbé Eyadéma a favorisé l'émergence d'une « seconde capitale », la ville de Kara.

Un pays au milieu du monde

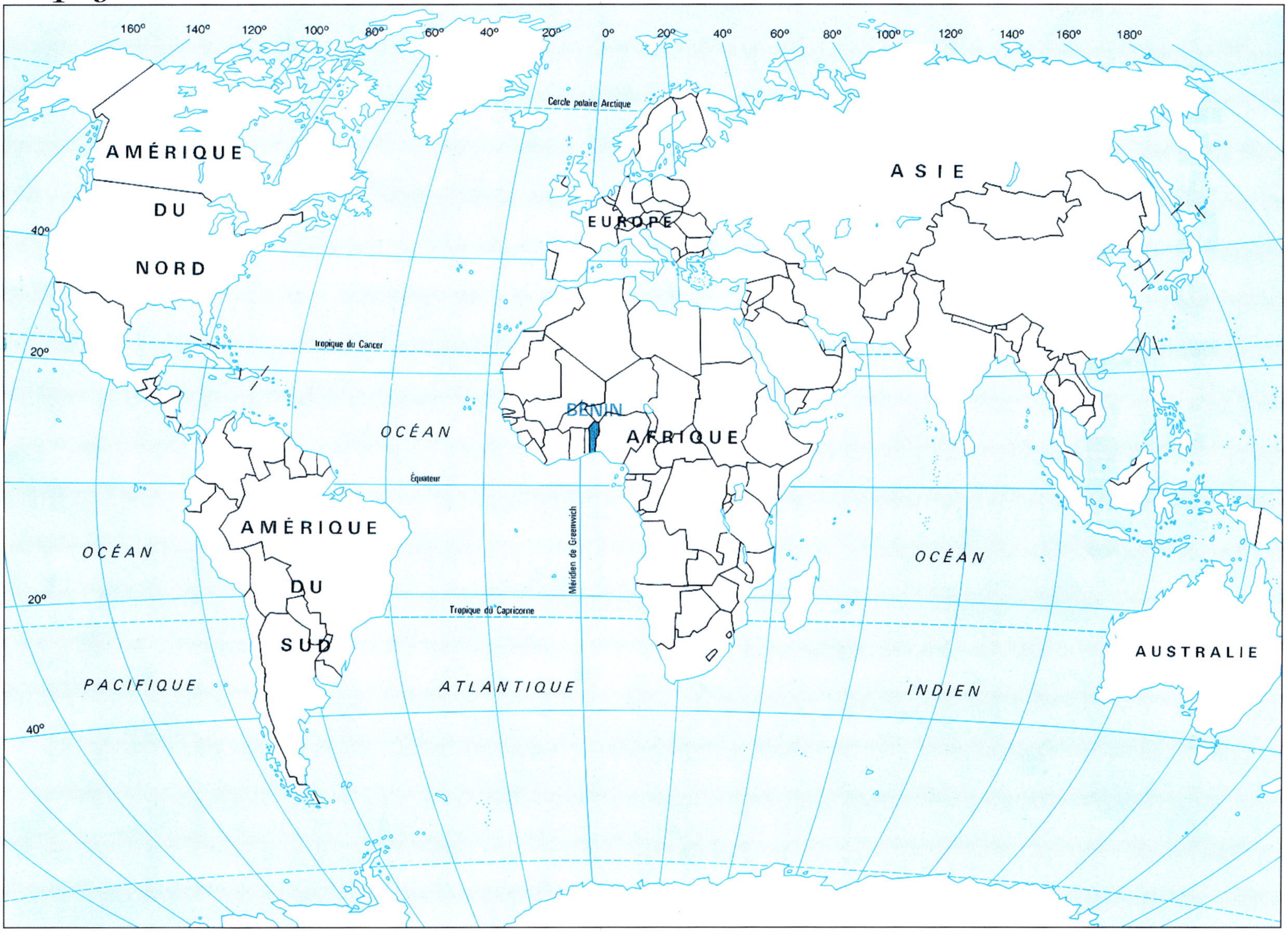

Le Bénin, qui vit avant tout du commerce, se trouve au centre du monde pour ses habitants, comme l'atteste cette carte. Son auteur, le géographe béninois Kolawolé Sikirou Adam, souligne avec humour que « les colonisateurs français et les Anglais ont particulièrement bien travaillé. En créant le méridien de Paris et celui de Greenwich, ils ont placé le Bénin et le Ghana au centre du monde. »

Extrait du Bénin, de Kolawolé Sikirou Adam et Michel Boko, éd. du Flamboyant, Cotonou, 1993.

Président caméléon au Bénin

Pour ses campagnes électorales, le président Mathieu Kérékou – au pouvoir jusqu'en 2006 – se fait représenter comme un caméléon posé au milieu de la carte du Bénin. Il grimpe au sommet d'un arbre qui le conduit du sud au nord du pays. L'un des arguments électoraux majeurs du chef de l'État est qu'il fédère le pays en ne favorisant pas le Nord, sa région d'origine. D'autre part, il revendique le terme de caméléon, car celui qui fut un dictateur « marxiste-léniniste » avant de se convertir à la démocratie considère que ses capacités d'adaptation ont permis au Bénin de connaître la paix et la stabilité.

Érythrée

RISQUES DE GUERRE À TOUT MOMENT

Le conflit frontalier qui a opposé l'Éthiopie à l'Érythrée de 1998 à l'an 2000 a fait plus de 80 000 morts. Les soldats des deux pays se sont livrés à une véritable guerre de tranchées sur trois sections de leur frontière commune, qui s'étire sur un millier de kilomètres. Sous la pression de la communauté internationale, Addis-Abeba et Asmara ont finalement signé un accord de paix, en décembre 2000, par lequel elles s'engagent à tenter de régler ce différend.

Le litige portait en particulier sur le village de Badmé. Appelée à trancher, la Cour internationale de justice (CIJ) a réalisé une carte. Mais on n'y trouve pas le village de Badmé, qui était l'une des localités les plus âprement disputées. Par la suite, les observateurs de l'ONU ont retrouvé des cartes produites par les Soviétiques dans les années 1970. Elles indiquent que le village, objet du litige, se situerait, « selon toute vraisemblance », en territoire érythréen. Addis-Abeba refuse depuis septembre 2003 le tracé choisi par la Cour internationale de justice.

Les troupes éthiopiennes stationnées près de la frontière seraient passées de 35 000 à 60 000 hommes au début de janvier 2005. Ce déploiement de troupes est d'autant plus inquiétant que l'ONU a parallèlement décidé de réduire ses troupes de maintien de la paix déployées le long de la frontière. Pour expliquer cette décision, l'ONU invoque des considérations budgétaires (cette mission de maintien de la paix coûte 154 millions d'euros par an). La Mission des Nations unies en Éthiopie et en Érythrée (MINUEE) ne compte plus que 3 000 hommes, soit 1 000 de moins que lors de son déploiement en 2000. Au début de février 2005, l'Union européenne s'est déclarée « particulièrement inquiète du renforcement récent des activités militaires » à la frontière et a appelé les deux parties à « s'abstenir de toute action » militaire.

Jusqu'en 1993, l'Érythrée était une province éthiopienne. Depuis l'indépendance d'Asmara, l'Éthiopie est privée de façade maritime. Beaucoup d'Éthiopiens ne pardonnent pas à leurs dirigeants d'avoir accepté que l'Érythrée devienne indépendante. Les sentiments nationalistes sont de plus en plus exacerbés, à Addis-Abeba comme à Asmara. Et la guerre peut recommencer à tout moment.

[> DÉCRYPTAGE <]

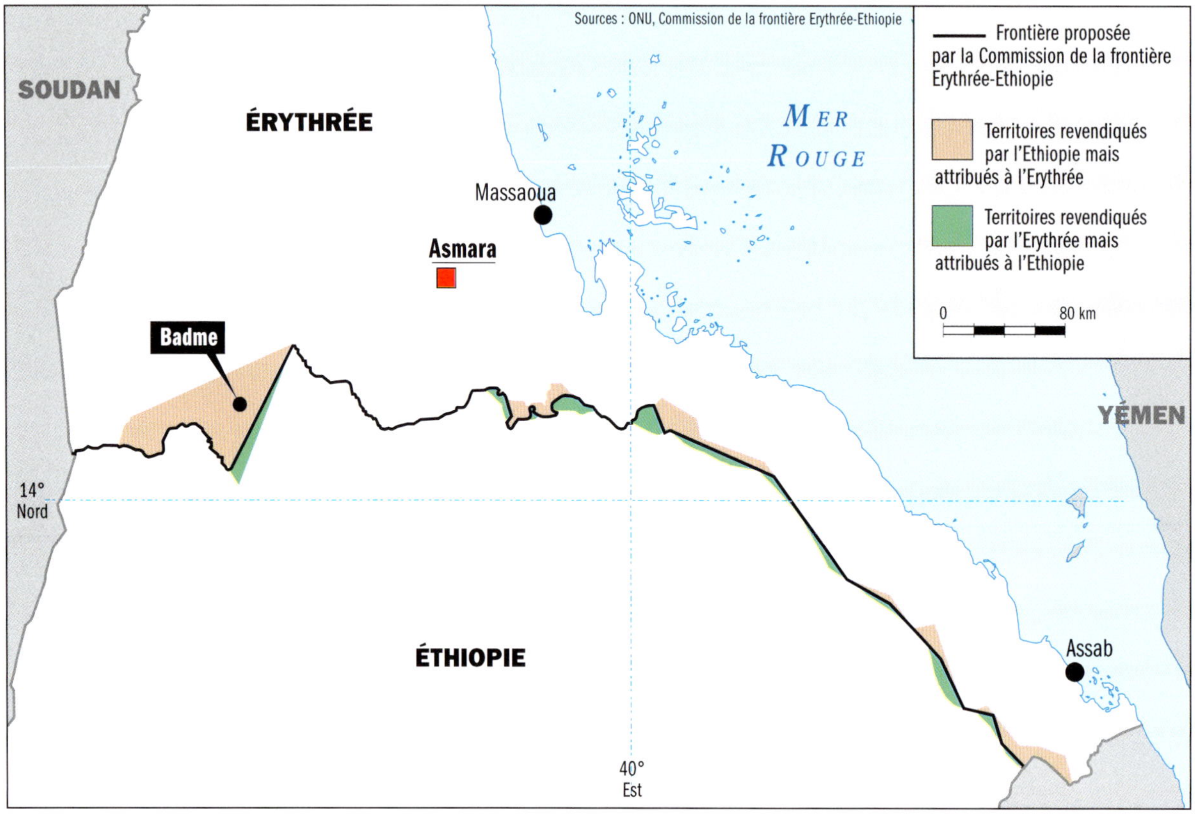

Guerre de tranchées

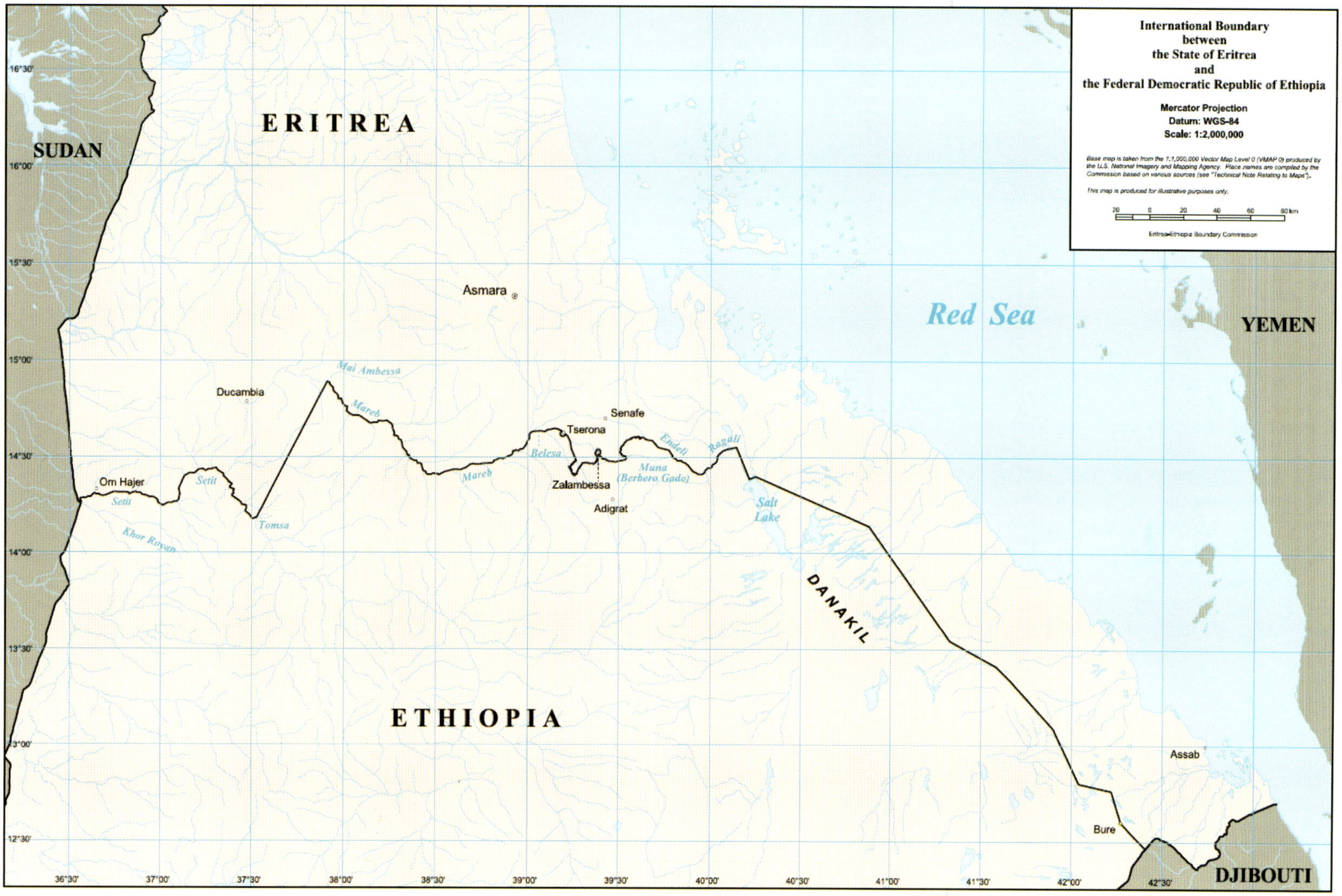

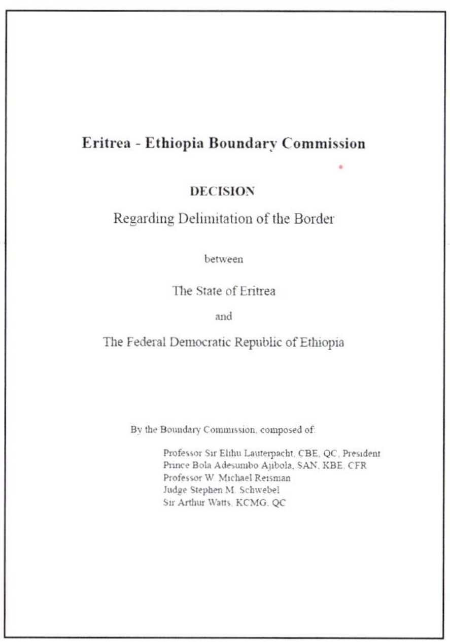

Eritrea - Ethiopia Boundary Commission

DECISION

Regarding Delimitation of the Border

between

The State of Eritrea

and

The Federal Democratic Republic of Ethiopia

By the Boundary Commission, composed of:

Professor Sir Elihu Lauterpacht, CBE, QC, President
Prince Bola Adesumbo Ajibola, SAN, KBE, CFR
Professor W. Michael Reisman
Judge Stephen M. Schwebel
Sir Arthur Watts, KCMG, QC

La carte réalisée par la commission instaurée par les Nations unies et l'Union africaine au lendemain de la guerre de 2000 entre l'Éthiopie et l'Érythrée n'indique pas la localisation de la ville de Badmé, qui constitue l'un des objets majeurs du différend entre Addis-Abeba et Asmara. Les cartes effectuées pendant la colonisation ne faisaient pas figurer cette localité, qui n'était à l'époque qu'un hameau.

LES ÉTATS FICTIFS NÉS DE L'APARTHEID

Les bantoustans sud-africains, ces territoires autonomes réservés aux Noirs, ont été créés en 1951 par le gouvernement de la coalition nationaliste afrikaner menée par D. F. Malan. Celle-ci était arrivée au pouvoir en 1948 et avait déjà pris diverses mesures ségrégationnistes. Mais elle souhaitait aller plus loin et instaurer un système de développement séparé, en mettant en place un arsenal de discriminations politiques, économiques et juridiques. Dans cette vision raciste, qui voulait préserver la pureté de la race blanche, il semblait en effet logique de réaliser des sortes de réserves pour accueillir la population noire. Ce qui fut fait avec la promulgation du Bantu Authorities Act, qui lui attribua les territoires considérés comme appartenant aux tribus bantoues par le Native Land Act de 1913. Ce qui signifiait que près des trois quarts de la population sud-africaine allaient devoir s'entasser dans des enclaves représentant 13 % de la superficie de l'Afrique du Sud. Deux autres lois – le Bantu Self Government Act de 1959 et le Bantu Homeland Citizenship Act de 1970 – allaient par la suite préciser les contours d'un nouveau système de gouvernement local et régional, basé sur les chefferies traditionnelles.

On créa une dizaine de bantoustans destinés chacun à abriter une ethnie particulière. Et on obligea les populations noires, quel que fût leur lieu de naissance et de résidence, à rejoindre le territoire de leur ethnie. Ce qui provoqua d'énormes mouvements de populations à travers tout le pays. C'est ainsi qu'apparurent sur les cartes dix territoires autonomes : le Bophuthatswana, le Ciskei, le Gazankulu, le Kwandebele, le Kwangwane, le Kwazulu, le Lebowa, le Qwaqwa, le Transkei et le Venda. Quatre d'entre eux (le Bophuthatswana, le Ciskei, le Transkei, et le Venda) accédèrent à l'« indépendance » à la fin des années 1970. Une indépendance bien évidemment fictive et qui n'a jamais été reconnue par la communauté internationale.

Les bantoustans, qui disposaient de gouvernements internes, étaient totalement exclus du processus de développement économique. Sans infrastructures ni industries, les populations entassées étaient condamnées à l'agriculture, alors même que l'autosuffisance alimentaire ne pouvait être atteinte. D'où la nécessité, pour tous ceux qui le pouvaient, de demander un pass (passeport intérieur) afin d'aller chercher du travail dans les régions minières ou dans la périphérie des centres urbains réservés aux Blancs.

Les bantoustans disparurent en 1994, avec la fin de l'apartheid.

Blanc sur noir

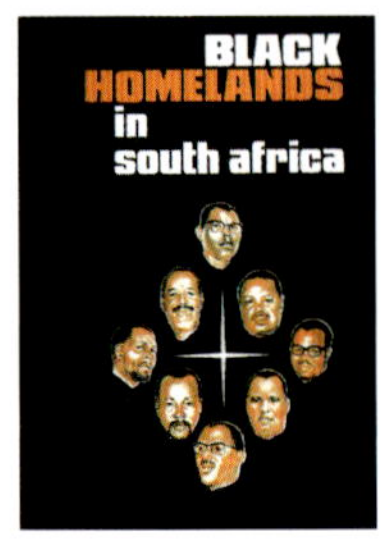

Le livre *Black Homelands* in South Africa, dont la couverture est reproduite ci-dessus, a été publié en 1976. Les bantoustans sont figurés par des taches blanches sur un fond noir. Dans son introduction, le directeur de l'Africa Institute note que l'« octroi de l'indépendance au Transkei, premier bantoustan à obtenir un tel statut en octobre 1976, a suscité un intérêt pour ces entités territoriales particulières ». Le livre justifie en environ 300 pages la création de ces pseudo-États et présente les aspects institutionnels, économiques et sociaux qui s'y rapportent.

[> DÉCRYPTAGE <]

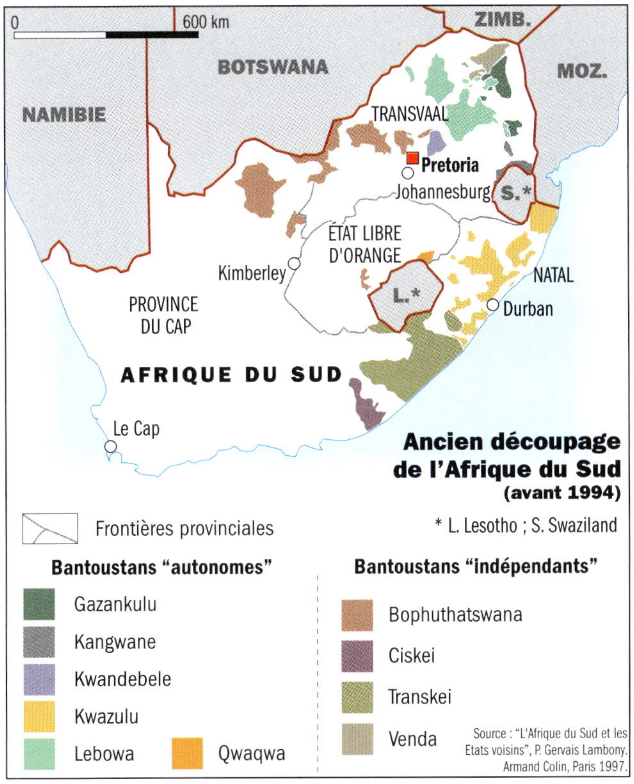

Ancien découpage de l'Afrique du Sud (avant 1994)

Les tribus du Transkei

Situé au sud du Lesotho et peuplé de plus de 3 millions d'habitants, le Transkei était composé de trois unités territoriales séparées les unes des autres. Le document ci-contre précise l'implantation géographique des diverses tribus du Transkei, premier bantoustan à accéder à l'« indépendance » en octobre 1976.

Tout sur le Bophuthatswana

La carte météorologique de la république du Bophuthatswana présente le relevé des températures les plus basses au mois de janvier. Elle est tirée du livre publié en décembre 1977 pour célébrer l'« indépendance » de ce bantoustan morcelé. Le découpage choisi par l'administration sud-africaine aboutissait en effet à l'association de six unités territoriales séparées les unes des autres et où vivaient un peu moins de 2 millions de personnes. Ces unités sont ici tracées en rose.

Sahara occidental

UN VIEUX CONFLIT QUI S'ENLISE DANS LES SABLES

Ouvert par le retrait de l'Espagne, en 1975, le conflit du Sahara occidental, l'un des plus vieux de la planète, reste sans solution. Profitant du départ des forces européennes, le Maroc et la Mauritanie s'étaient aussitôt partagé ce vaste territoire désertique sans trop se préoccuper des souhaits des populations. Le Front Polisario (Front pour la libération de la Saguía El-Hamra et du Río de Oro), qui s'était constitué dès 1973 pour réclamer la décolonisation, avait alors formé, trois ans plus tard, un gouvernement et milité pour la création d'un État sahraoui indépendant. Il soutenait que, par le passé, les tribus de la région ne s'étaient jamais soumises ni à l'autorité des sultans marocains (au nord), ni à celle des émirs mauritaniens (au sud). La Mauritanie allait rapidement se retirer, en 1979. Mais le Maroc en a profité pour occuper l'ensemble du territoire. Et il continue de l'administrer depuis lors.

[> DÉCRYPTAGE <]

vu des ÉTATS-UNIS

Selon Washington, le Sahara occidental représente une entité géographique à part entière. L'ancien secrétaire d'État James Baker avait été chargé par les Nations unies d'élaborer un plan de paix qui prévoyait un référendum d'autodétermination. Mais les Marocains et le Front Polisario n'ont jamais réussi à se mettre d'accord sur la composition du corps électoral.

Les 450 000 Sahraouis, nomades aux origines arabes, berbères et noires, se sont éparpillés au Maroc, en Mauritanie et, surtout, en Algérie (160 000 réfugiés). Après des décennies d'épisodes guerriers entre le Maroc et le Front Polisario, un cessez-le-feu a été négocié sous les auspices de l'ONU, en 1991, avec la perspective d'un référendum d'autodétermination qui laisserait le choix entre l'indépendance, l'autonomie ou l'intégration dans le Maroc. Cette solution, soutenue par la communauté internationale et par le Polisario, a cependant buté sur un refus catégorique des Marocains, qui accusent le frère ennemi algérien d'armer les rebelles, mais surtout d'avoir créé le conflit. Pour l'Algérie, il s'agit d'un simple problème de décolonisation, qui doit être résolu selon le principe du droit des peuples à disposer d'eux-mêmes.
Aujourd'hui, le cessez-le-feu est globalement respecté. Si la Mauritanie est demeurée neutre, l'Espagne et la France s'en tiennent au plan de paix de 1991, tout comme l'Algérie, qui propose par ailleurs un partage en deux régions, l'une restant sous souveraineté marocaine et l'autre passant sous souveraineté sahraouie. En 2004, l'Afrique du Sud, la plus grande puissance économique du continent noir, a reconnu la République sahraouie. Après ce revers diplomatique, le Maroc a tenté d'ajouter un nouvel argument pour asseoir son contrôle sur le Sahara occidental, en affirmant que la menace terroriste dans la région était désormais une réalité et qu'un État sahraoui risquerait d'en devenir une base arrière. Dans tous les cas, comme le déclarait le roi Mohammed VI, « le Maroc ne renoncera jamais à sa souveraineté sur le Sahara occidental ».

*vu d'*ALGÉRIE

Fidèle alliée du Front Polisario, l'Algérie, qui accueille sur son territoire le camp de Tindouf, n'a jamais accepté l'occupation du Sahara occidental par le Maroc. Son point de vue s'est d'ailleurs imposé au sein de l'Union africaine.

vu du MAROC

Pour les autorités marocaines, le Sahara occidental ne constitue plus une entité géographique à part entière. Il prend rang parmi les seize régions administratives qui composent le royaume. Le sud du Sahara occidental est considéré comme la première des régions administratives, celle de Oued Eddahab-Lagouira.

vu par LE FRONT POLISARIO

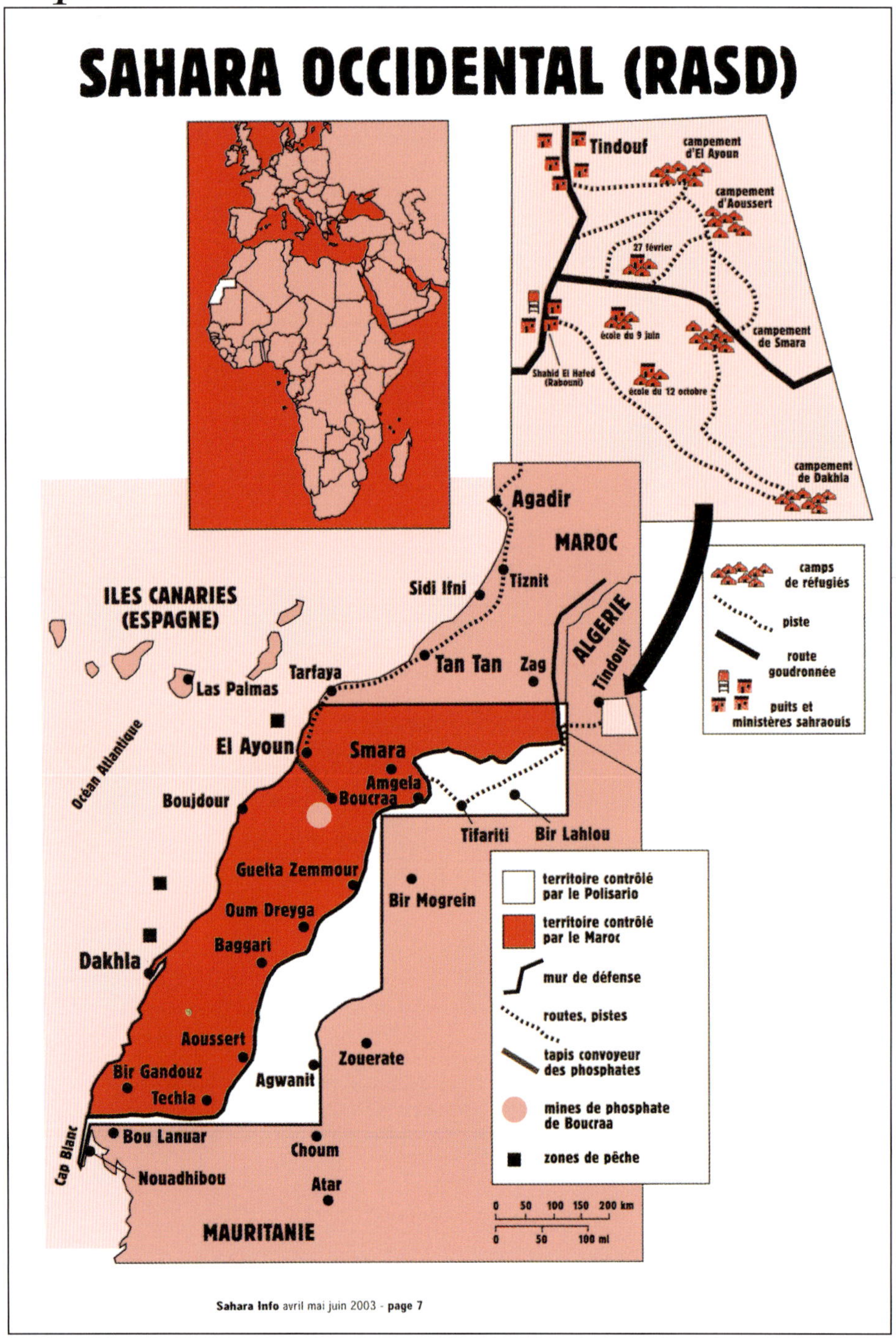

Cette carte (conçue par le Front Polisario) **présente la partie du Sahara occidental** qui se trouve à l'est du mur de défense comme une zone libérée, sous contrôle du Front Polisario.

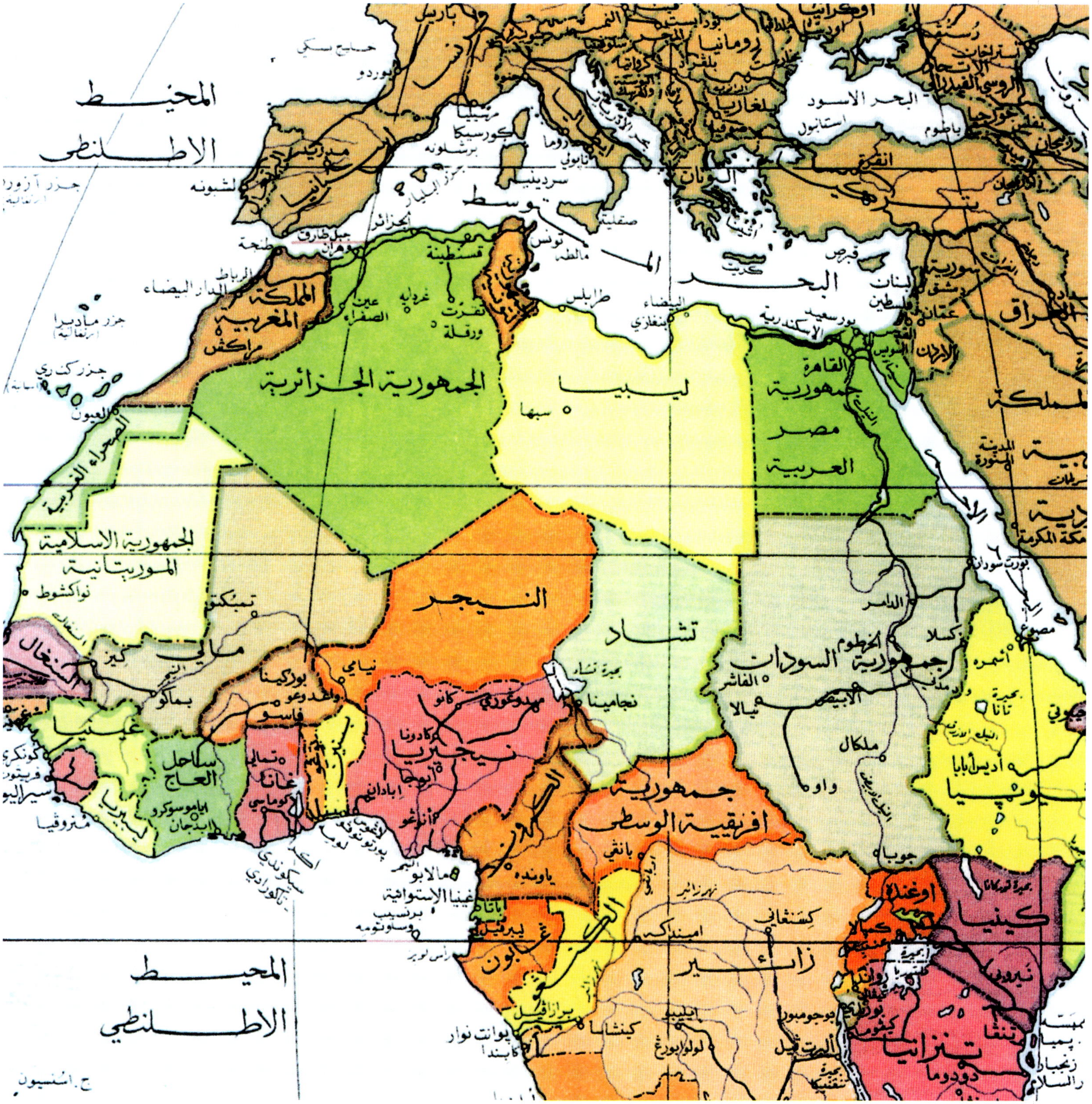

Pour la Palestine, l'intégrité territoriale du Sahara occidental doit être respectée. Une position partagée par les Nations unies, qui n'ont jamais approuvé l'annexion par le Maroc de cette ancienne colonie marocaine.

139 PÔLES

Cercle polaire

À QUI APPARTIENT LA BANQUISE ?

La région arctique couvre 30 millions de kilomètres carrés, soit le sixième des surfaces émergées de la planète. Ces territoires gelés sont peuplés par environ 4 millions de personnes, qui parlent douze langues et se répartissent entre une trentaine de groupes ethniques différents. Zone de confrontation entre les États-Unis et l'Union soviétique, cette région avait une grande importance stratégique durant la guerre froide. Mais l'implosion de l'Union soviétique a ouvert une nouvelle époque, marquée par une coopération plus étroite entre tous les pays limitrophes du cercle polaire. Le Conseil de l'Arctique regroupe aujourd'hui les États-Unis, le Canada, l'Islande, la Norvège, la Suède, la Finlande, le Danemark et la Russie dans un forum consultatif qui se propose de faciliter une gestion harmonieuse de la région. Le Conseil est également un lieu de débat entre les États et les organisations des peuples indigènes.

Longtemps isolés par la rigueur du climat, les peuples autochtones doivent désormais faire face à l'afflux de populations venues des latitudes plus tempérées, attirées par les perspectives d'exploitation et de développement des régions polaires. Afin de faire reconnaître leurs droits sur ces territoires, les Inuits, qui vivent répartis entre la Sibérie, l'Alaska, le Canada et le Groenland ont créé en 1977 une organisation non gouvernementale, la Conférence circumpolaire inuite.

La création et l'octroi aux Inuits canadiens du territoire du Nunavut, en 1999, leur a permis d'obtenir un certain degré d'autogestion sur un territoire équivalant au cinquième du Canada. Mais les enjeux économiques liés à l'exploitation des ressources en hydrocarbures et à l'ouverture de nouvelles routes commerciales, du fait de la disparition progressive de la banquise, font peser de graves menaces sur l'équilibre écologique de l'Arctique et sur les modes de vie traditionnels des populations autochtones.

[> DÉCRYPTAGE <]

Territoire du Canada créé le 1er avril 1999, le Nunavut est le résultat de plus de trente années de négociations entre les Inuits de l'est et du centre de l'Arctique canadien, le gouvernement des Territoires du Nord-Ouest et le gouvernement du Canada.

Les langues du froid

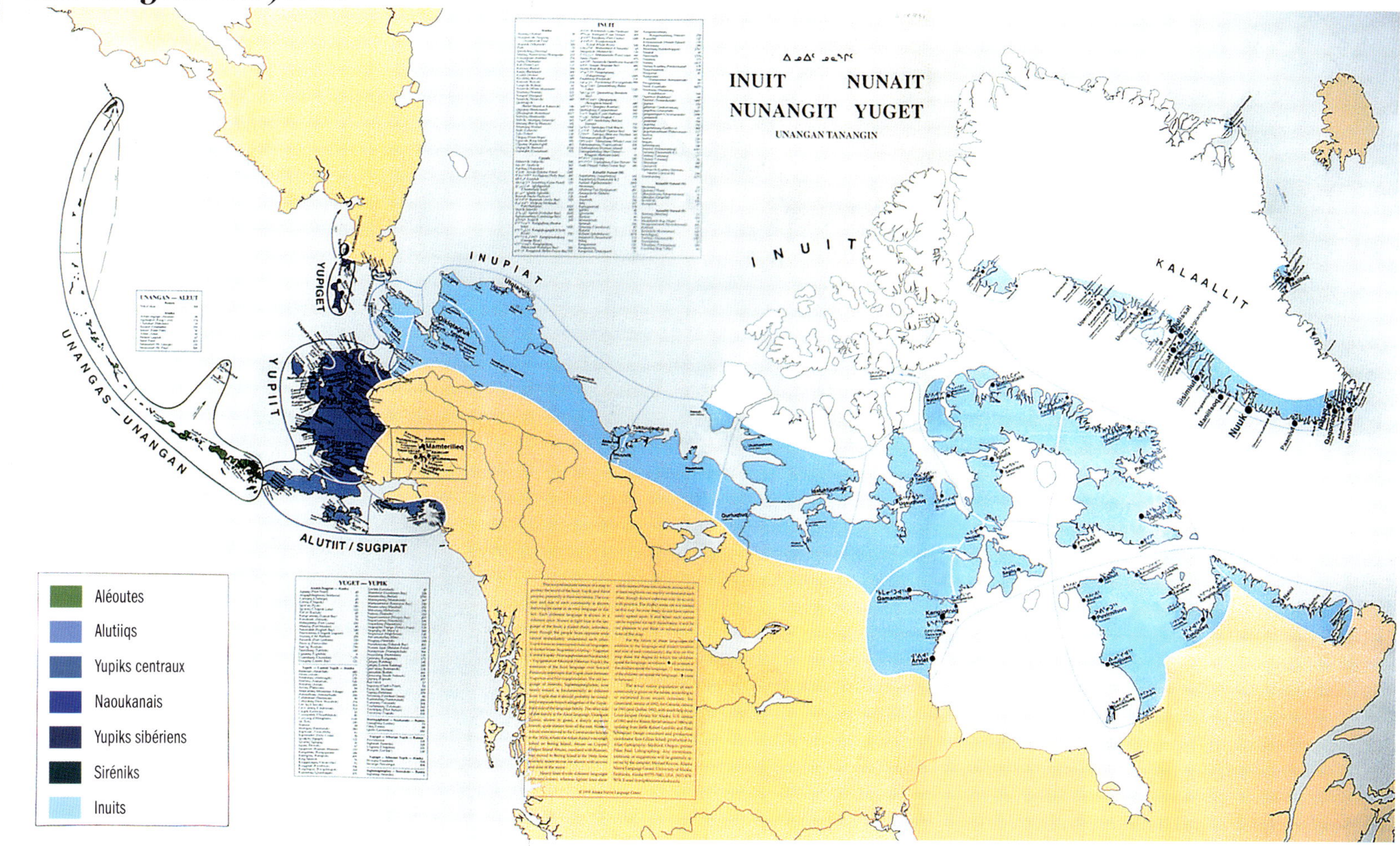

La carte établie par le Centre des langues indigènes de l'Alaska ne couvre qu'une partie des populations indigènes du cercle polaire. Elle représente les groupes linguistiques inuit (en bleu clair), yupik (en bleu sombre) et aléoute (en vert), qui couvrent 249 communautés réparties entre la Sibérie et le Groenland.

Océan Arctique

DES GLACES TRÈS PRISÉES

Les changements climatiques en cours conduisent à une modification progressive de la physionomie de l'océan Arctique. Des zones non navigables une partie de l'année le deviennent, comme notamment le passage du Nord-Ouest qui permet de rejoindre les océans Pacifique et Atlantique par le nord du continent américain. Ces évolutions profondes accélèrent la compétition entre les pays limitrophes (Danemark, Russie, Norvège, États-Unis et Canada), tous soucieux de garantir leur accès aux richesses minières réputées nombreuses dans le sous-sol de l'océan Arctique.
Les Russes ont ouvert les hostilités en août 2007 en envoyant par plus de 4 200 mètres de fond une sonde habitée. Objectif de la mission : planter un drapeau russe sur la chaîne sous-marine Lomonossov qui traverse de part en part l'océan pour clamer la souveraineté russe sur le sol sous-marin. Moscou revendique 1,2 million de kilomètres carrés de terres immergées sur la base du concept de plateau continental tel que défini par l'article 76 de la convention des Nations unies sur la loi de la mer.
Les États-Unis n'ont pas ratifié la convention des Nations unies, mais ne sont pas en reste. Ainsi, ils dépensent des sommes importantes en études (3,6 millions d'euros en 2008) pour prouver que leur plateau continental s'étend au-delà de la limite habituellement admise des 200 milles nautiques. Ils estiment que le plateau continental de l'Alaska est ainsi 200 kilomètres plus large que ce qu'il était jusqu'alors.

Le Canada pour sa part déploie ses forces armées pour patrouiller dans les eaux gelées de l'Arctique. Le Premier ministre canadien Stephen Harper l'affirme sans détour : « À notre avis, le premier principe de la souveraineté de l'océan Arctique est : utilisez-le ou perdez-le. » Un centre d'entraînement militaire doit être construit dans Resolute Bay. Le Canada se dispute avec le Danemark la souveraineté sur l'île de Hans, un territoire relié au pôle Nord par une montagne sous-marine. Ottawa et Moscou se chamaillent autour de plusieurs zones maritimes. États-Unis et Canada se regardent en chiens de faïence au sujet du passage du Nord-Ouest.
Certes, au printemps 2008, lors d'une conférence au Groenland, les cinq pays voisins de l'océan Arctique ont accepté le principe du *statu quo* pour gérer cet espace commun, mais la recherche de ressources nouvelles pourrait à tout moment relancer les tensions et attiser les convoitises.
D'autant que 122 États doivent soumettre avant le 13 mai 2009 leurs demandes de rectification de leur zone territoriale en vue d'une révision éventuelle auprès de la Commission des limites du plateau continental, l'agence des Nations unies chargée de l'application de la convention.

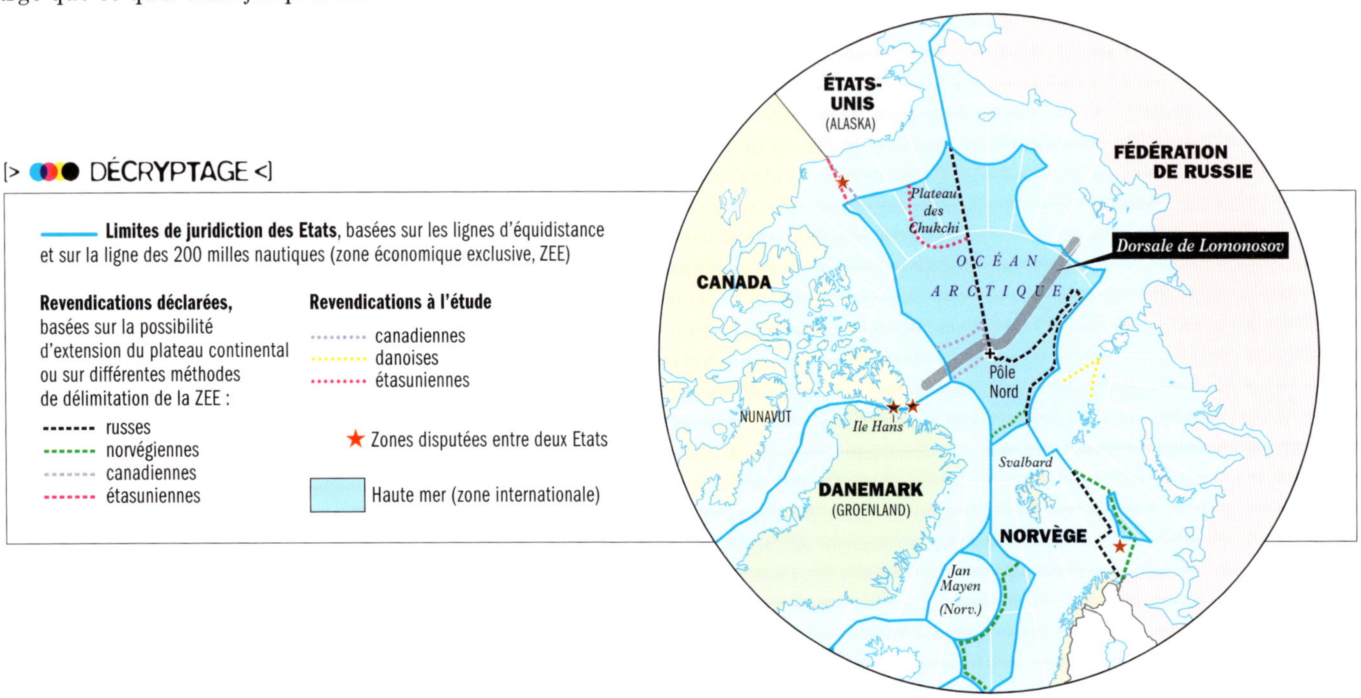

Le Nord est à nous

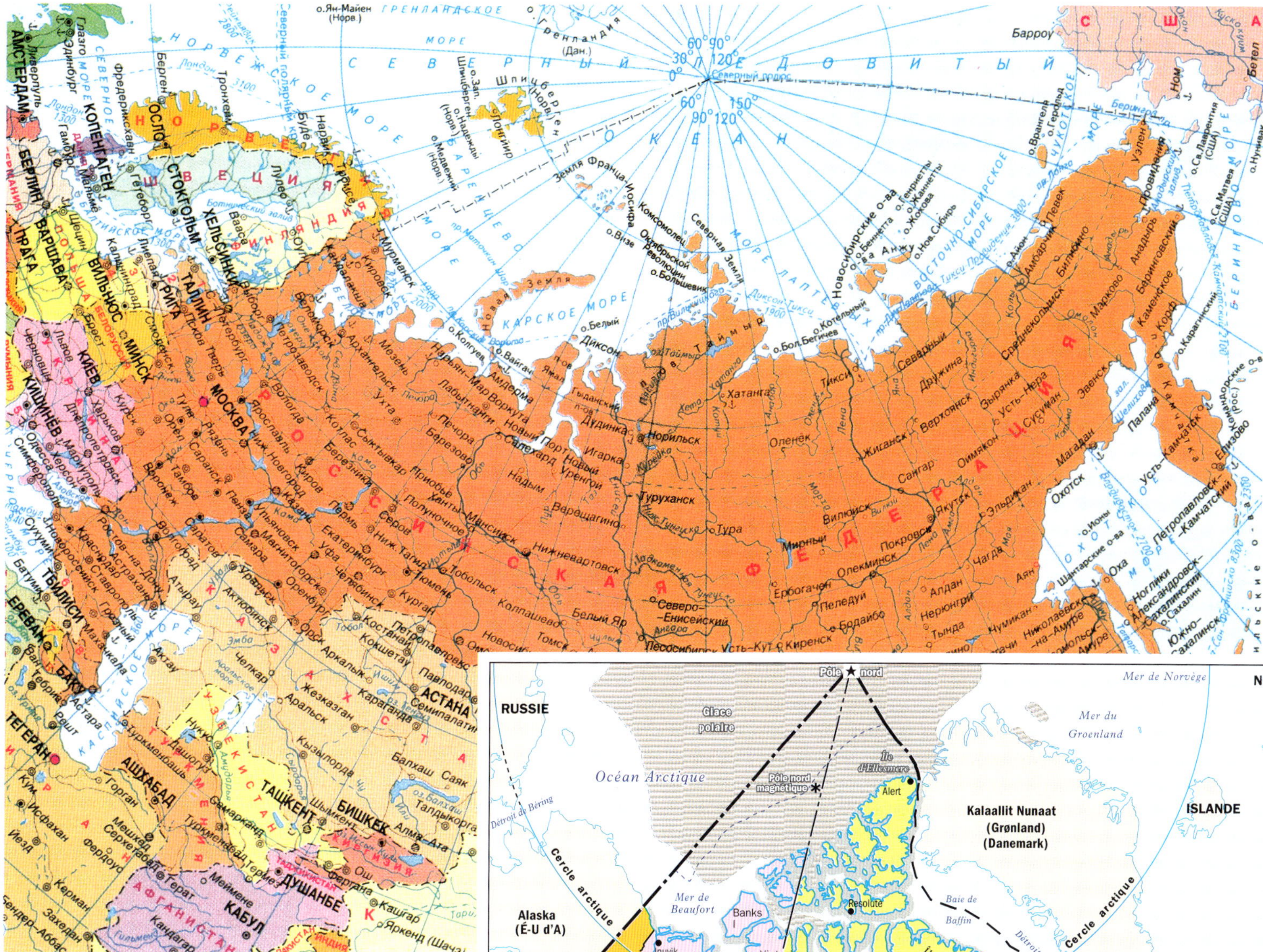

Sur ces deux cartes, on peut distinguer une frontière internationale qui court jusqu'au pôle Nord, marquant ainsi la volonté des États d'imposer leur souveraineté sur des zones de haute mer. La carte ci-dessus provient de *L'Atlas du monde* réalisé par le service fédéral de géodésie et de cartographie de Russie (2003). La carte ci-contre est extraite de « L'Atlas du Canada », un site de référence en ligne depuis 1994, réactualisé en permanence (//atlas.nrcan.gc.ca).

L'ARGENTINE FASCINÉE PAR L'EXTRÊME SUD

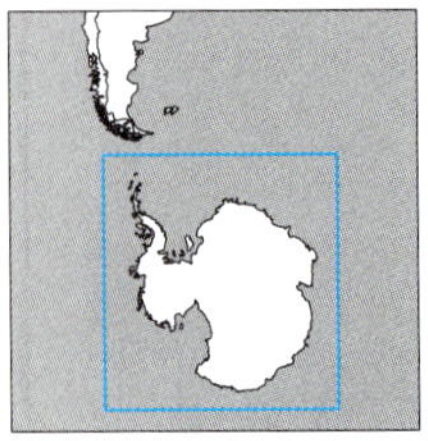

Les Argentins ont une relation particulière à l'Antarctique. Pour eux, la tranche de glace qu'ils occupent sur le continent blanc est une prolongation naturelle de leur territoire, déjà démesurément étiré – une sorte de province d'outre-mer qui ferait partie intégrante de la patrie. Administrativement, ce territoire appartient à la province de la Terre de Feu et le gouverneur d'Ushuaia désigne chaque année un délégué à la zone antarctique qui représente le pouvoir civil sur place. Chaque année, le 22 février, tout le pays est invité à célébrer le jour de l'Antarctique argentin (*Día de la Antártida argentina*). Et l'année 2004 a été consacrée « année de l'Antarctique » pour fêter le centenaire de la prise de contrôle de la base d'Orcadas. Orcadas était un minuscule observatoire météorologique et magnétique, qui avait été créé sur le continent blanc par l'océanographe écossais William Bruce et qui avait été vendu par celui-ci au gouvernement argentin pour la modique somme de 5 000 pesos (environ 1 350 euros). Pendant quarante ans, l'Argentine est restée le seul pays à occuper le terrain de façon permanente, ce qui lui a permis de légitimer sa revendication sur le territoire. Puis vint, en 1951, l'Institut antarctique argentin (IAA), dont la principale mission était le développement d'activités scientifiques. Depuis 1969, année de la création de la base aérienne de Marambio, l'aviation militaire s'est chargée de développer les installations permanentes. Elle y a construit, dans des conditions extrêmes, une véritable piste d'atterrissage en terre

[> DÉCRYPTAGE <]

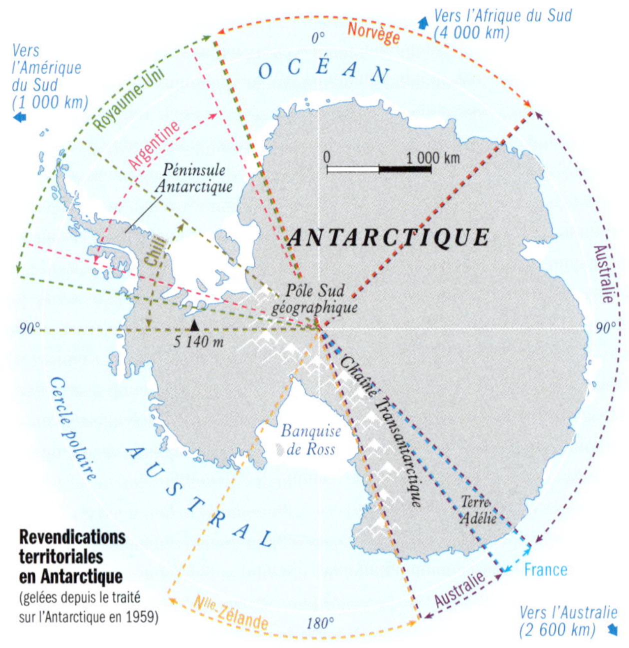

Source : "L'Antarctique" (éd. Dominos Flammarion)

Une part de glace

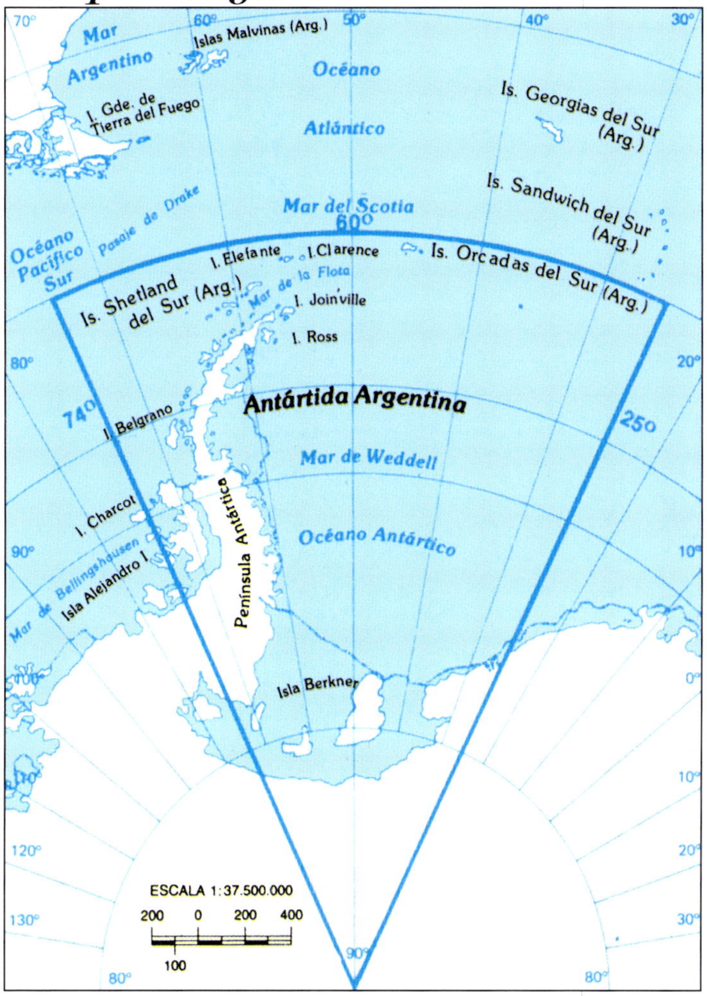

Extraite de la *Auto mapa Islas malvinas* (carte routière argentine sur les Malouines) et dessinée à partir de données militaires, cette carte représente la région de l'Antarctique revendiquée par l'Argentine. Cette zone est délimitée avec précision par les méridiens 25° et 74° de longitude ouest. Les zones revendiquées par les autres pays ne sont pas indiquées. On remarque aussi que les îles anglaises de Géorgie du Sud et Sandwich du Sud sont présentées comme possessions argentines.

(qui n'est jamais recouverte par la neige, grâce à l'action incessante des puissants vents antarctiques). L'Argentine entretient au total six bases permanentes et sept temporaires.

Mais l'Argentine est-elle, comme elle le prétend, propriétaire des lieux ? Elle a déclaré sa souveraineté sur une portion du continent en 1943, après la Grande-Bretagne, la Nouvelle-Zélande, l'Australie, la Norvège, la France et le Chili. Cette prétention a donné lieu à des litiges en raison du chevauchement de ses revendications territoriales avec celles du Royaume-Uni et du Chili. Pour mieux affirmer ses droits, l'Argentine a été jusqu'à faire accoucher une femme sur ce bout de continent gelé ; mais, bien qu'elle estime avoir des droits particuliers sur ce continent, elle est tenue par le traité de Washington signé le 1er décembre 1959. Comme les six autres États ayant déclaré leur souveraineté sur le continent, elle a, par cet accord, accepté une limitation de l'exercice de sa souveraineté jusqu'en 2031. De fait, le succès du traité de Washington, qui lie aujourd'hui une soixantaine d'États, démontre l'intérêt que les membres de la communauté internationale portent au continent. Le traité établit un statut international applicable à une région couvrant le cinquième de la superficie de l'Antarctique, sur laquelle aucune souveraineté n'est reconnue. Les résultats des activités de recherche scientifique doivent par ailleurs être partagés entre les pays signataires de l'accord. En 1991, le protocole de Madrid a déclaré l'Antarctique réserve naturelle, libre d'armes, de déchets nucléaires et de pollution.

HO

lim

ites

IL Y A LA GÉOGRAPHIE, ET PUIS L'IMAGINAIRE DE LA GÉOGRAPHIE. CET IMAGINAIRE, CE SONT D'ABORD LES PREMIÈRES CARTES DU MONDE CONNU, CES CÔTES DESSINÉES DE FAÇON APPROXIMATIVE... PUIS, PEU À PEU, D'EXPÉDITIONS EN DÉCOUVERTES, LES CINQ CONTINENTS ONT ÉTÉ « DÉCOUVERTS » ET NOS REPRÉSENTATIONS PLANES DU MONDE ONT ACQUIS UNE PRÉCISION SCIENTIFIQUE. LA POÉSIE DES CARTES S'EST ALORS RÉFUGIÉE AILLEURS, DANS LES PLANS D'ARTISTES ET DANS LES PLANISPHÈRES DU FUTUR.

Aux origines

Peu d'exemples nous sont parvenus des moyens employés par les peuples anciens pour représenter leur territoire ou leur monde. Sans doute les dessins et inscriptions retrouvés sur des fragments d'argile ou de papyrus indiquent-ils que les Égyptiens et les habitants de la Mésopotamie avaient déjà conçu les principes fondateurs de la cartographie. Trente siècles avant Jésus-Christ, on utilisait des tablettes d'argile pour dessiner contours et itinéraires. Mais ces éléments sont trop parcellaires pour parler de travail cartographique. Les légendes ou les traditions permettent cependant de savoir que ces peuples se faisaient du monde une image empreinte de mythologie. La Terre était souvent représentée comme une surface rectangulaire, ovale ou ronde, bordée de chaînes de montagnes, flottant sur l'océan sous une voûte céleste fixe et solide.

Il faut attendre les savants grecs pour voir s'établir les bases de la géographie mathématique et de la cartographie. Tous les éléments de la cartographie moderne sont déjà présents dans la cartographie grecque : sphéricité de la Terre, mesure des latitudes – et, avec moins de précision, des longitudes –, coordonnées terrestres, systèmes de projection.

Vers 650 av. J.-C., Thalès de Milet imagine – déjà – la rotondité de la Terre. Au VIe siècle av. J.-C., Hécatée dessine les premières cartes centrées sur la Méditerranée. Quelques siècles plus tard, le conservateur de la bibliothèque d'Alexandrie, Ératosthène, mesure la circonférence de la Terre avec une très grande précision. Au IIe siècle apr. J.-C., Claude Ptolémée (90-168), astronome et géographe d'Alexandrie, invente une méthode qui lui permet de déterminer la longitude et la latitude de 8 000 points du globe, mais il fonde ses calculs sur des données erronées. Son travail sera redécouvert au XIVe siècle et son erreur dans l'estimation des distances entre différents points de la Terre amènera Christophe Colomb à croire que les Indes étaient plus facilement accessibles par l'ouest.

Baguettes et coquillages

Bien avant l'ère chrétienne, on utilisait en Polynésie des cartes nautiques. Comme celle reproduite ici, elles étaient faites de coquillages, qui représentent des îles, et de baguettes, qui figurent les routes maritimes à suivre.

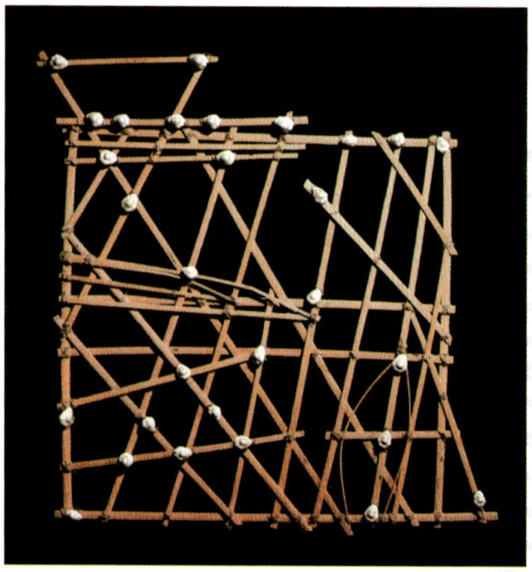

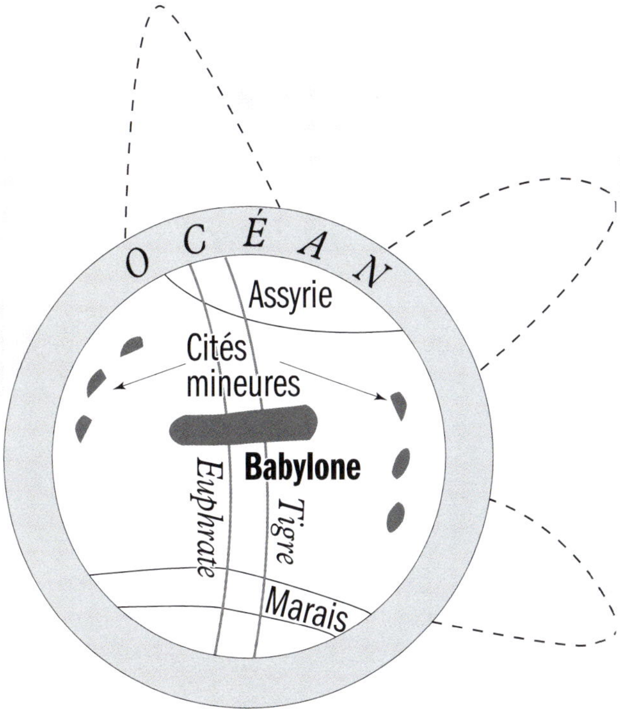

Ⓐ Tablette babylonienne

Faite d'argile, cette carte est datée de 600 avant notre ère. On y voit la plaine de Mésopotamie où coule l'Euphrate. Le monde est entouré d'un anneau qui symbolise les océans, au-delà desquels des excroissances triangulaires figurent de mystérieuses terres inconnues.

Les voies romaines

LES VOIES ROMAINES

Bien qu'étant la carte romaine la plus reproduite, la *Table de Peutinger* ne permet pas de percevoir l'ampleur des travaux cartographiques entrepris par les Romains. Conquérants terriens, ils ont eu une vision utilitaire de la géographie et leurs représentations de l'espace étaient liées aux conquêtes impériales. Des topographes accompagnaient les armées romaines dans leurs campagnes afin de reconnaître les terrains gagnés sur l'ennemi. Les informations recueillies étaient utilisées pour les besoins militaires et le développement d'infrastructures telles que les routes, mais aussi pour décrire les itinéraires. *La Table de Peutinger*, du nom du collectionneur allemand du XVIe siècle à qui elle fut offerte, était une forme de description géographique très répandue. Si cette carte n'apporte pas d'informations topographiques, elle donne des indications de distances et de taille des lieux, informations très pratiques pour le voyageur. Les distances nord-sud sont représentées à une plus petite échelle que les distances est-ouest, permettant ainsi au voyageur de déplier ou de dérouler la section qui correspondait à son parcours.

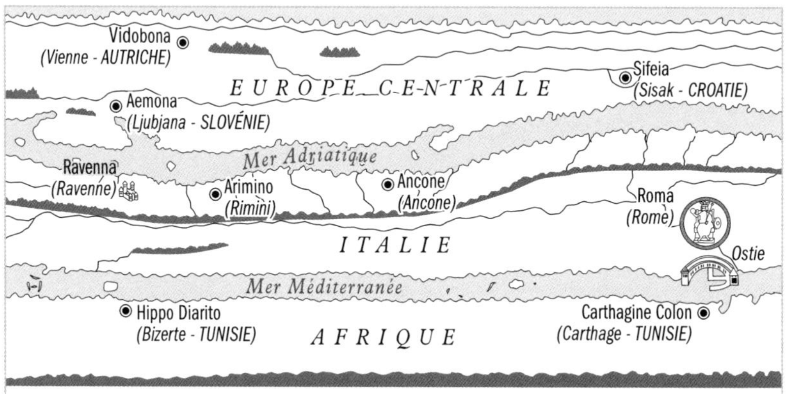

Vidobona : Nom figurant sur la table de Peutinger
Vienne : Nom actuel

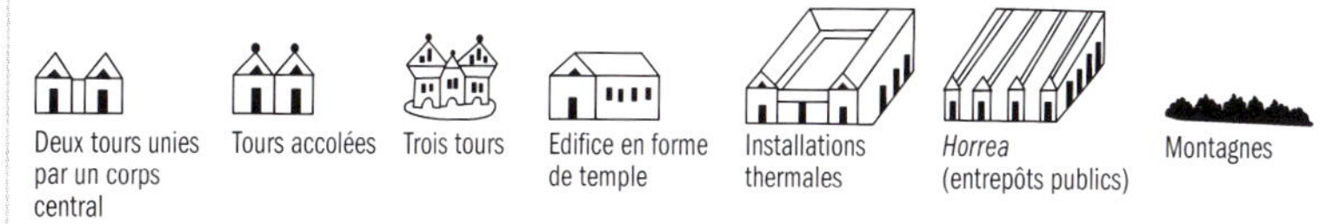

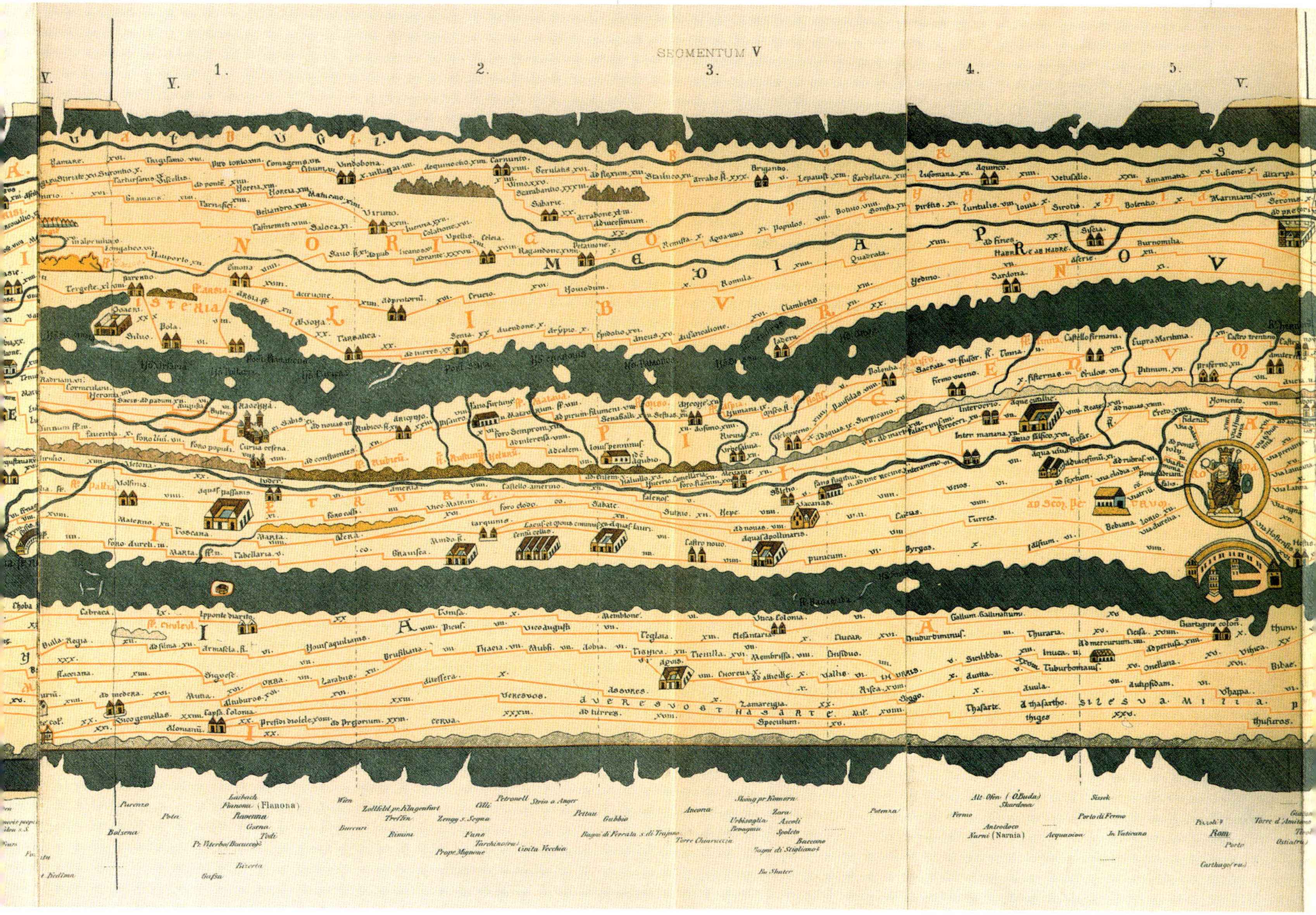

La Table de Peutinger est une copie datant du Moyen Âge d'une carte routière romaine dressée entre 335 et 366. L'ensemble du monde romain figure sur ce parchemin peint de 34 centimètres de haut et de près de 7 mètres de long.

La géographie arabe

En contact avec l'Occident et l'Orient, les Arabes ont eu une vocation d'intermédiaires. Ils traduisent les travaux cartographiques grecs oubliés et délaissés en Occident et les complètent de leurs contacts avec les savants chinois et indiens. Ils reçoivent la boussole des Chinois, qui connaissaient les propriétés de l'aiguille aimantée depuis un millénaire. Le calife Al-Mamoun encourage l'étude de la géographie et fait construire un observatoire à Bagdad. Les observations de l'astronome Aboul Hassan permettent de corriger certaines tables de Ptolémée. Mais c'est le travail du philosophe et médecin Al-Idrissi, réalisé en 1154 pour le compte du roi Roger II de Sicile, qui témoigne le mieux des progrès accomplis par les cartographes du monde islamique. Il a ainsi dressé une mappemonde et soixante-dix cartes détaillées, rassemblées dans un livre intitulé *Les Récréations de celui qui aspire à parcourir le monde*. Al-Idrissi a emprunté à la géographie chinoise en plaçant le nord en bas de ses cartes. Travaillant à partir des données erronées de Ptolémée, il n'a pu représenter correctement l'Afrique de l'Est et le sous-continent indien, mais il a tracé les côtes chinoises. Bien qu'incomplètes, ces cartes sont beaucoup plus évoluées que les images du monde dessinées à la même époque en Occident.

La mappemonde dressée par Al-Idrissi date de 1154.
S'appuyant sur les travaux erronés de Ptolémée,
elle ne représente pas correctement le sous-continent indien
ni l'Afrique de l'Est. Contrairement à la disposition
qui nous est familière, le Sud est en haut de la carte.

L'histoire des jaïns

La religion jaïne est vieille de deux mille cinq cents ans. Bien que moins nombreux que les hindous, les jaïns ont beaucoup apporté aux traditions artistiques et à la pensée indiennes. Extrêmement conceptuels, les schémas cartographiques jaïns ne sont pas nécessairement conçus comme des représentations géographiques, bien que rivières ou montagnes y soient dessinées. Au-delà du cercle des océans et des continents, des personnages sont présents, qui symbolisent les contacts des Indiens avec les autres peuples du Moyen-Orient ou d'Asie du Sud. Ces dessins se distinguent par la parfaite symétrie entre les différents cadrans. Leur inutilité géographique et leur symétrie permettent de penser qu'ils devaient servir dans la pratique de la méditation. Selon certains écrits, la structure circulaire de ces schémas évoque la vision cyclique du temps et de la destinée humaine qui caractérise cette religion.

Ce schéma porte le titre de *Manuslyaloka*, « le monde de l'homme ». Il date du XVe siècle et viendrait du Gujarat ou du Rajasthan, deux États à forte présence jaïne. Un disque et deux anneaux représentent la Terre en un continent central et deux continents extérieurs séparés par les mers. Les limites extérieures pourraient être des montagnes signalant l'extrémité du monde de l'homme. Les figures aux angles sont quatre croyants qui ont atteint la libération. La carte est centrée sur le mont Meru, d'où partent deux grands fleuves.Ces schémas présentent un fort contraste avec les mappemondes qui étaient produites à la même époque en Occident et qui cherchaient à fournir le maximum d'informations précises sur le monde.

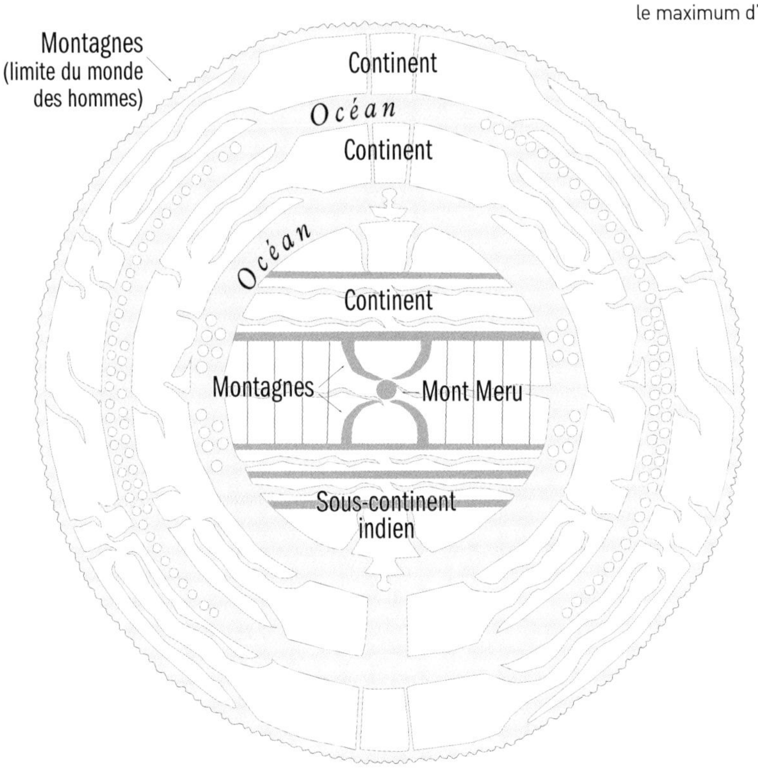

Topographie des mandarins

TOPOGRAPHIE DES MANDARINS

Le savoir-faire cartographique des Chinois est très ancien. On a notamment retrouvé dans une tombe han trois cartes peintes sur soie datant du IIe siècle. Et l'on sait que le ministre des Travaux publics Pei Xiu (224-271) a joué un rôle déterminant dans le développement des méthodes de relevés topographiques. Au début du IIe millénaire, l'usage de la boussole a permis aux géographes de faire des progrès essentiels.

L'apogée de la production cartographique se situe vers les VIIe et VIIIe siècles, sous la dynastie Tang. La gravure sur bois offre la possibilité de reproduire et de diffuser plus largement les schémas. On date de 1155 la plus ancienne carte imprimée. Les Chinois dessinent des cartes très précises de leur empire et les explorations des petits pays voisins enrichissent les tracés. L'introduction des travaux d'Ortelius, qui est due aux missionnaires jésuites, à la fin du XVIe siècle, entraînera une unification des techniques cartographiques sur le modèle occidental.

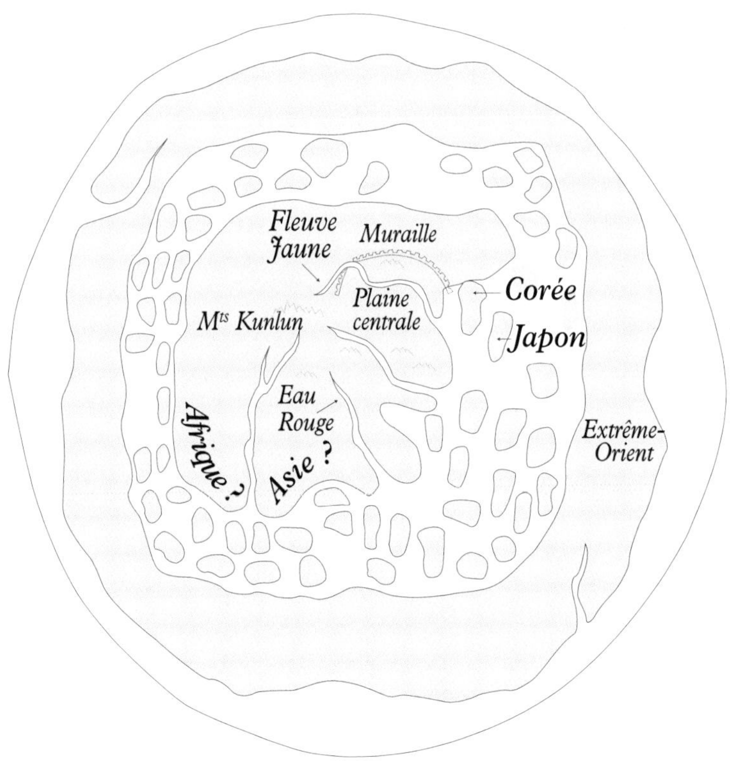

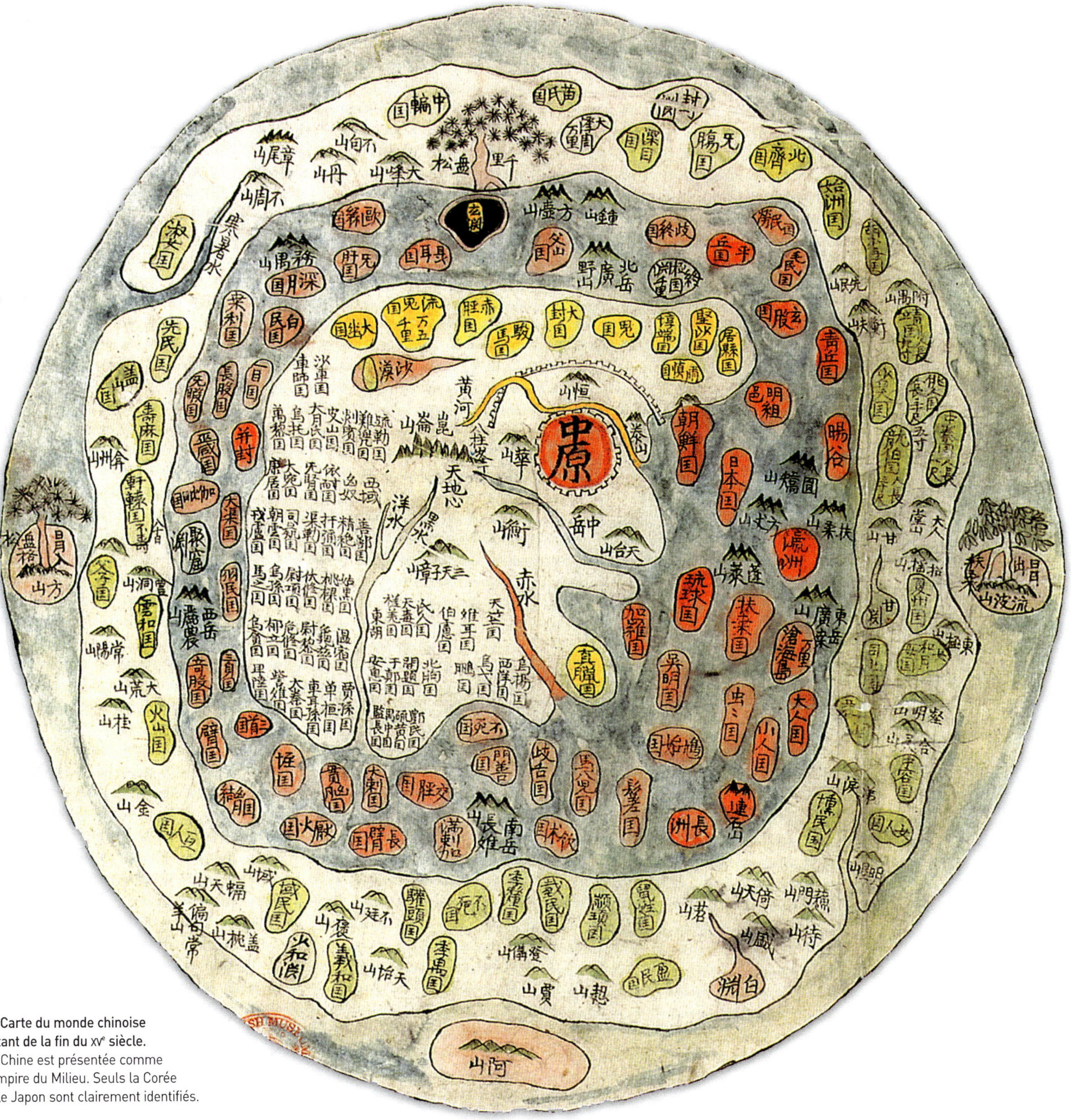

Carte du monde chinoise datant de la fin du XVe siècle. La Chine est présentée comme l'empire du Milieu. Seuls la Corée et le Japon sont clairement identifiés.

Influence européenne

Les cartes traditionnelles japonaises établies avant les premiers contacts avec les Européens étaient essentiellement des représentations religieuses et symboliques. La plus connue d'entre elles s'appelle « Gotenjiku-Zu ou Carte des cinq Indes ». Représentation bouddhiste, elle ne donne que de rares informations géographiques. C'est au travers des travaux des missionnaires jésuites italiens, qui s'installent peu à peu en Chine au milieu du XVIe siècle, que les conceptions cartographiques européennes se font une place en Extrême-Orient. En 1584, le missionnaire italien Matteo Ricci fait imprimer sur du bois une carte du monde rédigée en idéogrammes. Elle remporta très vite un grand succès et dut être réimprimée de nombreuses fois. La version nippone du travail de Ricci fut un succès tout aussi grand. Malgré la politique de fermeture du Japon de l'époque face aux étrangers, les reproductions géographiques européennes ont continué à être utilisées au cours des deux siècles suivants.

Bankoku-Sozu

Cette carte imprimée à partir d'un dessin gravé sur bois date de 1645. Elle était accompagnée de quarante images des peuples du monde. Centré sur le Pacifique, ce schéma est titré « Carte complète des peuples du monde » et a été produit à Nagasaki, seul port où les marins hollandais étaient tolérés durant cette période de politique de fermeture du Japon.

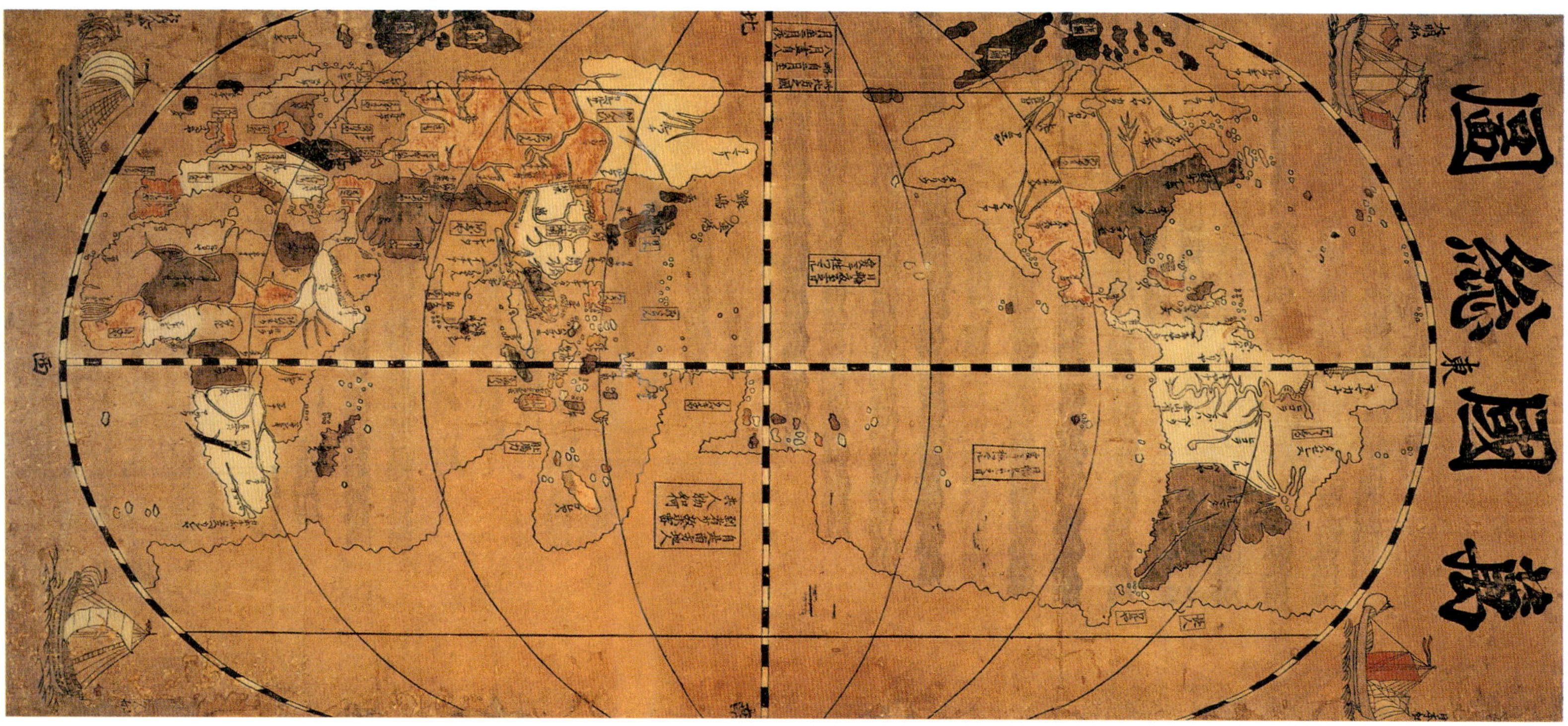

Pendant la colonisation française, classe de jeunes filles dirigée par madame Luce à Alger, vers 1865. Sur le tableau noir : « Le principe de la sagesse est la crainte de Dieu ».
Photographe : Moulin.

Le monde selon Google Earth

Deux ans après sa création, le globe virtuel est plus populaire que jamais, et les futures applications du logiciel s'avèrent prometteuses, explique le magazine américain *Technology Review*.

Depuis peu, de nouveaux outils de visualisation en 3D, accessibles tant aux professionnels qu'aux internautes moyens, ont fait leur apparition. Il s'agit des globes virtuels : qu'ils s'appellent Google Earth, Microsoft Virtual Earth ou World Wind, édité en accès libre par la NASA, ils deviennent toujours plus personnalisés et plus interactifs. Ces cartes numériques, alimentées par la masse immense de contenus créés par les utilisateurs – photos de voyage ou notes thématiques –, forment la charpente d'une nouvelle géographie. Les indications dispensées par ces cartes sont extrêmement variées. Elles peuvent signaler les lieux d'un génocide ou répertorier les endroits les plus romantiques d'une région.

Quand ces globes virtuels seront couplés à une technologie de troisième génération – la réalité virtuelle appliquée aux technologies mobiles –, ils deviendront d'autant plus indispensables. Ces formidables simulations 3D se superposeront alors à la réalité, et nous pourrons y accéder par le biais d'un téléphone portable équipé d'un GPS. Pour votre recherche de logement, celui-ci vous permettra de vous connecter de n'importe où à des bases de données sur l'immobilier. Des plans 3D et des informations sur les prix de vente et les taxes foncières pour toutes les maisons s'afficheront automatiquement.

Au printemps 2007, moins de deux ans après avoir vu le jour, Google Earth avait déjà été téléchargé plus de 250 millions de fois. Les circonstances de sa naissance remontent au début des années 2000. À l'époque, il en est assez rapidement résulté une diminution des prix de l'imagerie aérienne et satellitaire, une plus grande disponibilité des informations topographiques et géographiques collectées par les

vu sur GOOGLE MAPS

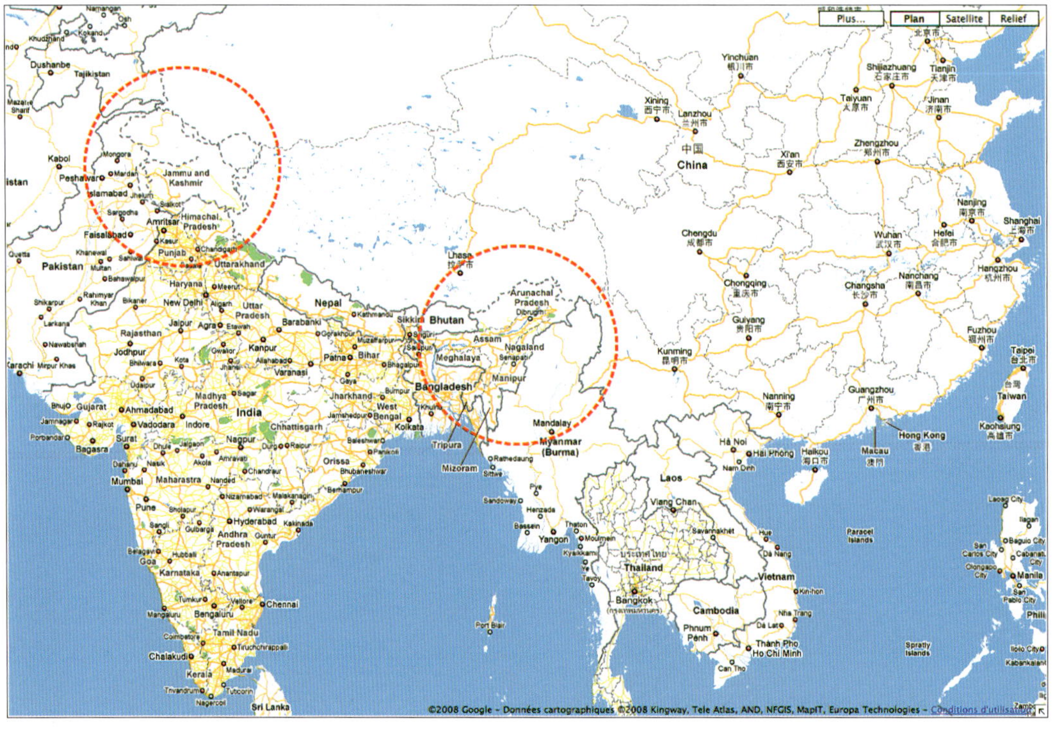

gouvernements du monde entier, une normalisation des technologies de modélisation 3D (développées à l'origine pour les jeux vidéo) et l'augmentation du parc mondial d'ordinateurs équipés de cartes graphiques 3D de forte capacité. Les résultats sont parfois saisissants. Ainsi, le Musée mémorial de l'Holocauste, aux États-Unis, s'est associé à Google pour indiquer la situation géographique de 1 600 villages du Darfour ravagés par la campagne du gouvernement soudanais contre les tribus non arabes. En faisant un gros plan sur ces points, un utilisateur peut voir les restes des villages détruits par les milices progouvernementales des Janjawid. Cette réalité se trouve sur la même planète numérique que visitent de nombreux Américains pour y découvrir leur maison ou l'école que fréquentent leurs enfants.

On rajoute des données sur le planisphère de Google Earth sous forme de couches d'informations que l'on « dépose » à la surface du globe virtuel. Un utilisateur lambda, habile en modélisation 3D, peut donc créer une nouvelle couche d'informations géographiques et y inclure des bâtiments et des ponts, par exemple. Un véritable globe virtuel ne devrait cependant pas être statique comme l'est le modèle de Berlin ou celui du Darfour ; il devrait plutôt refléter toute l'animation du monde réel, en temps réel. Le site Fboweb.com, notamment, offre des outils de planification de vols pour les pilotes et les passionnés d'aviation. La société a développé une application 3D permettant de suivre les vols en direct. Un autre projet d'envergure est en cours. Il s'agit du raccordement – sans fil – de l'ensemble des régions du monde. De minuscules capteurs à puce, connectés par radio, sont installés sur tout ce qui peut fournir des données : ponts, systèmes de ventilation, équipements militaires, et même sur le corps humain. Cette toute nouvelle spécialité a été désignée sous le nom de *reality mining* (« fouille du réel ») par les chercheurs du Media Lab du Massachusetts Institute of Technology (MIT). Grâce à ce système, des soldats pourront entre autres obtenir des informations stratégiques par le biais d'équipements portatifs, et des chefs d'entreprise pourront superviser leur usine à l'aide des postes de visualisation en 3D.

Wade Roush, *Technology Review*

Le peuple indien surui a demandé l'aide de Google pour lutter contre la déforestation illégale en Amazonie. Grâce aux photos satellitaires fournies par la société californienne, il sera possible de surveiller l'activité des exploitants de bois et de minerais susceptibles de pénétrer sur les 250 000 hectares de la réserve protégée des Indiens. Les 1 200 membres de la tribu auront un accès Internet par satellite afin de découvrir ces images.
D'après les organisations écologistes, entre 60 % et 80 % de l'exploitation forestière en Amazonie se feraient illégalement.

vu sur GOOGLE DITU

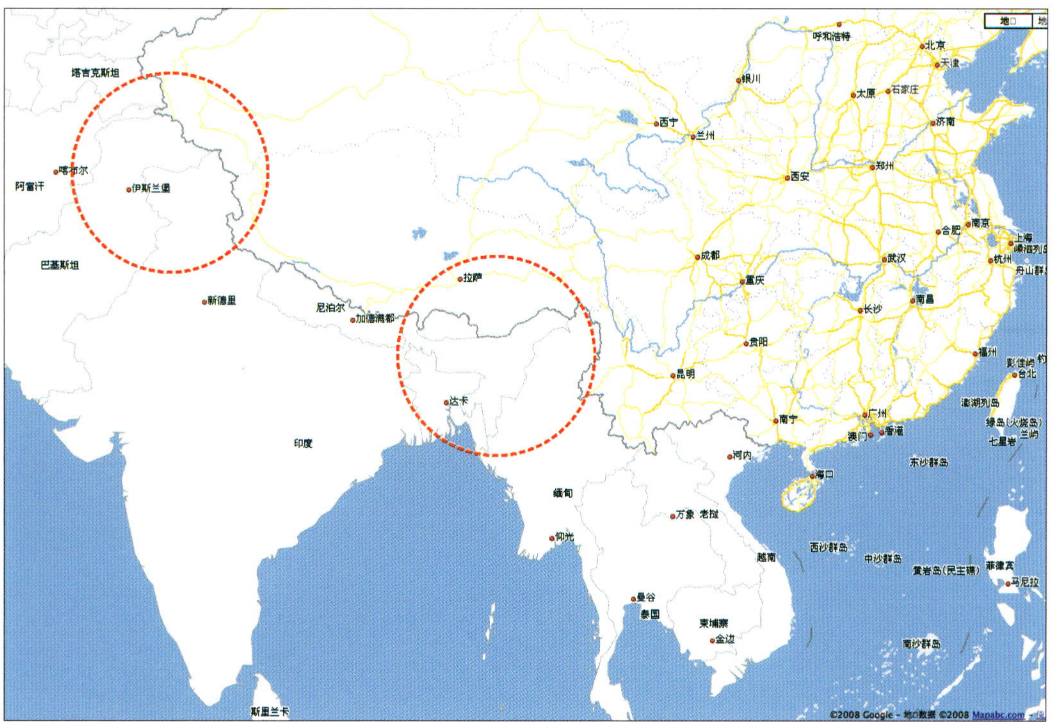

Politiquement très correct

Deux litiges majeurs subsistent entre la Chine et l'Inde sur leurs 3 300 kilomètres de frontière commune : la région du Cachemire, à l'ouest, et la zone de l'Arunachal Pradesh, à l'est. Le nouveau service de cartographie en ligne Google Maps nous permet de voir ces frontières contestées, tout naturellement sous forme de pointillés. Dans un article de la revue *La Géographie* signé Boris Beaude, nous apprenons qu'il existe une déclinaison chinoise de Google Maps, Google Ditu, qui a la particularité de présenter sur le même théâtre des frontières redessinées, en trait continu, tout à fait conformes avec la vision géopolitique de Pékin : ainsi à l'est, le dessin de la frontière laisse penser de façon mensongère qu'une grande partie de l'État indien de l'Arunachal Pradesh fait partie de la Chine. Il est vrai que Pékin revendique ce territoire avec constance depuis 1962. De même, à l'ouest, la frontière chinoise englobe sans état d'âme ni « pointillé » les territoires de l'Aksai Chin et de la vallée de Shaksgam, actuellement administrés par la Chine, mais revendiqués par l'Inde. À la différence de la situation à l'est de la frontière sino-indienne, le tronçon occidental représente donc une réalité, celle des lignes de cessez-le-feu qui séparent les territoires contrôlés par les deux rivaux.

FUTUR

La population en 2050

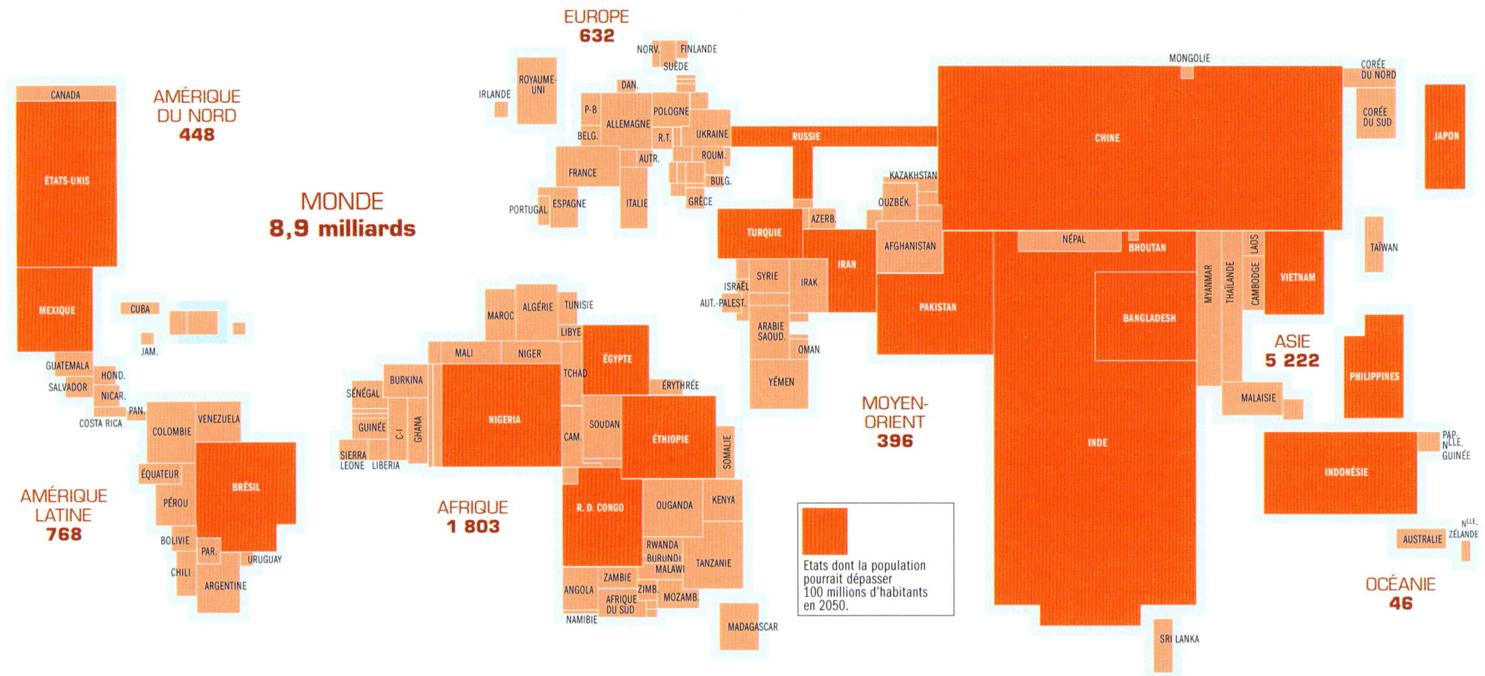

2050 La population mondiale
(projection)

Echelle
(en millions d'habitants)*

250
160
90
40
10

* Dessiner cette anamorphose a occasionné de nombreuses distorsions, et la disposition réelle des pays peut être parfois approximative. Par ailleurs, les Etats de moins de 2 millions d'habitants n'ont pas été mentionnés.

AFRIQUE
1 803 Estimation de la population par zones géographiques (2050, en millions d'habitants)

L'Afrique explose littéralement, sauf dans sa partie australe, où l'on constate les conséquences du sida. L'Asie explose également, l'Inde distance désormais la Chine et le reste du monde, tandis que la Russie s'amoindrit encore.
En Israël, on prévoit que la population arabe dépassera la population juive. Dix-huit Etats dépasseraient les 100 millions d'habitants.

Sources : "2002 World Population Data Sheet" (Population Reference Bureau), Division de la population des Nations unies (POPIN)

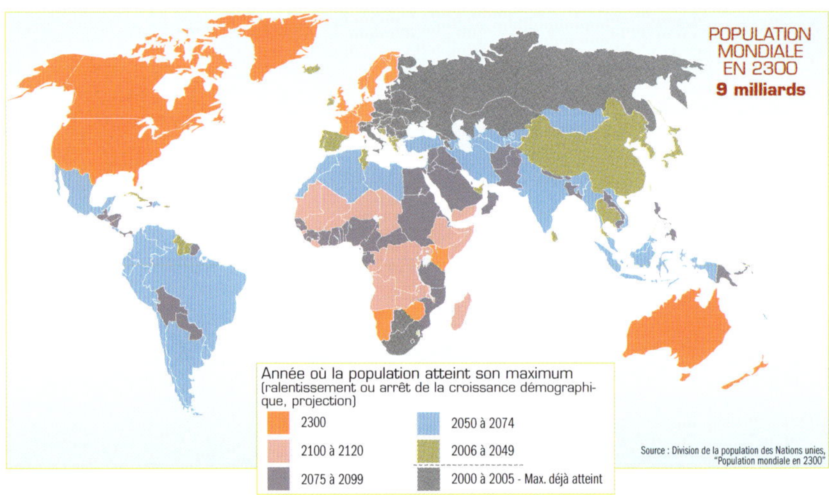

L'urbanisation en 2015

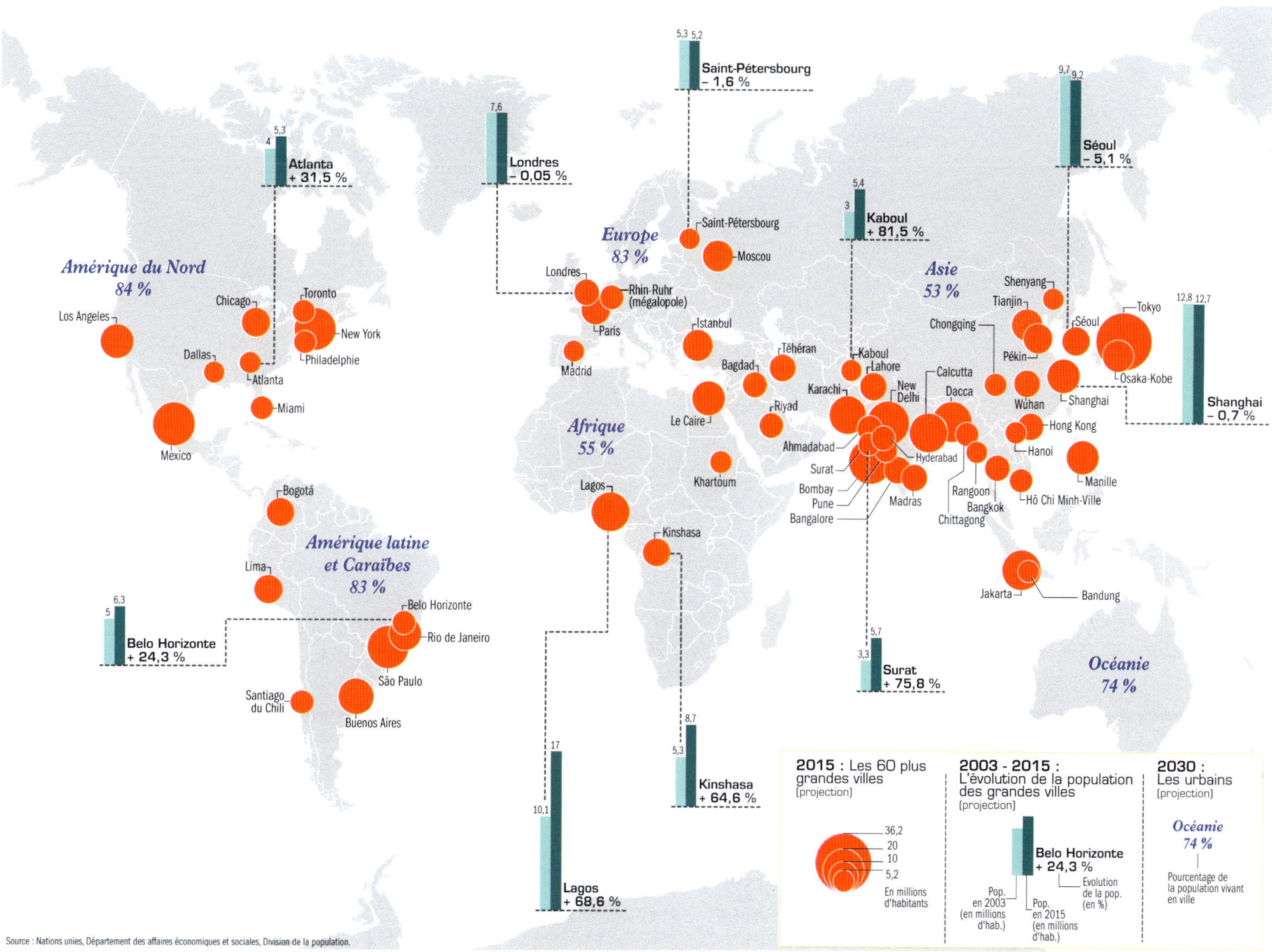

Source : Nations unies, Département des affaires économiques et sociales, Division de la population.

L’eau en 2050

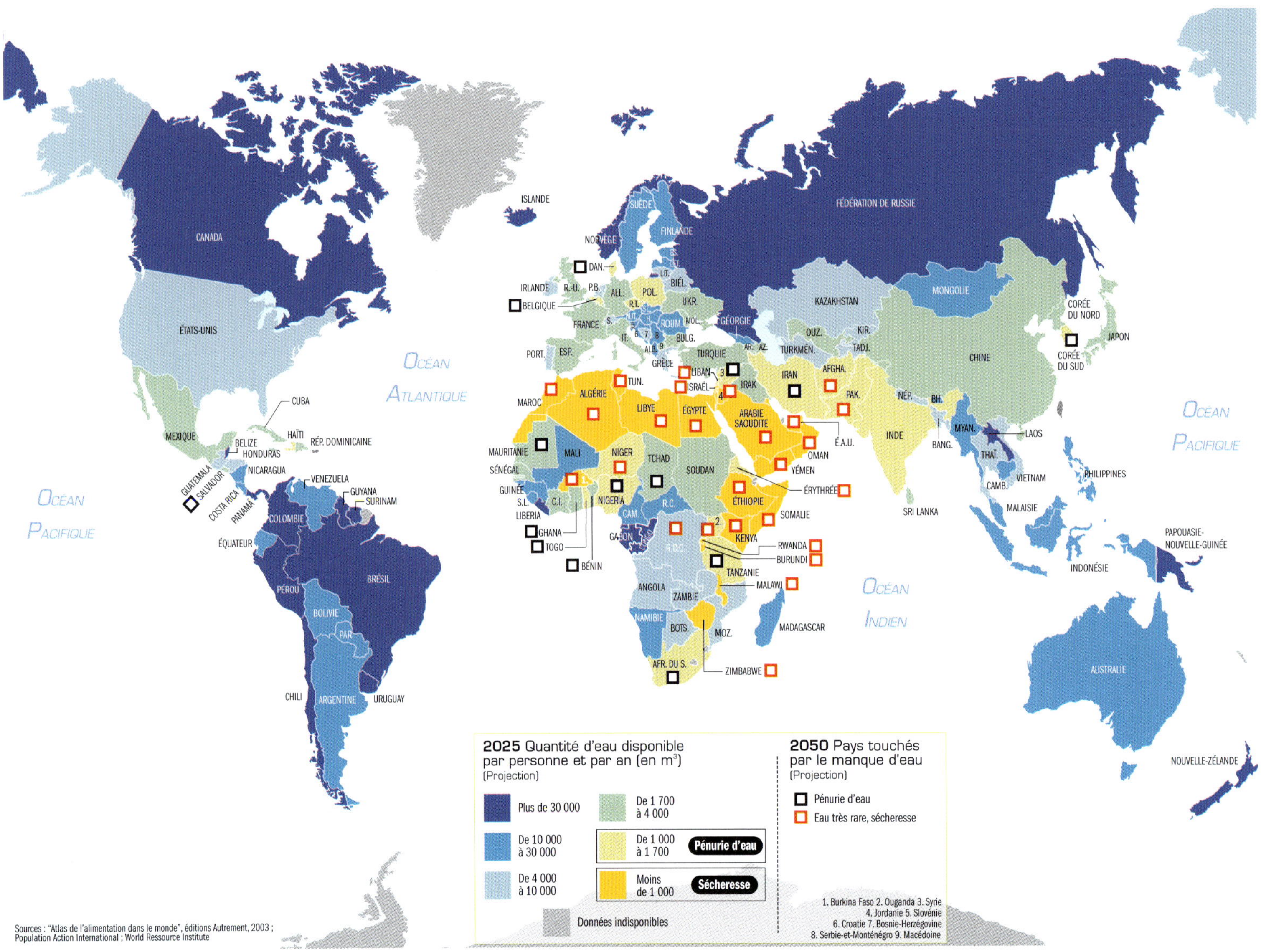

Sources : "Atlas de l'alimentation dans le monde", éditions Autrement, 2003 ; Population Action International ; World Ressource Institute

Le climat en 2050

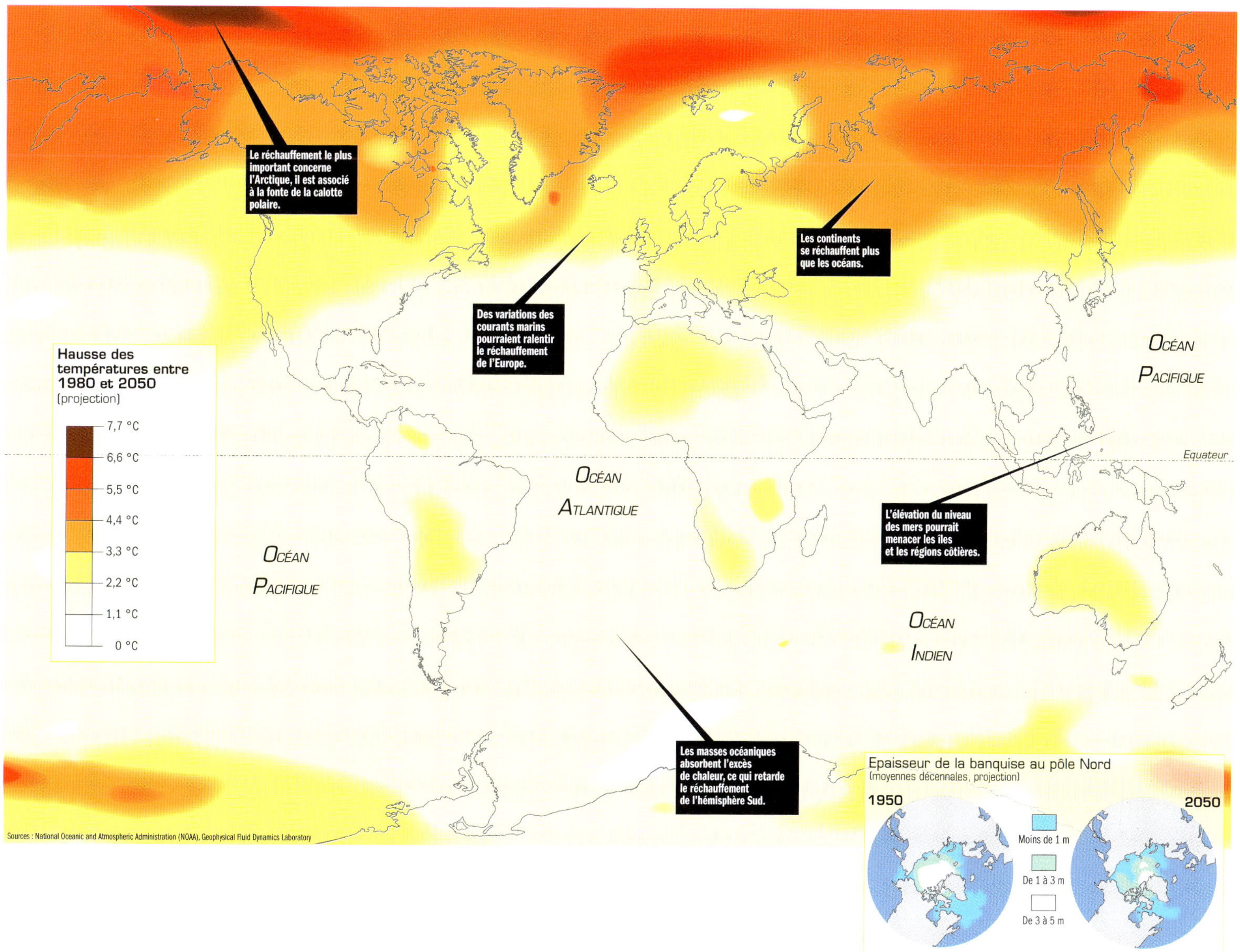

L'exploration spatiale d'ici à 2025

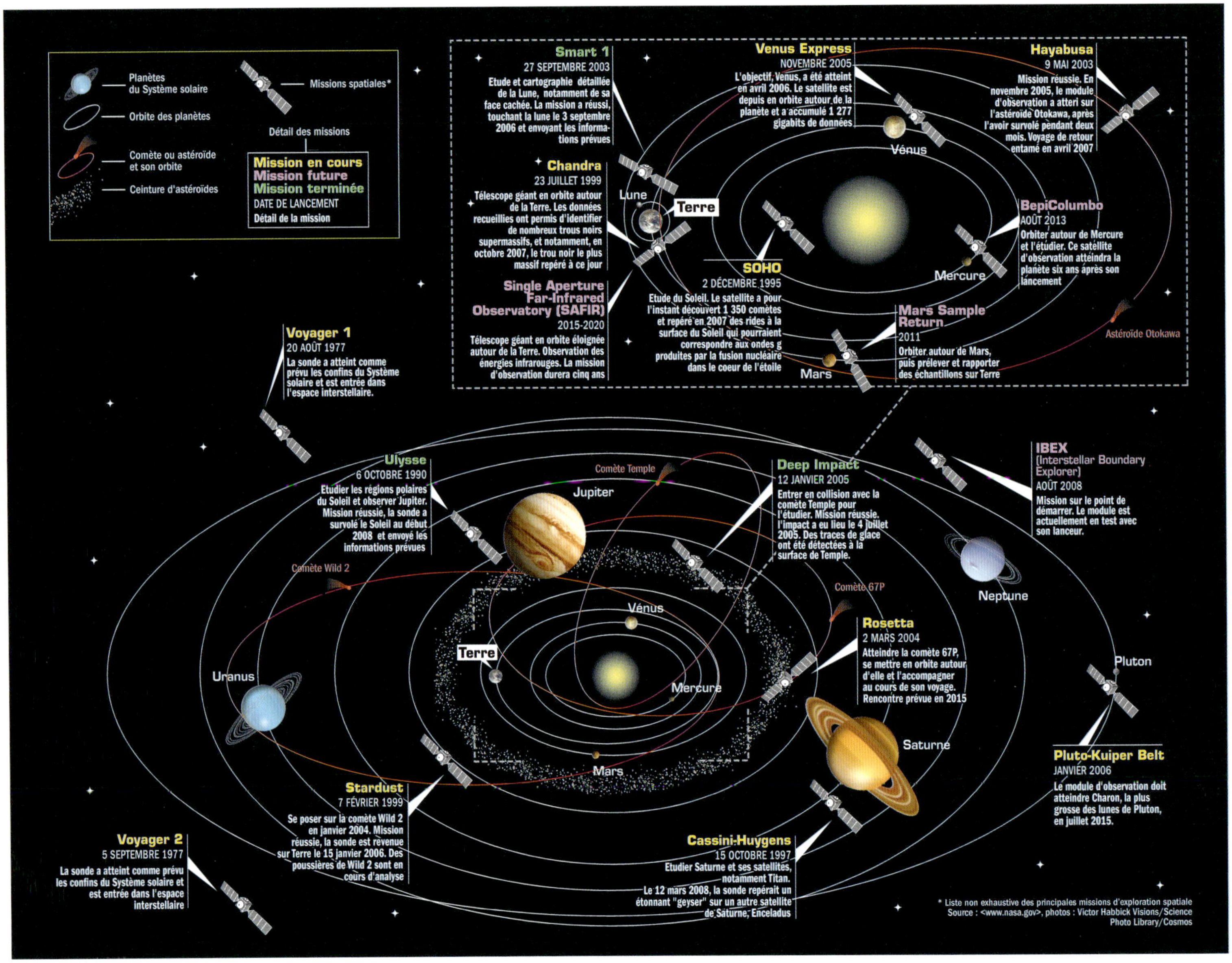

28 mai 2004, grâce à un télescope de la NASA, des astronomes espèrent avoir détecté une planète proche de l'étoile de Coku Tau 4. Conformément aux suppositions des scientifiques, elle effectuerait une rotation sur elle-même. Le disque de poussière qui l'entoure proviendrait d'une autre étoile.

Les mers en 2010

PLUS PROCHES QUE MARS ET POURTANT PLUS MYSTÉRIEUSES

Nous envoyons des sondes sur la planète rouge, mais nous connaissons encore bien mal notre monde sous-marin. Un vaste programme international a commencé son exploration précise.

Thomas Hayden, *US News & World Report*, Washington

Les mers recouvrent près de 70 % de la surface de notre planète, dérobant à nos regards les vallées les plus profondes de la Terre, ses chaînes de montagnes les plus longues et la plupart de ses volcans actifs. De tous ces mystères enfouis du vaste monde sous-marin, l'œil humain et les sondes scientifiques n'en ont vu que 5 %. Les océanographes et les biologistes constatent avec quelque amertume que nous en savons davantage sur la surface de Mars et sur la face cachée de la Lune que sur nos propres océans.

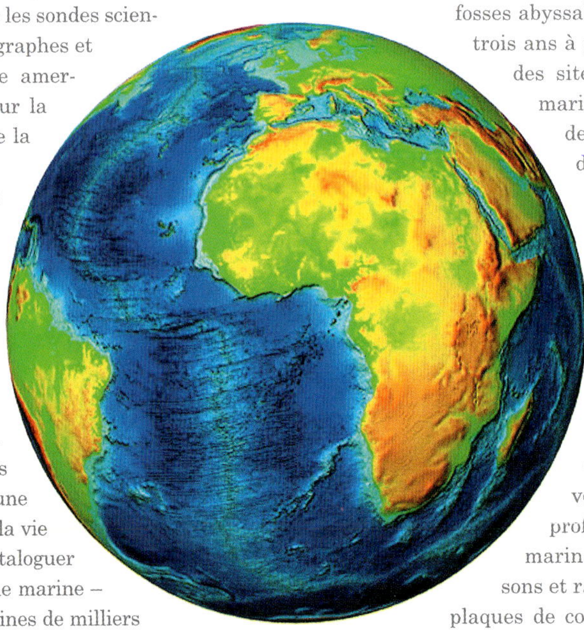

Mais ils n'auront bientôt plus de raisons de se plaindre. Les spécialistes du domaine marin mènent en effet depuis quelques années un important programme d'études concertées pour explorer les océans à une échelle encore jamais égalée – et ce, avant que les effets de la pollution, de la surpêche et du réchauffement global ne les modifient irrémédiablement. Plus de 300 biologistes marins de 53 pays se sont ralliés à une initiative ambitieuse, le recensement de la vie marine (COML : www.coml.org), pour cataloguer d'ici à 2010 toutes les espèces de la faune marine – dont quelque 5 000 poissons et des centaines de milliers d'autres organismes encore inconnus de la science. Des centaines de géologues participant au Programme intégré de forage océanique (IODP) effectuent de profonds carottages dans les fonds marins afin d'en apprendre davantage sur l'histoire et la structure de la Terre. L'Administration nationale des études océaniques et atmosphériques (NOAA, la principale organisation américaine de recherche marine) redouble d'efforts pour explorer un domaine marin largement méconnu. La NOAA a mis en place, en collaboration avec d'autres agences fédérales et des partenaires internationaux, un système mondial de mesure et de surveillance de l'environnement et des climats, reposant sur le suivi de très nombreux paramètres.

En 2001, l'agence dirigée par le vice-amiral à la retraite Conrad Lautenbacher a ainsi créé l'Office d'exploration des océans pour permettre aux océanographes de prospecter les profondeurs marines inexplorées, et notamment d'étudier de mystérieux écosystèmes, comme les monts sous-marins, les fosses abyssales et les océans polaires. En l'espace de trois ans à peine, les scientifiques ont ainsi exploré des sites tels que la chaîne de volcans sous-marins qui s'étire au nord de Guam, le long de l'arc insulaire des Mariannes, une série de guyots (monts sous-marins qui auraient pu former des îles, mais dont le sommet tronqué n'affleure pas) au large de la Nouvelle-Angleterre et ils ont effectué au début de 2004 une plongée vers l'épave du *Titanic*.

Contrairement à l'espace, les océans ne sont pas le domaine réservé des scientifiques et des explorateurs. Maintenant que les flottes de pêche ont épuisé les stocks côtiers, les chalutiers vont chercher leurs prises encore plus profondément, dépeuplant les monts sous-marins et les plaines de leurs colonies de poissons et raclant souvent du même coup les fragiles plaques de coraux. Le terrain est également menacé par la prospection pétrolière, qui a souvent débuté avant même l'arrivée des scientifiques, de sorte que, comme le déplore le biologiste Ron O'Dor, aujourd'hui à la tête de la COML, « les pêcheurs et les compagnies pétrolières connaissent mieux les océans que les scientifiques ».

De nombreux chercheurs craignent d'ailleurs que les activités humaines – surpêche, réchauffement planétaire, pollution – ne modifient irrévocablement les océans de la planète, au moment même où nous commençons à les comprendre. En l'an 2000, un rapport tirait la sonnette d'alarme, signalant que près d'un quart des récifs coralliens avaient peut-être déjà disparu sous l'effet conjugué de divers facteurs anthropiques. Les chercheurs redoutent que ces écosystèmes soient pratiquement condamnés si rien n'est fait pour les protéger contre la pêche et la pollution. « En trente ans de métier, j'ai vu chacun des écosystèmes que j'ai étudiés subir des bouleversements radicaux », explique Jeremy Jackson, biologiste marin de l'institution océanographique Scripps.

Pour suivre à la trace les changements qui se produisent dans les océans et trouver des façons de les gérer, la NOAA a pris l'initiative d'un projet international visant à établir un immense réseau de surveillance reliant des milliers d'aéronefs, de satellites, de stations terrestres et de navires de recherche dans le monde entier : le Système d'observation de la Terre. Le directeur du service océanographique de la NOAA, Rick Spinrad, estime que le Système d'observation de la Terre contribuera à fournir des prévisions météorologiques plus précises et à prédire les tempêtes, évaluer les problèmes de pollution de l'eau et même l'abondance des stocks de poissons. Tim Battista, océanographe à la NOAA, travaille en coordination avec les conservateurs pour préserver des systèmes de récifs fragiles en dressant des cartes sous-marines détaillées des récifs sains et malades couvrant l'ensemble des eaux américaines. « Ce travail de surveillance constitue également un outil de découverte pour les chercheurs », souligne Conrad Lautenbacher. « Mais, précise-t-il, nous ne le faisons pas par simple intérêt scientifique. Il y a également un véritable intérêt économique et social à comprendre ce qui se passe dans les océans : on ne peut pas gérer les ressources océaniques si on ne sait pas ce que les mers recèlent. »

C'est précisément à ce niveau qu'intervient l'Office d'exploration des océans. Cette agence est un peu le volet *Star Trek* de l'océanographie : elle est chargée d'organiser des expéditions dans les coins les plus reculés du domaine océanique, qu'aucun être humain n'a jamais explorés. Ces missions d'exploration de la NOAA définissent les recherches de détail et les travaux d'étroite surveillance qui suivent, mais elles peuvent également fournir à l'océanographie le côté sensationnaliste dont la discipline aurait cruellement besoin pour faire concurrence à la NASA et attirer l'attention des autorités – et dégager des crédits publics. Dans le climat actuel d'austérité budgétaire, les océanographes devront sans doute attendre encore bien des années avant de résoudre ce que l'ingénieur en océanographie Justin Manley appelle « le problème de la Lune ». Il s'acharne toutefois à croire qu'un jour ou l'autre, nous finirons par en savoir davantage sur notre planète que sur l'énorme caillou qui tourne autour. Il y a certes encore beaucoup de chemin à faire et bien d'autres découvertes fascinantes à réaliser avant cela. « Mais au bout du compte, assure M. Manley, nous y arriverons. Nous sommes déjà en train de prouver que c'est faisable. »

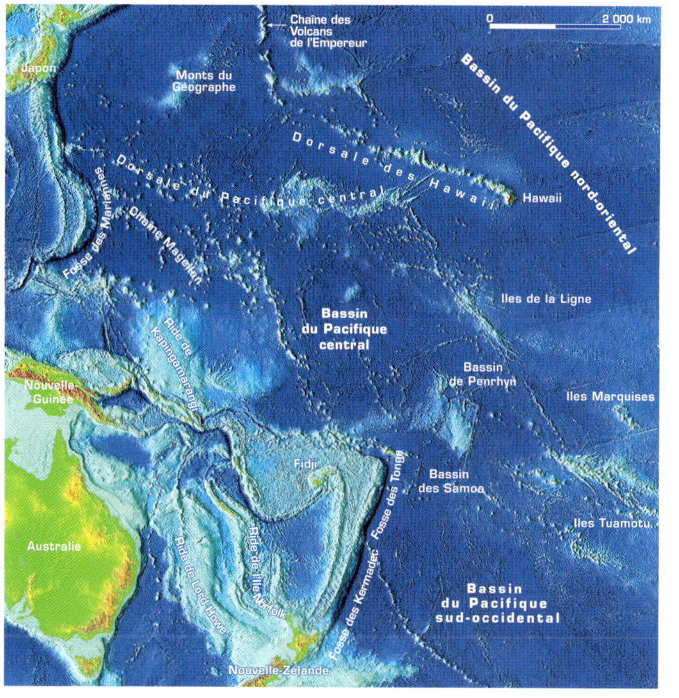

Cette image satellite du relief sous-marin de l'océan Pacifique **permet de se rendre compte de l'ampleur des dépressions dans cette partie du globe. La fosse des Mariannes plonge jusqu'à 10 920 mètres de profondeur.**

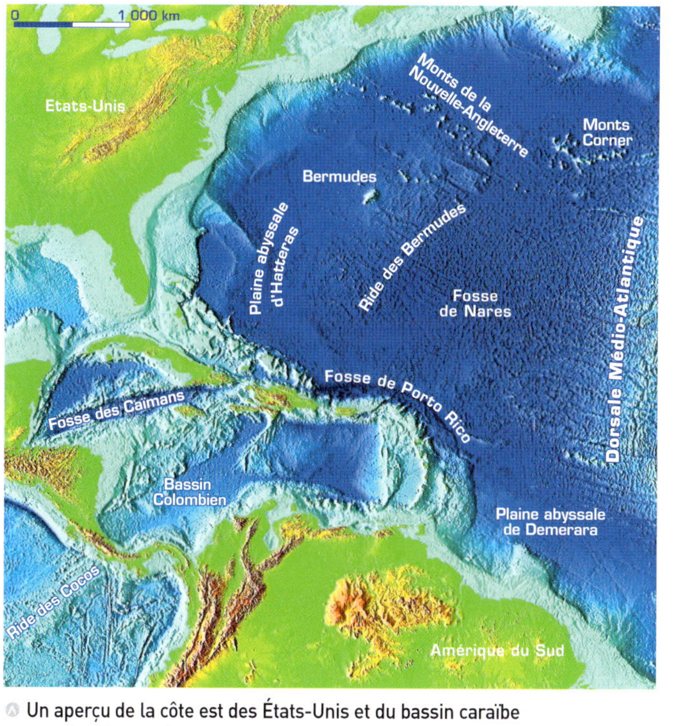

Un aperçu de la côte est des États-Unis et du bassin caraïbe montre la richesse des toponymes des reliefs sous-marins. À noter la fosse de Porto Rico, dont la profondeur est de 8 600 mètres.

Cette image satellite du globe est centrée sur le grand Rift atlantique, au large des côtes africaines. Il est profond de 1 000 à 1 500 mètres.

Atlantropa

LE RÊVE FOU D'UN ARCHITECTE VISIONNAIRE

Élaboré entre les deux guerres, le projet d'Herman Sörgel consistait à fermer la Méditerranée et à en faire baisser le niveau pour gagner de nouvelles terres, afin de satisfaire l'expansionnisme européen.

Stefan Jonsson, *Dagens Nyheter*, Stockholm

Atlantropa n'avait que des vertus. Le projet devait rétablir la paix dans l'Europe déchirée, assurer à jamais son approvisionnement énergétique, garantir des marchés sûrs à ses produits industriels, donner un nouveau sens à la vie des peuples européens désenchantés, faire émerger des territoires de la mer, sécuriser l'offre de matières premières, construire des villes plus belles, résoudre la crise palestinienne, reverdir le Sahara et créer un nouveau centre mondial (soit dans l'ancienne Carthage, soit dans la ville neuve de Port-du-Rhône), d'où les rayons – puissants, denses, brillants – de la grande roue du monde devaient s'étendre jusqu'à la périphérie de cette nouvelle Europe. Rien de moins. Cet avenir radieux était contenu dans le projet développé par Herman Sörgel, un architecte allemand. Il ambitionnait de raccrocher l'Europe à l'Afrique dans un ensemble qui deviendrait Atlantropa, une puissance géopolitique inédite qui devait sauver le monde occidental du déclin. Paix, unité et fraternité… sous la protection et grâce au bon sens de la race blanche. C'est ainsi qu'Herman Sörgel le voyait. Il rêvait d'une voie ferrée directe et ininterrompue de Berlin au Cap, à travers l'Italie et la Sicile, sur deux barrages gigantesques.

L'idée de base de Sörgel était de régler le déversement des eaux dans la Méditerranée, afin que son niveau baisse graduellement. Il partait du constat que la Méditerranée est une mer intérieure. S'y déversent le Nil, le Rhône, le Pô, le Tibre et l'Èbre. Y aboutissent aussi les eaux de la mer Noire, qui reçoit celles du Danube et du Dniepr. Mais cet apport d'eau est trop limité pour que les pertes dues à l'évaporation soient compensées. Le complément vient de l'Atlantique via le détroit de Gibraltar. Si un courant d'eau chaude et très salinisée coule d'est en ouest au fond du passage, un énorme flot d'eau froide s'y introduit en surface. On estime que l'apport net de l'Atlantique à la Méditerranée est de 88 000 mètres cubes d'eau par seconde. Plus que douze fois le débit des chutes du Niagara ! Une gigantesque ressource énergétique, se disait Herman Sörgel. Et si on fermait le détroit ? L'évaporation provoquerait une baisse de niveau très rapide ! Dans ses visions, Sörgel voyait des champs et des prés fertiles émerger de la mer – des terres neuves pour des pionniers européens.

Il avait aussi imaginé de créer à terme une différence de niveau entre les différents bassins de la Méditerranée : moins 100 mètres dans la partie occidentale, moins 200 mètres dans la partie orientale. Un gigantesque barrage devrait être construit pour cela entre la botte de l'Italie, la Sicile et la Tunisie. La différence de niveau servirait à produire de l'électricité en quantité suffisante pour alimenter l'Europe en énergie (le charbon et le pétrole seraient bientôt épuisés), mais aussi pour pomper de l'eau vers le Sahara et transformer le désert en terres fertiles propres à être colonisées par des Européens. Dans ce but, un immense barrage devrait être construit sur le fleuve Congo, créant un vaste lac dont une partie de l'eau serait transportée par canaux vers le Sahara à travers le lac Tchad.

Le 1er mars 1928, Sörgel publia sa première esquisse de baisse du niveau de la Méditerranée et du transfert de l'eau vers le Sahara. Entre 1930 et 1933, une grande exposition Atlantropa tourna en Allemagne et en Autriche, provoquant la stupeur des visiteurs. Des milliers d'articles, de livres, de films, de conférences et d'expositions s'ensuivirent.

Sörgel réussit à gagner à sa cause nombre d'architectes et d'ingénieurs. Son collaborateur le plus proche fut l'ingénieur suisse Bruno Siegwart, directeur de la compagnie Royal Dutch Shell. Siegwart dessina la pièce maîtresse du projet Atlantropa : le barrage de Gibraltar. Un programme colossal avec des usines hydroélectriques souterraines, des canaux et des écluses dont les entrées côté Atlantique devaient être signalées par une tour haute de 400 mètres. L'architecte Peter Behrens réalisa pour sa part des plans d'urbanisme pour les nouveaux ports. L'abaissement du niveau de la Méditerranée devant assécher toutes les villes initialement situées au bord de la mer, Behrens proposa de construire des digues autour des plus beaux anciens ports – comme Gênes ou Venise – afin de les maintenir dans l'eau et de relier ces bassins à la «Méditerranée abaissée » par des canaux à écluses.

Quant à Erich Mendelsohn, architecte et sioniste convaincu, il se chargea de l'aménagement de la Palestine, qui n'était pas à l'époque un lieu de confrontations comme aujourd'hui. De nouvelles surfaces devaient en effet émerger grâce à la baisse du niveau de la Méditerranée et être offertes à des colonisateurs juifs.

D'autres architectes et ingénieurs imaginèrent la prolongation du canal de Suez, la mise en eau du Sahara, les probables changements de climat, la planification des cultures dans les terres neuves, de nouvelles voies ferrées, comme Berlin-Le Cap, la tour d'Atlantropa dans la Nouvelle Carthage. Tout fut dessiné et calculé avec la proverbiale méticulosité allemande.

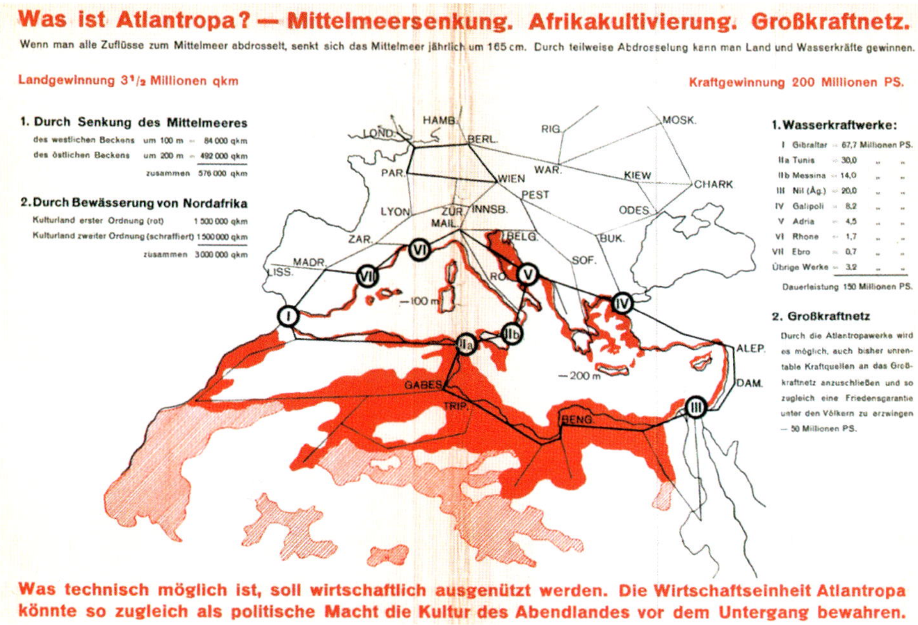

Les détails du projet d'Atlantropa furent présentés à l'occasion d'une exposition en 1932. Les concepteurs indiquaient la superficie des fonds marins transformés en surfaces agricoles, celle des terres irriguées gagnées sur le désert et la quantité d'énergie électrique produite par les barrages construits sur tous les fleuves qui se déversent dans la Méditerranée. Tout cela, promettait le texte, permettrait d'assurer la paix entre les peuples.

Atlantropa fut un projet collectif où les grands architectes de l'entre-deux-guerres créèrent l'ébauche d'un monde futuriste merveilleux dans lequel la race blanche pourrait s'épanouir.

Les sciences biologiques et sociologiques qui s'étaient développées au XIXe siècle avaient établi que l'homme était essentiellement le produit de son environnement. Il était donc possible de changer l'homme – de l'améliorer – en restructurant son environnement. Herman Sörgel pensait de la même façon, mais en plus grand. Il était né en 1885 et avait surtout exercé à Munich, où il travaillait comme architecte indépendant et écrivain. Dans un livre paru en 1921, il prônait un système d'éducation capable de former un « homme nouveau ». Dans l'Europe du début du XXe siècle, les idées sur « l'homme nouveau » pleuvaient : l'homme travailleur, l'homme soldat, l'homme aristocrate, l'homme féminin, l'homme ingénieur, l'homme aryen, l'homme citadin, l'homme joueur, l'homme dionysiaque, l'homme impersonnel, l'homme symphonie, etc. « L'homme nouveau » était indispensable, estimaient les intellectuels, pour montrer la voie à suivre à une société déboussolée et épuisée par la guerre. À ces projets, Herman Sörgel apportait le sien, celui de l'homme d'Atlantropa. Sörgel pensait pouvoir infirmer la prophétie de la fin du monde en réalisant pleinement la puissance de l'homme technique. Dans ses écrits des années 1930, il répète cette phrase comme un adage : « Soit Atlantropa, soit le déclin du monde. »

Atlantropa était tout sauf une utopie vide. Ce qui était indispensable, c'était simplement une application énergique de connaissances techniques déjà assimilées. Le plus curieux dans cette affaire, ce n'est pas qu'Atlantropa soit demeuré à l'état de projet, c'est que tant de gens y aient cru et en aient discuté comme d'un projet tout à fait sérieux depuis la fin des années 1920 jusqu'au début des années 1950.

À cette époque, tout comme aujourd'hui, on pensait que la solution des soucis de l'Europe était d'intégrer les peuples et d'élargir en même temps leur territoire.

Le fond du problème, estimait-on alors, provenait du surpeuplement de l'Europe. Le développement technique et les nouvelles machines avaient supprimé le travail de millions de gens. Comme ceux-ci étaient chômeurs, ils n'avaient pas de ressources pour consommer, si bien que les industries ne produisaient plus. L'esprit guerrier de l'époque, l'inquiétude devant les signes de révolution et les tensions internes aboutissaient, pensait-on, à une sorte d'engorgement. La dépression économique au début des années 1930 apparaissait comme une confirmation de ce diagnostic amer. On avait besoin de terres neuves où les oisifs pourraient travailler et il fallait des ressources naturelles inédites pour leur offrir les biens qui leur étaient nécessaires.

Sörgel pensait avoir trouvé une solution finale aux problèmes de l'Europe. Faire baisser le niveau de la Méditerranée devait prendre environ deux siècles. Selon les calculs, la baisse devait être de 80 centimètres par an. Au cours du siècle qui devait s'écouler avant que le niveau de l'eau n'atteignît la ligne côtière espérée, les ports devaient être remplacés par des installations de pontons mobiles et de radeaux flottants, équipés de quais et d'aéroports. En d'autres mots, Atlantropa était aussi une nouvelle ère historique, où des générations d'Européens devaient s'intégrer les uns aux autres – en vue d'objectifs communs.

L'intégration des réseaux électriques du continent allait constituer un premier pas vers les États-Unis d'Europe, écrivait Sörgel. Grâce à la fusion avec l'Afrique, à ses énormes ressources en matières premières et à ses territoires « vides », les États-Unis d'Europe seraient l'entité la plus puissante du monde et pourraient résister aux hordes jaunes à l'Est, à l'américanisation insidieuse à l'Ouest et au « danger nègre » au Sud.

...

L'esquisse générale du projet d'Herman Sörgel (1932) signale les principaux équipements qui devaient fournir des sources d'énergies inédites, de nouveaux territoires et créer une union entre l'Europe et l'Afrique. On voit le gigantesque barrage qui devait couper le détroit de Gibraltar, la ligne de chemin de fer reliant Londres à Dakar et les terres dégagées par la baisse du niveau de la mer sur le pourtour de la Méditerranée.

Cartes extraites du livre Atlantropa, *de Wolfgang Voigt, éd. Dölling und Galitz Verlag, 1998.*

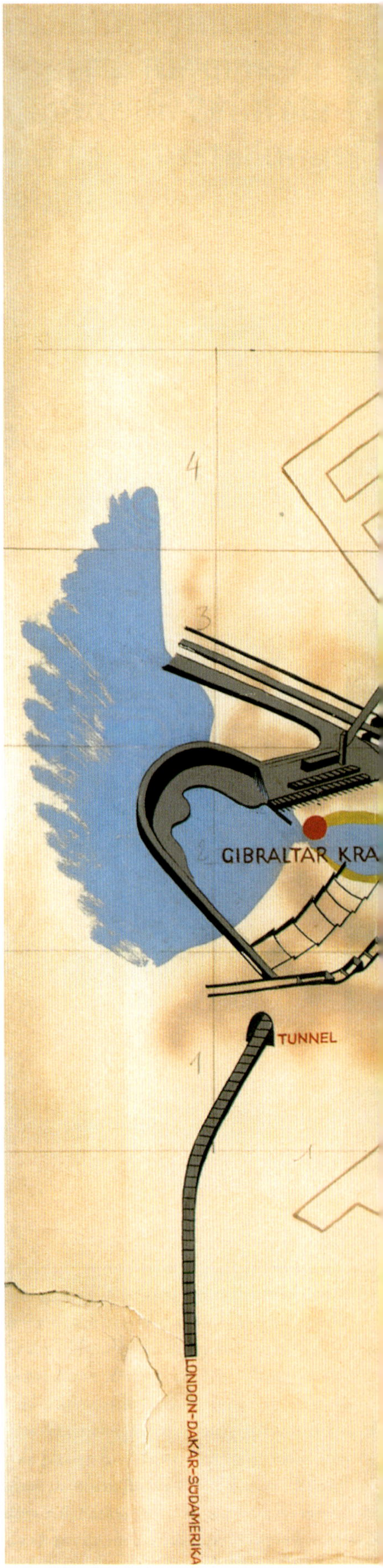

... Dans les années 1920, il y avait beaucoup d'avocats de l'union des pays européens. Les propositions allaient de la suppression des tarifs douaniers à la création d'un gouvernement central. Les propositions les plus marquantes venaient de l'Autrichien Richard Coudenhove-Kalergi, promoteur de l'idée d'une Paneuropa. Elles reçurent le soutien de quelques-uns des intellectuels les plus en vue de l'époque, de Thomas Mann à Sigmund Freud, ainsi que de politiciens comme Gustav Stresemann, Léon Blum et Aristide Briand.

Comment Sörgel pensait-il réunir les conditions politiques nécessaires au lancement de son projet ? Pendant la république de Weimar, il tenta de lancer un parti Atlantropa qui devait participer aux élections. Sous le nazisme, il essaya de gagner Hitler et Mussolini à sa cause. Mais les nazis ne s'y intéressèrent pas. D'autant que Sörgel voulait promouvoir la réconciliation avec des États que les nazis considéraient comme leurs ennemis. De plus, ils estimaient que l'élargissement du *Lebensraum* (espace vital) allemand devait se faire à l'Est et à travers l'élimination des Juifs, alors que Sörgel le voyait en Afrique par la domination des Blancs sur les Noirs. De son côté, Mussolini n'appréciait pas l'assèchement de tous les ports italiens prévu par Sörgel.

Après la guerre, Atlantropa a connu une courte renaissance, comme un projet de troisième force, parfois appelé Eurafrica, que beaucoup considéraient comme une solution au monde créé par les deux superpuissances de la guerre froide. Sörgel proposait que le monde fût dirigé par un conseil composé de douze sages, avec lui-même à la tête. Ce superconseil devait sauver l'humanité de la guerre atomique. Si l'aspect scientifique et architectural du projet paraît aujourd'hui étonnant et fascinant, sa dimension géopolitique et historique a, en revanche, gardé son actualité, surtout dans une époque comme la nôtre, pleine de projets de règlements sur la façon dont l'espace-monde doit être dirigé et partagé.

SÜDAMERIKA-DAKAR-LONDON
KAPSTADT-BERLI
TURM DER POLITIK
TURM DER WIRTSCHAFT
TURM DER TECHNIK
ZENTRAL LEITUNG
GENF
UROPA
AUSFÜHRUNGSAMT MARSEILLE
NEULAND
GALLIPOLI WERKE
BAULEITUNG
GABES
PORT SAID UNTERHAFEN
VERLÄNGERUNG DES SUEZKANALS
DIE WÜSTE WIRD FRUCHTBAR
KRAFTWERK
KRAFTWERK
QUATTARA BECKEN
BEWÄSSERUNG DER SAHARA
BERLIN-KAPSTADT
FRIKA

Cartographier le virtuel

CARTOGRAPHIER LE VIRTUEL

Le cyberespace – cette « hallucination collective », comme l'écrivait l'écrivain de science-fiction William Gibson – possède ses cafés, ses places publiques (les forums de discussion), ses lieux de rendez-vous (les chats), mais aussi ses marchés plus ou moins illégaux (les sites de téléchargement), ses ruelles obscures, ses arrière-cours, ses endroits branchés et éphémères. Comment les trouver ? Vous pouvez toujours appeler les renseignements : aller sur Google ou Yahoo, par exemple. Ou bien vous fier au bouche-à-oreille, en surfant d'un site à l'autre.

Certains rêvent aujourd'hui de créer des cartes du cyberespace. Ils voudraient donner aux explorateurs de ce nouveau monde la *mappa mundi* que cherchait à obtenir Magellan (le nom de l'explorateur portugais est aussi celui d'un des premiers logiciels de recherche d'informations sur Internet). Le problème est que personne ne sait comment réaliser de telles cartes. La méthode la plus évidente consiste à répertorier et à figurer la disposition des ordinateurs, des câbles et/ou des connexions. Cela aboutit à des cartes dites « physiques ». On peut aussi choisir de représenter les transferts d'information, les débits, les flux entre différents points. Mais ces résultats intéressent davantage les techniciens que les utilisateurs. Plus intéressant serait de représenter les contenus accessibles sur le Net. Mais comment faire ? Trop souvent, ces nouvelles cartes – dites sémantiques – deviennent tellement abstraites que fort peu de gens parviennent à s'y retrouver.

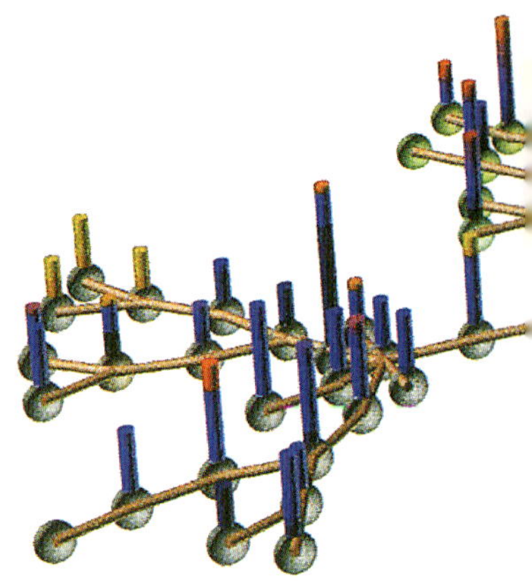

Constellations sémantiques

L'objectif de ce schéma est de présenter un grand nombre d'informations (ici une base de données bibliographiques) et de permettre à l'utilisateur de les manipuler. Il est en fait destiné à être utilisé dans un environnement de réalité virtuelle. Chaque petite sphère correspond à un document, et les connexions correspondent à des liens sémantiques. La barre verticale représente le nombre de citations de ce document dans le corpus étudié.

http://www.pages.drexel.edu/~cc345/

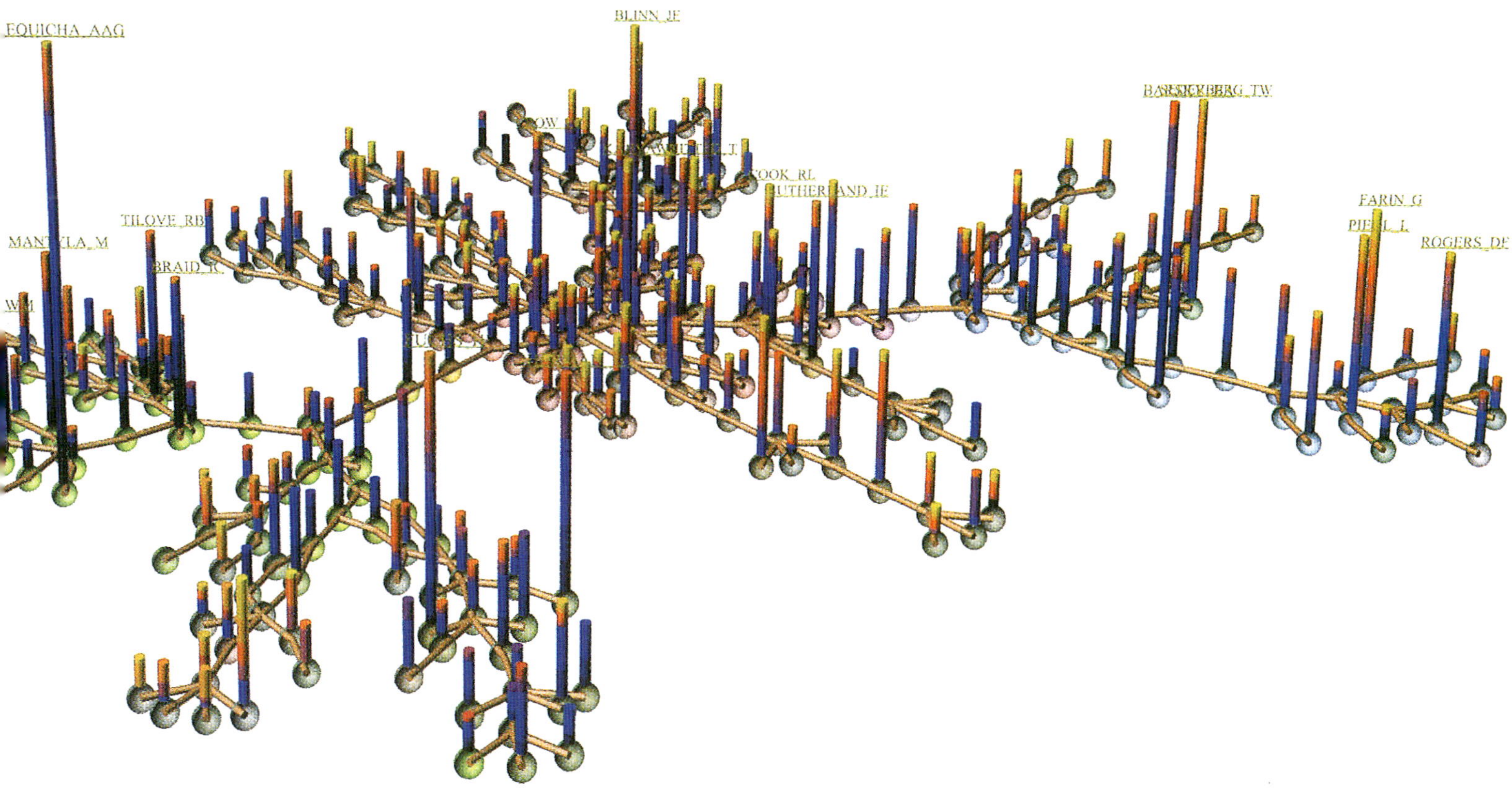
EQUICHA_AAG
BLINN_JF
COOK_RL
TILOVE_RB
FARIN_G
ROGERS_DF

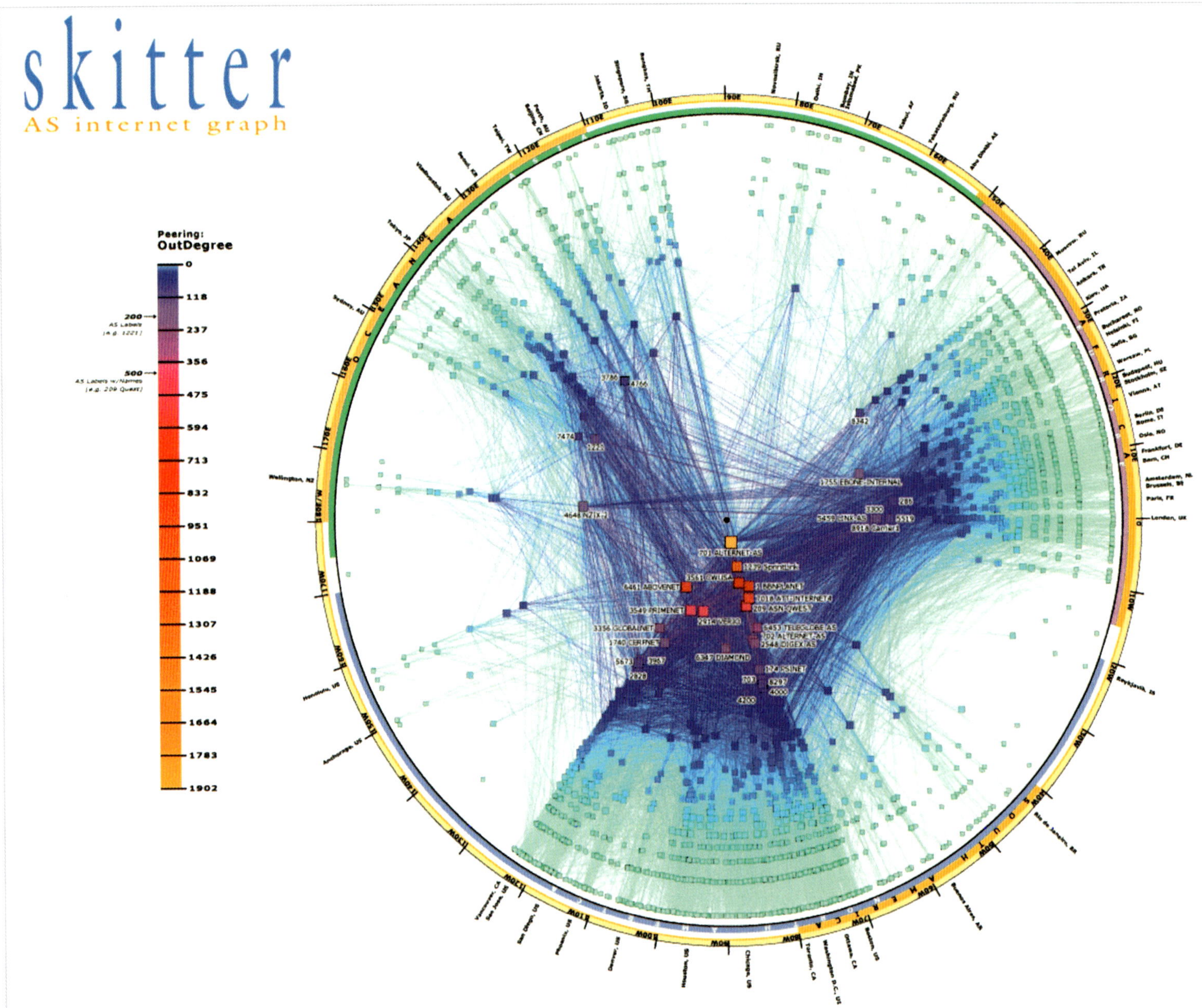

Au cœur du système / Skitter

Cette carte met en relation la position géographique des serveurs (ou, plus précisément, des fournisseurs d'accès) et le nombre de leurs connexions. La position géographique des fournisseurs d'accès est indiquée par la longitude de leur adresse physique officielle. Les plus connectés, et donc les plus importants, sont situés plus au centre, en jaune ou en rouge. Les moins connectés vers la périphérie, en bleu ou en vert. On peut remarquer que les quinze points les plus connectés se trouvent tous aux États-Unis.

http://www.caida.org/analysis/topology/as_core_network/

Espace-temps / médian RTT

Cette carte figure le temps nécessaire à une information pour aller d'un point à un autre et revenir. L'origine correspond à l'université de San Diego (où ont été réalisées les expériences), et l'arborescence figure le trajet de l'information, de proche en proche, au fur et à mesure qu'elle progresse le long des nœuds du réseau Internet. Les couleurs indiquent le temps.

http://www.caida.org/analysis/performance

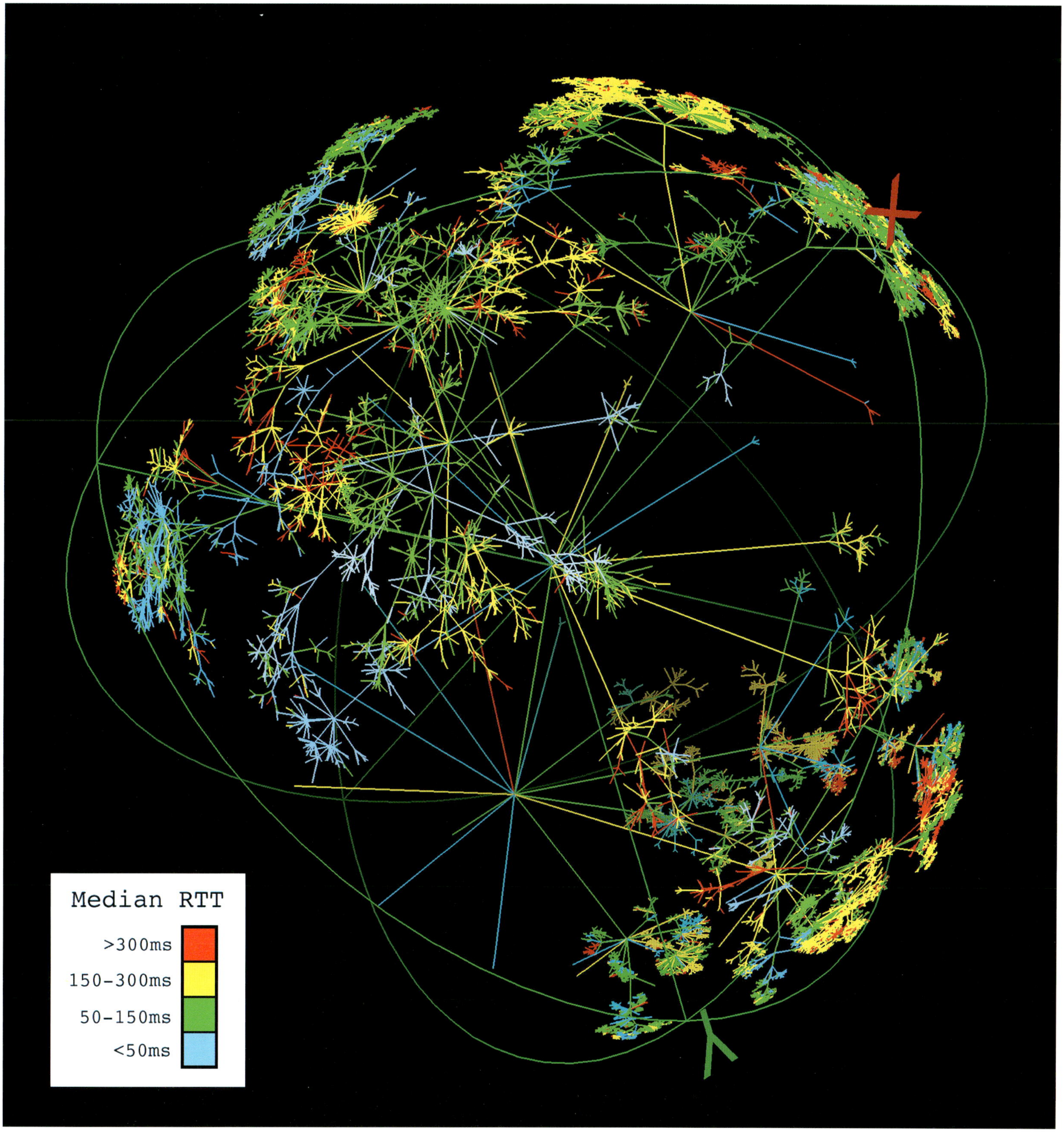
Median RTT
>300ms
150-300ms
50-150ms
<50ms

Dresser la carte de son pays

DRESSER LA CARTE DE SON PAYS

Un bon livre nous emporte par la force de son intrigue et par la finesse de la description des personnages. Mais cela ne serait rien si l'action ne se déroulait dans un lieu reconnaissable ou au moins facilement imaginable. Le magazine Internet *Mappa mundi* rappelle le rôle des cartes dans les œuvres littéraires. « La description de lieux imaginaires est courante en littérature, mais seul un petit nombre d'auteurs ont poussé l'imagination jusqu'à cartographier leur pays inventé. Le créateur du *Seigneur des anneaux*, J. R. R. Tolkien, a ainsi produit des cartes très détaillées de la Terre du Milieu. Bien qu'inspirés des représentations médiévales, ses schémas montrent un sens de la projection et des formes très modernes. D'autres auteurs ont confié le soin de faire élaborer les plans de leurs mondes par des illustrateurs. Le lieu imaginaire joue souvent un rôle clé dans l'œuvre littéraire. Il permet de révéler des informations sur le personnage et l'intrigue. Ainsi, la géographie de chacune des villes imaginées par Italo Calvino dans *Les Villes invisibles* reflète le caractère des habitants de la cité. De même, Lilliput, Brobdingnag et Laputa, les îles créées par Jonathan Swift, sont des métaphores des traits déplaisants de la nature humaine. »
Les cartes de cette page, dessinées par James Cook, sont extraites du livre *The Dictionary of Imaginary Places*, d'Alberto Manguel et Gianni Guadalupi (éd. Mac Millan, version française – *Dictionnaire des lieux imaginaires* – chez Actes Sud).

Utopia

Dans le livre II d'*Utopie*, Thomas More décrit avec une grande précision l'île d'Utopie. Une carte introduit d'ailleurs le texte. Il y place cinquante-quatre villes. Chaque cité doit envoyer trois de ses plus sages sénateurs à Amaurot, la ville capitale située près du centre. Les Utopiens vivent sous un gouvernement « sagement démocratique », pratiquent une religion tolérante et partagent une conception simple et épicurienne du bonheur.

Dans *L'Île au trésor*, Robert Louis Stevenson dressa lui-même la carte de l'île où le capitaine Flint enterra son trésor en 1754. Il parle ainsi de son plaisir de cartographe : « La carte de l'île était élaborée et, selon moi, très joliment colorée. Sa forme me plaisait au-delà de tout, et ses ports et ses criques me ravissaient comme des sonnets. Je trouve difficile à croire que les cartes importent peu à certaines personnes. »

SOUTH AMERICA
Harbours
Town 1
Town 2
Town 3
Town 4
Town 5
Town 6
Town 7
Town 8
Town 9
Town 10
Town 11
Town 12
Town 13
Town 14
Town 15
Town 16
Town 17
Town 18
Town 19
Town 20
Town 21
Town 22
Town 23
Town 24
Town 25
Town 26
Town 27
Town 28
Town 29
Town 30
Town 31
Town 32
Town 33
Town 34
Town 35
Town 36
Town 37
Town 38
Town 39
Town 40
Town 41
Town 42
Town 43
Town 44
Town 45
Town 46
Town 47
Town 48
Town 49
Town 50
Town 51
Town 52
Town 53
AIRCASTLE
River Nowater
Atlantic Ocean

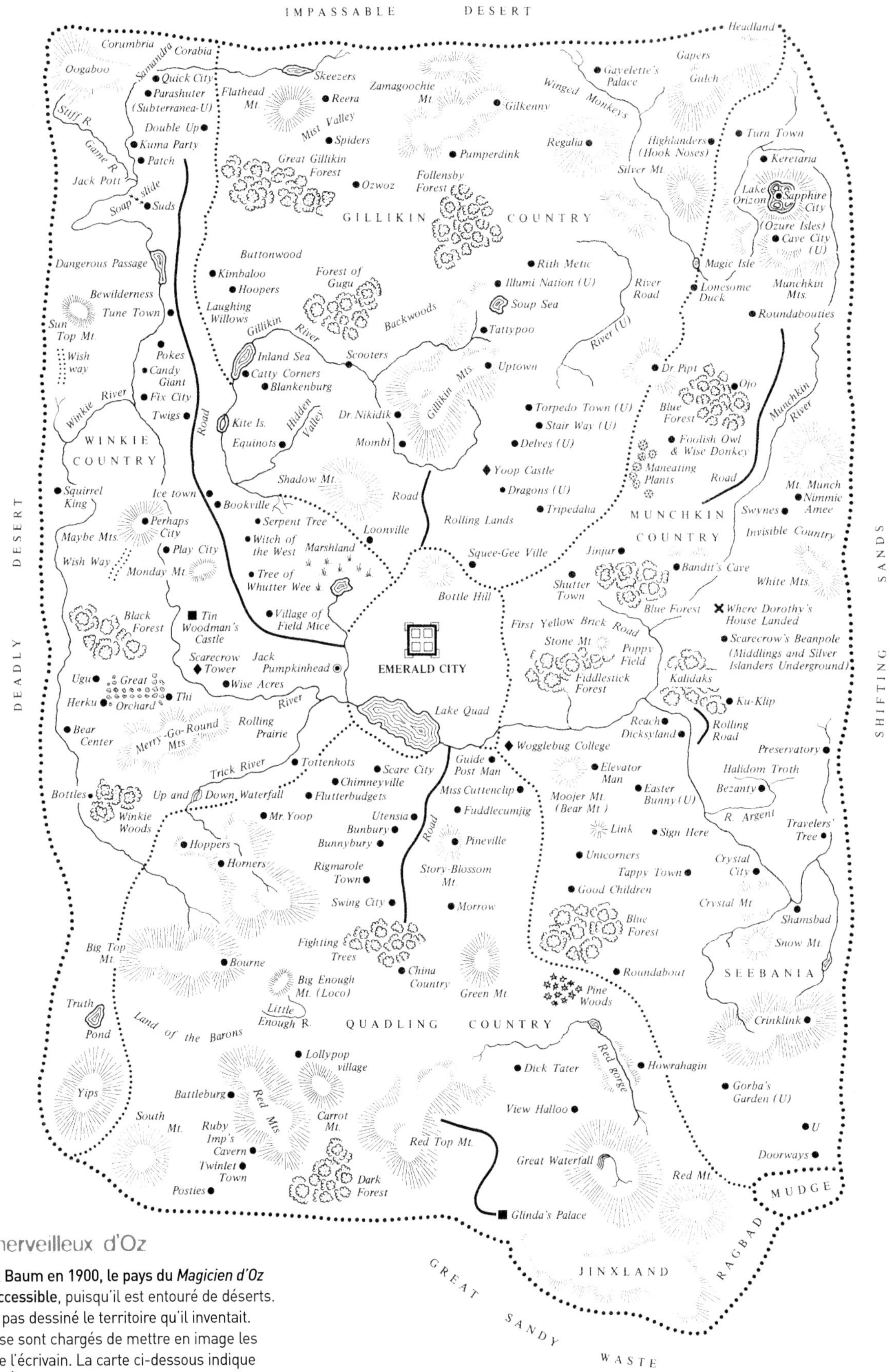

Le monde merveilleux d'Oz

Créé par Lyman Frank Baum en 1900, le pays du *Magicien d'Oz* n'est pas facilement accessible, puisqu'il est entouré de déserts. L'auteur lui-même n'a pas dessiné le territoire qu'il inventait. Mais des illustrateurs se sont chargés de mettre en image les mots et descriptions de l'écrivain. La carte ci-dessous indique avec précision la ville d'Émeraude et les comtés environnants.

➲ Marchand de plans, place de la Bastille à Paris, en 1905.
Photographe : Louis Vert.

Quel territoire pour les jeux vidéo ?

Plus ou moins réalistes, plus ou moins inspirés, les jeux vidéo s'inscrivent dans l'héritage des mondes fantastiques. Les jeux qui revendiquent la formulation d'un univers cohérent, d'une véritable « géographie imaginaire », sont plus nombreux qu'on ne le croit. Certains, comme Myst, célèbre jeu d'énigmes, placent la géographie imaginaire au cœur de leur dispositif, les diverses tribulations du personnage n'ayant d'autre intérêt que de justifier une invitation au voyage, une exploration au cœur d'un univers onirique.

Il faut distinguer deux types de cartes dans les jeux vidéo. D'une part, la simple carte de localisation, juxtaposition des lieux que le personnage doit explorer tour à tour ; d'autre part, celle qui représente un monde cohérent et constitue une source d'information utile au joueur.

La carte des jeux vidéo est support de l'imaginaire et outil du participant. Elle acquiert un statut particulier que ne connaissent pas d'autres formes artistiques telles que la littérature, la bande dessinée ou même le cinéma. Résumé du monde, elle fixe les limites de la connaissance et de l'action du personnage ou du joueur et elle offre à la lecture un univers très organisé, avec ses propres spécificités, sa toponymie, son vocabulaire et ses structures… dans lequel et sur lequel le personnage peut agir. Ce principe, qui est au cœur des *massive multiplayer on line role playing games* (« jeux de rôles en ligne massivement multijoueurs ») fait du joueur non pas un simple spectateur, mais un acteur d'un monde qui évolue en même temps que lui.

World of Warcraft (WOW), quatrième opus du jeu qui se passe dans l'univers de Warcraft, est sorti mi-février 2008 en Europe. Selon la personnalité choisie, le joueur appartient à l'un ou l'autre des camps (Horde ou Alliance) qui évolue sur le continent d'Azeroth ou de Kalimdor. Les deux continents sont inexorablement appelés à se battre.

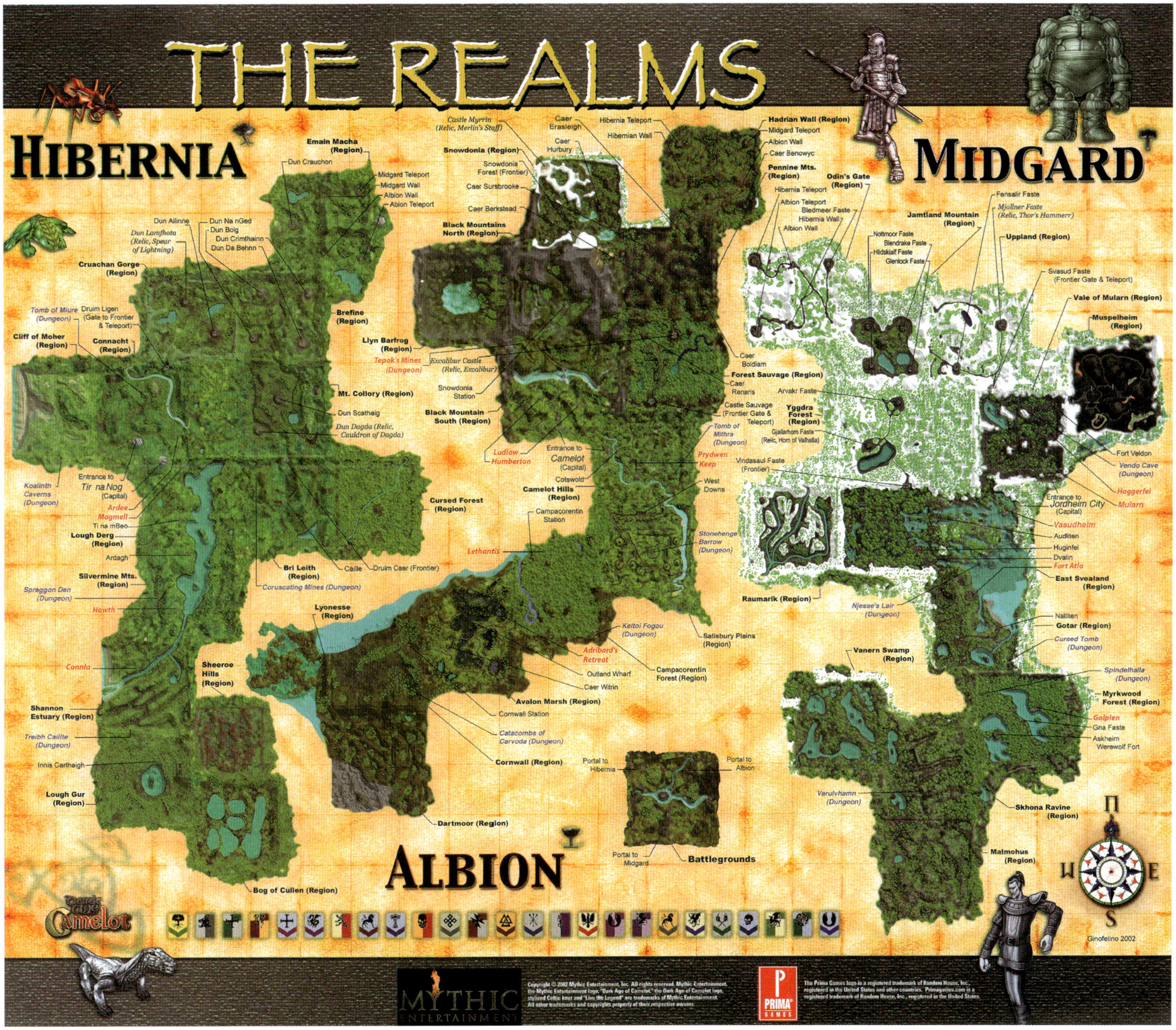

Dark Age of Camelot **est un** ***massive multiplayer on line role playing games*** **(« jeux de rôle en ligne massivement multijoueurs ») apparu en 2001.** En 2003, jusqu'à 60 000 personnes s'affrontaient simultanément par Internet sur différents serveurs du jeu – il y a près de dix fois plus d'inscrits. L'univers est divisé en trois mondes : Hibernia, Midgard et Albion, qui correspondent grossièrement aux univers de la mythologie celte, viking et arthurienne. Ils sont chacun peuplé de créatures (trolls, kobolds, demi-ogres, etc.) que les joueurs peuvent incarner au cours de nombreuses aventures. Les affrontements les plus intenses opposent les joueurs d'un monde à ceux d'un autre, lors d'assauts, de sièges ou de débarquements.
http://daoc.goa.com/fr/

« **Empire of Higher Teuvia** »,
animé par Thomas Van Dam (Pays-Bas)

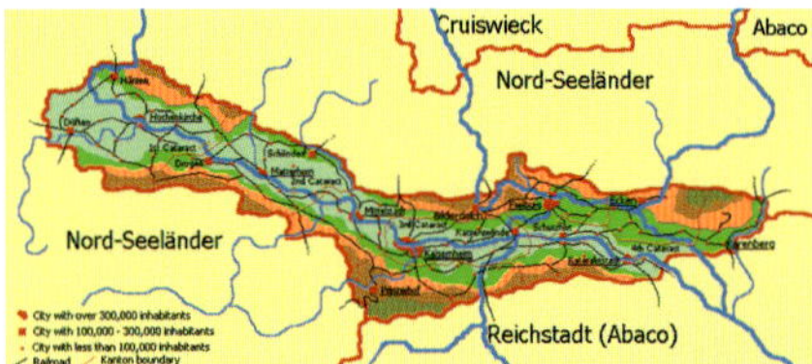

Scandia

Le monde de Scandia permet à chacun de créer un pays, ses cartes, son relief, ses fleuves et d'imaginer son gouvernement pour l'animer et mener une activité diplomatique avec ses voisins. Ce jeu gratuit, ouvert à tous les internautes, est doté de règles assez simples : d'abord, joindre le Planet Master (PM) et consulter les territoires disponibles. Une fois cette formalité remplie, il faut élaborer cartes, drapeaux et décrire son pays avant d'accéder au jeu. Dès lors, les participants peuvent entrer en contact pour une manifestation culturelle ou pour faire la guerre…

Pour en savoir plus :
page d'accueil du site d'ImagiNations : http://www.edwardmooney.com/imaginations/
page d'accueil de Scandia : http://worldspinner.net/scandia/index.html
courriel de l'actuel PM, Josh Chabbert : jchabber@uwo.ca

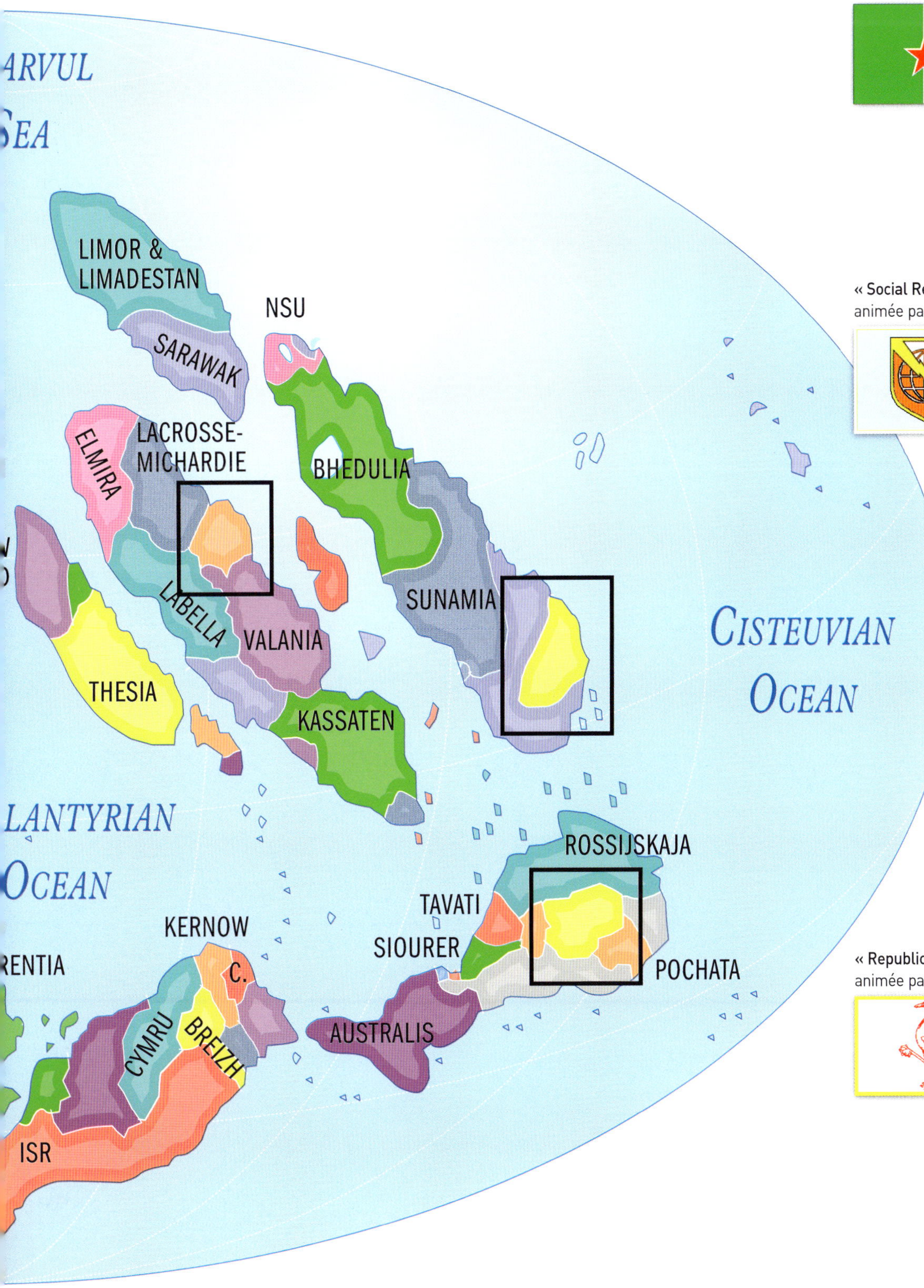

« Republika de Taereoca »,
animée par Alessandro Roscini (Italie)

« Social Republic of Schwerdt »,
animée par Jerry Hurtgen Jr. (États-Unis)

« Republic of Aztlan »,
animée par Andrew Gray (États-Unis)

Vues d'artistes

Dans l'introduction au livre *You Are Here*, Katharine Harmon souligne combien les cartes intriguent l'homme et en particulier celles qui ignorent les conventions cartographiques. « Ces cartes trouvent leur essence dans un autre objectif que de nous mener simplement d'un point A vers un point B. Elles sont des véhicules pour notre imaginaire. Nous regardons ces cartes et notre esprit sait aussitôt quoi faire : saisir l'information et en extrapoler un endroit où il peut bondir, jouer et gambader, sans que notre esprit ait à le suivre. »
Dans les quelques pages qui suivent, laissez-vous emporter par l'imaginaire d'artistes et de plasticiens qui dessinent la géographie du monde à leur manière.
Dans son livre *Make it bigger* (Princeton Architectural Press, 2005), Paula Scher explique qu'elle peint des cartes depuis le début des années 1990. Au fil du temps, cette cartographie personnelle est devenue plus grande et plus obsédante. « J'ai commencé à peindre ces cartes de manière un peu idiote », raconte-t-elle au magazine *Metropolis* à l'occasion d'une des expositions qui lui était consacrées. « Et puis, j'ai réalisé qu'elles seraient incroyables en grand format. C'était une sorte de défi, si je pouvais les peindre à grande échelle, qu'est-ce que cela donnerait ? » La grande dame du design a relevé le défi et, depuis sa première série d'œuvres cartographiques, d'autres sont venues étoffer sa vision particulière du monde. « Touffues, denses, surchargées de couleurs et de mots, ses œuvres, explique l'artiste dans la présentation de son travail, sont le reflet de l'abondance d'informations qui nous inondent et révèlent le fait que ce que nous entendons et lisons est souvent truffée d'approximation et de subjectivité. »
« Ces cartes ne sont pas destinées à être fiables, mais elles transmettent un sentiment de lieux et d'espace interprété par l'imagination de l'artiste et par l'abondance d'informations qui la nourrit », commente *The New York Times*.
Certaines des œuvres de Paula Scher, grand nom du design, sont, entre autres, présentées au Centre Georges-Pompidou et au MOMA de New York.
La cartographie se révèle un excellent sujet pour les artistes. Arlette Lemonnier, commissaire de l'exposition « Le Dessus des cartes » qui s'est tenue à Bruxelles en 2004, expliquait ainsi l'intérêt de rassembler les travaux venus de tous horizons, mais qui interprètent tous la géographie du monde.

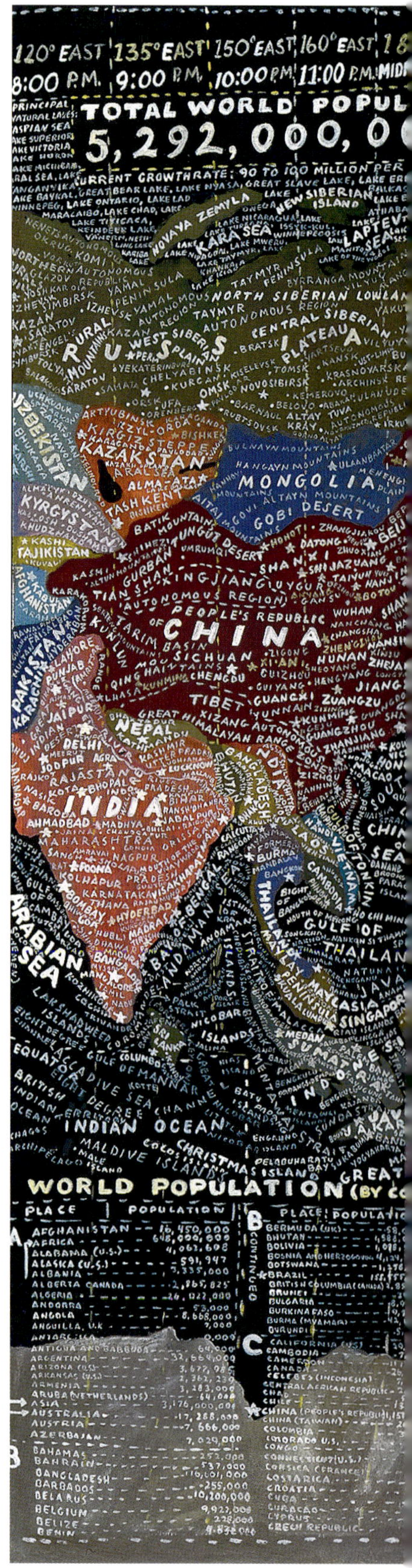

Paula Scher a peint ce planisphère en 1998. Surchargé d'informations et de toponymes, ce travail, titré *The World*, donne une impression d'encombrement de l'espace vital de la Terre.
The World, *1998. Acrylique sur toile. 2,44 m x 1,52 m.*

ARCTIC OCEAN
ALASKA
CANADA
GREENLAND
UNITED STATES
ATLANTIC OCEAN
NORTH PACIFIC OCEAN
TROPIC OF CANCER
MEXICO
GULF OF MEXICO
GULF OF CALIFORNIA
SOUTH PACIFIC OCEAN
AUSTRALIA
NEW ZEALAND
BRAZIL
PERU
ARGENTINA
CHILE
ATLANTIC OCEAN
TROPIC OF CAPRICORN
ANTARCTICA
SOUTH POLE
IRELAND
UNITED KINGDOM
FRANCE
SPAIN
SWEDEN
FINLAND
UKRAINE
LIBYA
EGYPT
SUDAN
ETHIOPIA
ZAIRE (CONGO)
ANGOLA
ZAMBIA
NAMIBIA
SAUDI ARABIA
TOTAL SQUARE MILES - - 196,939,000
RELIGION (RANKED BY POPULATION)

140°
120°
100°
80°
60°
80°
60°
40°
Tochamp Sea
Gozmp Bay
New-Telfast
Xanvu
Belgaria
Neu-Ayern
Aing City
Ovidorm
Matexe
Bariauberg
New-Hamma
New-Caril
Loxville
SOANO
Belivia
Bezlmuda
HagersTxexin
Sestiminim
Batgantia
Builban
Ocopolis
Banau Banau
Kakobau-stad
Kogaogna
Klopstoc
Hamsbruck
Martha
Belbamos
VARAM
Shosum Gulf
Paazo-in
Sespoa
Dongfurt
Bamaica
Mont-Tang
Mardtheim
Kaula
Bimanora
Cap
Mare Teaullem
Bqa
Belzas
Olocia
Clappa
Stentoria
Granba
Gospoa
Zauzojas Circle
Wraclap
Beiara
Az
Belaria
Capic Islands
Ezbea
Rtopo
Eskin
Islas Carillens
Anoqsee
Akezine
Panezkr
Oxtic
Byvlon
Ortie Bay
New-Mearto
Mare Tellun
Navgok
Hirton
Kysk
Oeroan Sea
Ywopm Sea
Hujizo
Miwse
Toboko
Jabarra
Sdiola
Urddamo
AQEIM
Kanutti
Utiya
Rikkio
Uzio
Ezorpe
Noers
Oarigani
Fi-aulo
Habakko
Solopps
Fiollau-a
Fioaala
Deroi
Ispiti
Kraniko
Asmara
Promo
Zpal
Lixoquh
Azjys
IticOrkurk
Rirri-gaal
Sro Sro
Ghaal
Poitoko
Asiko
Tiibor
Miorrok
Arrillencs
Cil
Kuluri
Eliri
Fara
IndogöpLi
Szozolo
Nippoto
Moppo Rissik
Pungoj
Doezxawbl
New-Emisis
Eskn
Mare Nostrum
Kantuk
Kritikon Pelagos
Mun Bay
Orront
Nasam
Nimes
Sako
Pof Ako Ako
Zarroa Zarroa
Passa Koroppo
Eqtup
Mihy
Ukki
Eert
Xuptato
Nijyl
Elvar Ocean
Chor
Izicp
Rsam
Leoca
AYDOGROHI
Oekijani
Dagl
Iproskoe
Mentar
Bothvu
Euco
Itiiona
Chantiko
Fio City
Pi Pariniko
Ciulte
Irt
Habl
Nijolozaaba
Co
Rolasaran
Eunt
Urfu
Ltyro
Norpuu
Yrtzer
Zoejasbonabu
Orfua
Sekaf
Tor
Pontuez
Jyywi
Ezaba
Iffens
Szabara
Julli Aana
Psoo
Kijij Jibola
Oninin
Zybrysch
Asisibuluk Kuko
Mokaulo
Szio
Kouastema
Giom
OhEp
Owry
ABHOTANIA
Enillili
Olodara
Onoga
Ujibaxoromoba
Atompch
Koebek
Rofi Balliono
Fefofafi
Ojonepy
KErdda
Orokko
Kvoip
Oyterkt
Widelva Bay
Robijakoko Sriba
Abara Borf
Gosor
Uxaach
Odroom
Zvxy Sea
Jnekua
Oad
Akaqim
Topo Manaikiki
Zvxy
Onogy
Tendezfia
Nageot
Arktaach
Iddifa
Ypfys
Zvodeh
Maxy
Befkypara
Noran Ocean
mtch
Bohiv
Blygh
Marcerdi
Avazin
Umlow Sea
Envjersx
LCEO
iyeers
Cihjm
Zuàrpajan
Harzep
Shezin
Unorp Elger
Xmab
Dauthi
ODDESTOLOS
Bujvidb
Iroup
Irvië
fxchi
Gmwva
Dorxio
Aopes
UBRO
Xux
Cyebel
Ereeba
Oegeric
Kymlu
Irnjerd
Ellezia
Orberg
Kolrox Sea
Usil
Doz
Perfatizche
Scharak
Iqiu
Wastuum
EUGEK
New-aprepk
Nehokan
Sesolr
Shez
Awaz
Punteu
Cijbm
Eaworl
Rnawys
Okistp
Polovio
El ateuxe
Scharak
Schorikn
Ocewixy
Oäasm
Doezxawll
Yazke
Erhauxp
Fabschreijns
Bser
Ofib
Noran
LOBBO
Nevgoki
ELGUKT
Estirneu
ölrcb
Espirl
Ooml Sea
Pezazi
Debilker
Schurul
Leeks
Sluk
Ezoprets
Ebo-sbo
Akenoel
Aazirn
Scharakl
Akeral
Arhpetp
Onfra
Ebrl
Ocolr
Gimph
Zwo-nool
Läcben
Osnirp
Scheuhz
Ibilph
Windizola
Olrto
Sowph
Arsvyw
Apkto
Wozrl
Bevloo
Ko-nool
Onir
Olro
Bserinim
Flieu
Ktveoro
Eschefirche
Aciaa
Lrwchaa
Zbur
Opolreu
Nickp
Pipariraux
Oseha
Uilbrot
Piumateer
LräeBorf
Esnoo
Eaku
Wlr
Olia
Cuoldi
Bolmpu
Crischal
Ukezir
Oi-yo
Newpo
Rhihaux
Apidlaux
Olrun
Sbinimin
Asebi
Szwa-a
Qolrp
Pqrilr
Ckolreuse
Ywko
Phertaux
Phestoto
Gliorëma
Esvlyn
Looschn
Pqa-nool
Sbimirl
Wsaol
Phylisfo
Olrikea
Olr
Samanz
Schrerkt
Os-nool

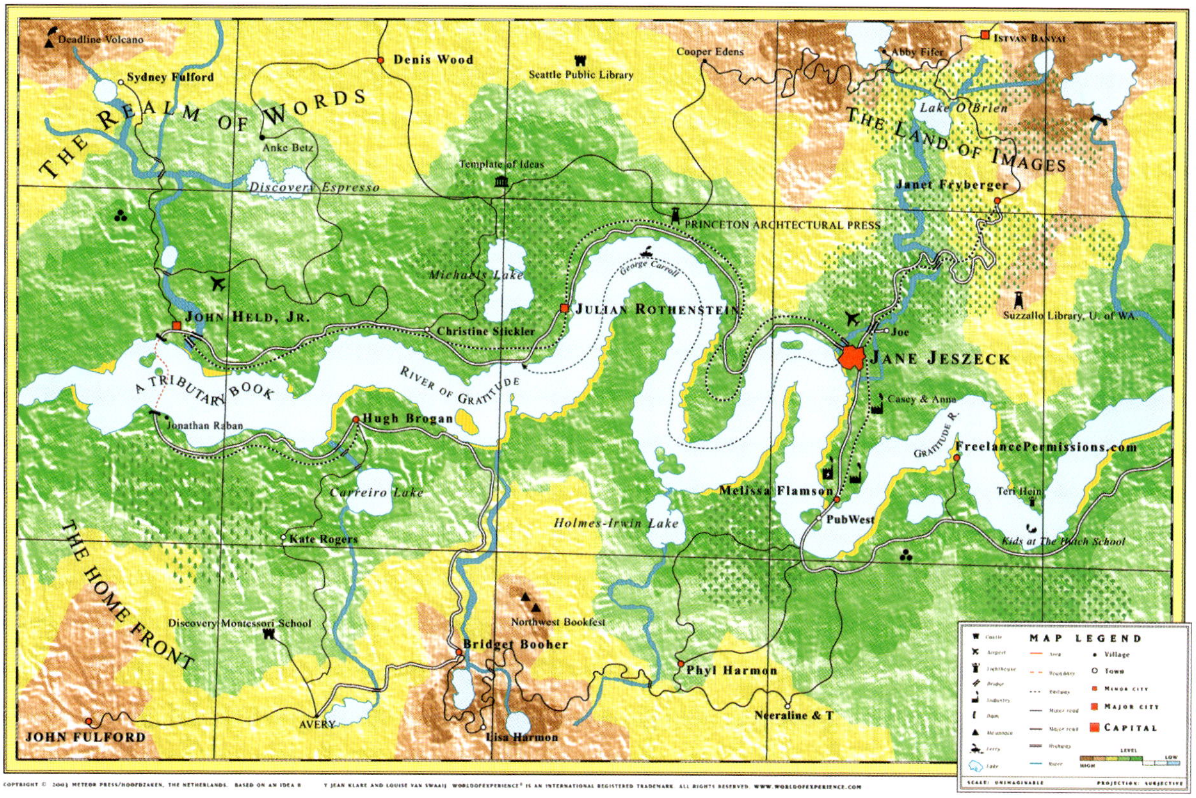

Ⓐ **Katharine Harmon** et **Jane Jeszeck**, auteurs du livre *You Are Here*, ont conçu cette carte pour cartographier les remerciements adressés à ceux qui les ont aidés dans la réalisation de l'ouvrage. Tout comme eux, chacun peut établir une telle carte en fonction de ses propres désirs sur le site ←www.worldofexperience.com→.

« The River of Gratitute » extrait de You are here*, de Katharine Harmon. Publié par Princeton Architectural Press, 2003.*

Ⓑ *L'Atlas* de l'artiste belge **Wim Delvoye** s'ouvre sur ces quelques mots : **« Le présent atlas est destiné aux professeurs et aux élèves de nos établissements d'enseignement. »** Rien de tel pourtant. À le feuilleter, on a du mal à reconnaître les continents, les pays et les mers. Qui peut situer Cihatailoi-Nord ou la ville de Yopix sur une carte ? On y remarque que les contours des territoires prennent des formes familières (écureuil, phallus en érection, scie, clou ou marteau...).

Atlas #2*, éd.1/1. Imprimé sur aluminium, 100 x 125 cm.*

Les artistes jouent avec les cartes. Ils offrent leur vision personnelle du monde. Arlette Lemonnier dans la revue *L'Art même* : « Le point de départ étant la notion de monde repeint : quelle vision les artistes en ont-ils ? Comment l'interprètent-ils, le critiquent-ils, en voient-ils les flux et les signes, le décalent-ils, le déforment-ils, le transforment-ils, le plissent-ils pour reprendre le concept deleuzien ? Comment déplient-ils la carte d'une autre façon ? Ce sont là les concepts de base de la réflexion. Étant entendu qu'à tout cela, se mêlent des enjeux de pouvoir, des enjeux politiques, militaires, économiques, sociaux, écologiques, soit tout un ensemble d'imbrications par rapport à ce phénomène de fonctionnement du monde. Il y a aussi la notion de repères, de référents, véhiculée par la cartographie. Comment les artistes en font-ils des non-repères et établissent-ils des stratégies de transgression ? Loin de la vision planisphérique, certains artistes analysent des détails de la carte, des territoires, des villes, voire pratiquent la “géographie de l'éliminé”, comme par exemple Françoise Schein travaillant dans les favelas de Rio – ignorées par les plans officiels de la mégapole brésilienne –, dont elle reconstruit la carte pour redonner une identité à leurs habitants. De même, l'artiste sud-africain Moshekwa Langa défigure-t-il la carte du monde pour effacer les traces des conquêtes et de la colonialisation. Problèmes donc de frontières, de territoires, de déplacements de population, de notion de lieu vide, du chaos généralisé, etc. »

Annexes

Sources ATLAS DES ATLAS

Cambio 90 000 ex., Colombie, hebdomadaire. Ce magazine généraliste est réputé en Colombie pour la qualité de ses éditoriaux et le sérieux de ses enquêtes. Fondé en 1994 par le journal espagnol *Cambio* 16, le titre est racheté en 1998 par un groupe de journalistes dirigé par Gabriel García Márquez. Il couvre l'actualité nationale et latino-américaine.

Dagens Nyheter 361 000 ex., Suède, quotidien. Fondé en 1864, c'est le grand quotidien libéral du matin. Sa page 4 est célèbre pour véhiculer les grands débats d'actualité. « Les Nouvelles du jour » appartient au groupe Bonnier, le premier éditeur et propriétaire de journaux en Suède.

Hürriyet 600 000 ex., Turquie, quotidien. Créé en 1948 par la famille de presse des Simavi, « La Liberté », ancien journal populaire, est aujourd'hui un titre puissant qui, avec une présentation simple et beaucoup de photos en couleur, peut se transformer en un front de combat redoutable contre un gouvernement ou un ennemi à abattre.

Miras-é Farhangi, Iran. Agence d'information sur le patrimoine culturel iranien disposant d'un site : http://www.chn.ir/. L'information est axée sur le patrimoine iranien, qu'il s'agisse d'archéologie ou de folklore, avec des reportages écrits, des photos ainsi que des analyses. Il entend ainsi vanter les nombreuses potentialités touristiques de l'Iran.

New Perspectives Quarterly 20 000 ex., États-Unis, trimestriel créé en 1985. Revue de politique internationale à sensibilité démocrate, la CIA ou Oliver Stone comptent parmi ses fidèles lecteurs...

US News & World Report 2 300 000 ex., États-Unis, hebdomadaire. Troisième diffusion après *Time* et *Newsweek*, *US News & World Report* est le newsmagazine qui reflète le plus fidèlement la société de l'Amérique profonde. Ce qui ne l'empêche pas de couvrir avec sérieux les affaires internationales.

Glossaire

Anamorphose : déformation d'une surface géographique par une donnée numérique.

Atlas : recueil ordonné de cartes conçu pour représenter un espace donné et exposer un ou plusieurs thèmes (définition du Comité français de cartographie).

Échelle : rapport d'une unité de distance mesurée sur la carte à sa valeur réelle sur le terrain.

Indicatrice de Tissot : matérialise les déformations des projections cartographiques en montrant comment un cercle infiniment petit de la surface sphérique se transforme sur le plan.

Mappemonde : représentation cartographique du monde en deux hémisphères distincts. Terme utilisé abusivement pour désigner le globe terrestre.

Planisphère : représentation de la Terre sur une carte unique.

Projection cartographique : système de correspondance entre les points de la surface terrestre et le plan de la carte. On peut les classer en trois grandes familles :

- les projections conformes,
  qui conservent les angles (les directions) ;
- les projections équivalentes,
  qui respectent la surface réelle des pays ;
- les projections aphylactiques,
  qui sont un compromis entre les deux précédents systèmes et ne respectent ni les angles ni les surfaces, mais atténuent au maximum l'ensemble des altérations.

Glossaire emprunté au livre Pratiques de la cartographie *(Anne Le Fur, édition Armand Colin, collection « Synthèse Géographie », 2004)*

Crédits photographiques

Bibliographie

Livres en français

FOUCHER Michel, *Fronts et frontières : un tour du monde géopolitique*, Fayard, Paris, 1991.
Que pèsent les frontières des États quand ceux-ci sont traversés par des fronts ethniques, confessionnels, linguistiques, militaires ? L'auteur prend de nombreux exemples dans les missions qu'il effectua, ces dernières années, à travers le monde.

JACOB Christian, *L'Empire des cartes : approche théorique de la cartographie à travers l'histoire*, Albin Michel, Paris, 1992.
Une tentative de compréhension de la fascination exercée par les cartes de la Terre : mondes miniaturisés et parallèles, où le spectateur est invité à partager le point de vue de Dédale et de Gulliver.

PELLETIER Monique (collectif sous la direction de), *Couleurs de la Terre, des mappemondes médiévales aux images satellitales*, Le Seuil-Bibliothèque nationale de France, Paris, 1998.
Un beau livre qui reproduit et commente une collection de documents de la BNF. Un voyage à travers les époques et les modes de représentations cartographiques.

CHALIAND Gérard et RAGEAU Jean-Pierre, *Atlas de la découverte du monde*, Fayard, Paris, 1984.
Un livre pionnier pour comprendre comment les hommes ont mis en cartes la géographie.

CALVINO Italo, *Les Villes invisibles*, LePoint Seuil, Paris, 1996.
Relations de voyage d'un Marco Polo visionnaire auprès d'un grand Khan mélancolique, ces nouvelles d'un monde rêvé forment un fragile et merveilleux catalogue d'emblèmes.

SELLIER Jean et André, *Les Atlas des peuples* (d'Afrique, d'Asie, d'Europe centrale, d'Europe occidentale, d'orient), La Découverte.
De bons atlas de vulgarisation qui présentent de nombreuses cartes historiques, ethniques et linguistiques.

***L'Atlas Jeune Afrique L'Atlas de l'Afrique* (les Éditions du Jaguar)** présente pays par pays l'ensemble du continent africain à travers des cartes physiques et politiques. L'éditeur produit également des atlas entièrement dédiés à certains États africains – Burkina Faso, Congo, Nigeria, etc.

***L'Atlas du Monde diplomatique*, édité en janvier 2003 2007, hors-série du journal éponyme,** est un atlas thématique sur de nombreuses questions comme celle de la mondialisation, de l'environnement, etc.

***L'Atlas du monde global* (édition Armand Colin/Fayard) réalisé par Pascal Boniface,** Hubert Védrine et Jean Pierre Magnier est consacré pour une bonne part au thème du « monde vu par » les Etats-Unis, la Russie, les Européens, l'Inde, le Brésil, le Mexique, Israël etc. 22 chapitres au total qui associent une carte claire et une analyse géopolitique concise.

***L'Atlas géopolitique des espaces maritimes* (éditions Technip, coordination : Didier Ortolland, cartographie : Jean-Pierre Pirat)** est un ouvrage très complet et rigoureux sur le droit maritime, sur la délimitation des espaces maritimes et les nombreux litiges qui en découlent.

***L'atlas pour un monde durable* (édition Acropole, Michel Barnier)** présente dans une maquette très illustrée (principalement de cartes mais aussi de photos) un état des lieux écologique de la planète des plus préoccupant et se conclut sur une liste de 25 actions pour sauver la planète.

Revues de géographie :

***Hérodote* (La Découverte)** est plutôt versé sur la géopolitique et sur les questions de rivalités territoriales. Le dernier numéro (n° 129) est consacré aux « stratégies américaines aux marches de la Russie ».
http://www.herodote.org/

Mappemonde, revue trimestrielle dédiée à l'image géographique et aux formes du territoire. Elle est mise en ligne par la Maison de la géographie, à Montpellier. Le dernier numéro (n° 89) propose différentes contributions sur des sujets tels que le site Worldmapper et ses fameuses anamorphoses, l'épidémiologie à Yaoundé, les relations bilatérales Amérique latine et Union européenne, la « Solar Map » de San Francisco, etc.
http://mappemonde.mgm.fr/

La Géographie, revue également trimestrielle éditée par Glénat, a fait peau neuve et sort dans une nouvelle formule à la maquette très attrayante. Le dernier numéro intitulé « planète sports » approfondit les liens qui unissent sport et géographie. Le précédent numéro était quant à lui consacré à la cartographie.
http://www.lageographie.fr/

Livres en anglais

WHITFIELD Peter, *New Found Lands, Maps in the History of Exploration*, Routledge, New York, 1998.

Peter Whitfield, *The Image of the World, 20 Centuries of World Maps*, The British Library, Londres, 1994.

BLACK Jeremy, *Visions of the World, A History of Maps*, Mitchell Beazley, Londres, 2003.

MONMONIER Mark, *How To Lie With Maps*, The University of Chicago Press, Chicago, 1996.

BLACK Jeremy, *Visions of the World, A History of Maps*, Mitchell Beazley, Londres, 2003.

MONMONIER Mark, *How to Lie with Maps*, The University of Chicago Press, Chicago, 1996.

WHITFIELD Peter, *New Found Lands, Maps in the History of Exploration*, Routledge, New York, 1998.

WHITFIELD Peter, *The Image of the World, 20 Centuries of World Maps*, The British Library, Londres, 1994.

WURM Stephen, *Atlas of the world's languages in danger of disappearing*, Unesco Publishing, 2001, passe au crible le monde des langues et évalue leur vitalité.

Sites Internet

L'Atlas du Canada (en français)
http://atlas.gc.ca/site/index.html

L'Atlas numérique des Etats-Unis
http://130.166.124.2/USpage1.html

La Cartothèque Perry Casteñada de l'université du Texas
http://www.lib.utexas.edu/maps/index.html

L'Atlas de l'Inde
http://mapsofindia.com/maps/

La Division cartographique des Nations unies
http://www.un.org/Depts/Cartographic/english/htmain.html

L'Etat du monde selon la CIA
Des cartes de chaque Etat assorties de données, remises à jour chaque année.
http://www.cia.gov/cia/publications/factbook/

Le Dessous des cartes
Le site de l'émission bien connue d'Arte présentée chaque semaine depuis dix-huit ans par Jean-Christophe Victor. Le Dessous des cartes existe aussi sous forme de livre, un atlas en deux tomes édité par Arte et Tallandier.
http://www.arte-tv.com/fr/Magazines/DDC/392.html

Concernant la linguistique :
Ethnologue.com présente des cartes linguistiques du monde entier pays par pays.
http://www.ethnologue.com/web.asp

Concernant l'environnement :
Site du Programme des Nations unies pour l'environnement (en français)
http://www.grid.unep.ch/>

Concernant le conflit israélo-palestinien :
Le site de la Fondation pour la paix au Moyen-Orient propose en ligne de nombreuses cartes sur la situation dans les territoires occupés.
http://www.fmep.org/maps/
De même que le site de l'Office pour la coordination des affaires humanitaires de l'ONU (OCHA).
http://www.ochaopt.org/

Concernant les questions militaires mondiales :
Le site foisonnant de Global Security présente des synthèses et des cartes sur les puissances militaires et sur les guérillas à travers le monde.
http://www.globalsecurity.org/

Sur les cartes anamorphosées (ou cartogrammes) : le site de Worldmapper met en ligne une galerie de plus de 600 anamorphoses sur des sujets aussi éclectiques que l'alphabétisation, les forces armées ou encore la fabrication des jouets dans le monde...
http://www.sasi.group.shef.ac.uk/worldmapper/

Cet atlas, conçu et réalisé par la rédaction de l'hebdomadaire *Courrier international*,
est une version actualisée et complétée
d'un hors-série de *Courrier international* paru en mars 2005.

Conception et réalisation graphiques : Gwénaël Le Cossec
Photogravure : Altavia (Lille)

Achevé d'imprimé en mai 2009 par Canale (Italie)
Dépot légal : septembre 2008